Kontaktadresse nach EU-Produktsicherheitsverordnung:
produktsicherheit@fischerverlage.de

Die preisgekrönte ZEIT-Autorin Jana Simon erzählt Geschichten vom Untergang alter Gewissheiten und der Orientierung in unwägbaren Zeiten, aber auch davon, wie Menschen sich verändern und neu aufbrechen.
Sie erzählt von der Eisschnellläuferin Claudia Pechstein, die Kälte verabscheut; von Angela Merkel, die Lärm nicht mag; von Uliana aus Sibirien, die in Indien modelt; von zwei Thüringer Polizisten, die denken, sie hätten den Nationalsozialistischen Untergrund (NSU) stoppen können; und vom Menschenrechtsanwalt Wolfgang Kaleck, der den US-Verteidigungsminister Donald Rumsfeld wegen Folter in Abu Ghraib und Guantanamo anzeigt.
Einfühlsame Porträts, die uns Menschen von einer Seite zeigen, die wir sonst nicht sehen – und nicht vermutet hätten.
»Wer Jana Simon liest, verabschiedet sich von seinen Vorurteilen.« Stephan Lebert, ZEIT

Die Autorin und Journalistin Jana Simon schreibt für die ZEIT u. a. über IS-Rückkehrer, die AfD, globale Friedensvermittler und hat den Fall Dieter Wedel, dem mehrere Frauen sexuelle Belästigung vorwerfen, mit aufgedeckt. Für ihre Reportagen erhielt sie zahlreiche Preise, u. a. den Theodor-Wolff-Preis, den Axel-Springer-Preis und den Deutschen Reporterpreis. 2018 wurde sie »Reporterin des Jahres«. Ihr Buch »Sei dennoch unverzagt. Gespräche mit meinen Großeltern Christa und Gerhard Wolf« (2013) war ein Bestseller. Jana Simon lebt in Berlin.

Weitere Informationen finden Sie auf www.fischerverlage.de

JANA SIMON

DAS EXPLODIERTE ICH

Menschen zwischen Abgrund
und Aufbruch

FISCHER Taschenbuch

2. Auflage

Die Originalausgabe erschien 2014 im Christoph Links Verlag, Berlin

Die in diesem Buch versammelten Reportagen von Jana Simon sind zwischen 2006 und 2014 in der »ZEIT« oder im »ZEITmagazin« erschienen.

Printed in Germany
ISBN 978-3-596-70548-1

INHALT

DIE HOHE KUNST DES »HANGING AROUND«

Liebeserklärung an das Porträt

Es ist Herbst, ich knie auf dem Boden meines Arbeitszimmers, um mich herum liegen aufgeschlagene Bücher, Protokolle, Zeitungsartikel, Blöcke mit meinen Mitschriften, ab und an gehe ich zum Laptop, um ein paar Wortgruppen oder Sätze zu notieren. Die wenigen Zeilen, die ich schreibe, sollen verbergen, dass ich am Ende bin, fertig, mich in meinem Material komplett verloren habe. Mehr als ein dreiviertel Jahr recherchiere ich schon an der Geschichte über den Anwalt Wolfgang Kaleck und seine Anzeige gegen den US-Verteidigungsminister Donald Rumsfeld wegen Folter. In einer Woche soll sie erscheinen.

Ich bin in Panik, im Stillen spiele ich verschiedene Varianten durch, wie ich den Redakteuren mein Scheitern erklären könnte: Krankheit, Computerabsturz, Rohrbruch. Das ist der Augenblick kurz vor dem Schreiben, in dem die Zweifel und die Fragen triumphieren: Wen soll das interessieren? Habe ich tatsächlich mit allen Wichtigen gesprochen, müsste ich nicht noch diesen oder jenen anrufen, dieses oder jenes lesen? Vielleicht könnte ich auch erstmal den Schreibtisch aufräumen. Ich fühle mich wie nach einem sanften Hirnschlag, alle Gedanken im Taumel, verirrt im Leben meiner Protagonisten. Am Schluss bin ich jedes Mal fast überrascht, dass tatsächlich ein Text entsteht, der schließlich gedruckt wird.

Einige Jahre später, im Juni 2014, sitze ich in Hamburg im gläsernen *Spiegel*-Palast beim *Reporterforum,* einem Netzwerk von Journalisten, die wie ich Reportagen schätzen. Ein Kollege vom *Spiegel* redet über »die Kunst des Schwärmens« und über

Porträts. Diese seien eine Form des »Reporterunwesens«, in der sich Reporter mit einer »gewissen Unkenntnis« dem Mittel der Einfühlung bedienten und psychologisierend die Innensicht eines Menschen annähmen. Es klingt abfällig – der Reporter erscheint als etwas naives, arbeitsscheues Wesen, das Porträt als ein Stilmittel für Minderbemittelte. Der Kollege ist Feuilletonist und beklagt, dass kaum noch jemand aufgrund seines Schaffens beurteilt und beschrieben werde, stets gebe es noch einen Hausbesuch beim Protagonisten. Überspitzt formuliert: Vollkommen erfassen könnten nur Kritiker, Feuilletonisten einen Künstler und sein Werk.

Es ist einer von vielen Angriffen der vergangenen Jahre auf die Reportage und das Porträt. Sie wurden totgesagt, totgeschrieben: Sie seien zu ambitioniert literarisch, ihre Protagonisten gecastet, von der Wirklichkeit weit entfernt, und die Schreiber hätten keine Haltung. Manches davon stimmt. Die Reportage und auch das Porträt haben sich verändert, oft wirken sie eigenartig glatt, aller Widersprüche, Zweifel und Fragen beraubt. Vor allem aber gibt es sie immer seltener. Damit meine ich nicht den Hausbesuch, die einmalige Begegnung oder das gemeinsame Kaffeetrinken. Die Reportage und besonders das Porträt kosten Zeit, Geld und Kraft. Nur wenige Redaktionen können oder wollen sich das heute noch leisten. Ein Grund mehr, um dem Porträt nicht nur meine Liebe zu erklären, sondern auch seine Bedeutung zu betonen.

Im Winter 1996/97 beginne ich gerade als Reporterin zu arbeiten, über mehrere Monate verfolge ich am Berliner Landgericht einen Mordprozess. Dabei lerne ich vor allem die Zuschauer kennen – eine junge Frau, die sich in den Angeklagten verliebt hat, einen ehemaligen Mörder, der sich durch diese Verhandlung auf den neuesten Stand der Ermittlungsmöglichkeiten bringt, einen Psychologen und eine Schöffin, die wie Verbrechensjunkies durch die Säle ziehen. Am Ende porträtiere ich nicht den Mörder, sondern die Zuschauer.

Es ist eine meiner ersten Geschichten und das erste Mal, dass ich eine Ahnung davon bekomme, wie viel Arbeit und

Zeit Porträts bedeuten: Stunden irgendwo herumsitzen, zuhören, beobachten. Der amerikanische Reporter Gay Talese nennt das »the fine art of hanging around«, die hohe Kunst des »Herumhängens« – das Warten in Wohnzimmern, auf Konferenzen, vor Haustüren –, stets abhängig von der Gunst der Protagonisten. Es ist mir bis heute sehr unangenehm, bei jemandem zu klingeln, den ich nicht kenne und der mich nicht eingeladen hat. Manchmal gehört das zum Job dazu.

Das Porträt ist die Form der Reportage, bei der sich das Thema, das Erlebte, die Geschichte, in einem Menschen verdichtet. Für ein Porträt treffe ich nicht nur mehrmals meine Protagonisten, sehe ihre Filme, lese ihre Bücher und das, was andere über sie geschrieben haben, sondern spreche im Schnitt auch mit zehn bis zwanzig Menschen aus ihrem Umfeld. Das gebietet der Respekt. Manche begleite ich länger als ein Jahr, wie die jungen Männer aus der Zelle 221 des Jugendgefängnisses. Bei Reportagen, die auch politisch brisant sind, wie der über die Polizisten, die das NSU-Trio verfolgten, oder Wolfgang Kalecks Folteranzeige, kommen noch Aktenlektüre und Besuche in Untersuchungsausschüssen hinzu. Um überhaupt spannende Stoffe und geeignete Gesprächspartner zu finden, muss ich zuvor lange mit vielen verschiedenen Menschen reden. Manchmal ergibt auch eine Geschichte die nächste. Das Porträt über die Angehörige eines NSU-Opfers führte mich zum Beispiel schließlich zu den beiden Beamten, die das NSU-Trio gern verhaftet hätten.

Für mich als Reporterin sind die Menschen ein Glück, die vor nichts Angst haben, die Furchtlosen, denen es egal ist, was andere über sie denken und wie sie wirken. In diesem Buch trifft das nur auf den Filmproduzenten Jerry Weintraub zu. Er ruft persönlich an, und als ich ihn eines Vormittags in seinem Haus in Beverly Hills besuche, ist er noch betrunken oder schon wieder. Nie höre ich von ihm den Satz: »Das dürfen Sie aber nicht schreiben.« Menschen wie Weintraub machen extrem gute Laune.

Das Gegenteil davon ist das ehemalige Model Waris Dirie.

Sie umgibt sich wie viele Prominente mit einem Kokon von Menschen, die sie vielleicht zu Recht schützen sollen, aber jede direkte Kommunikation unmöglich machen. Ich reise bis nach Dschibuti an einen Filmset, um mit ihr zu sprechen. Sie sitzt im Korbsessel ihres Hotels und hat keine Lust zum Reden oder vielleicht doch. Jede Frage wird zur Zumutung. Ich fühle mich als Eindringling. Es ist nicht klar, ob sie mir im nächsten Augenblick eine knallt oder mich umarmt. Aus Verlegenheit und um beschäftigt zu wirken, schreibe ich meinen halben Block voll und weiß, nachher kann ich alles wegschmeißen. Dirie sieht traurig aus, verletzlich, und sie schillert in jeder Facette ihrer Persönlichkeit. Auf dieser Reise flirtet sie mit dem Präsidenten, greift bei einer Gesellschaft öffentlich die Gastgeber an und geht in der Wüste joggen. Aberwitzige Situationen: Dirie dabei zu beobachten, ist großartig.

Die meisten Porträts in diesem Buch waren »meine Idee«, die anderen entstanden durch Vorschläge der *ZEIT*-Redaktion: wie zum Beispiel die Geschichte über Angela Merkel. Zu Beginn quälten mich damals nur zwei Fragen: Wie sollte ich über eine Kanzlerin schreiben, über die schon alles gesagt und geschrieben wurde? Und: Was könnte ich noch Neues beitragen? Die Redaktion hatte wohl im Stillen gehofft, dass ich durch meine ostdeutsche Herkunft über eine Art Geheimwissen verfüge. Es hatten aber auch schon sehr viele Ostdeutsche über Angela Merkel berichtet. Die Kanzlerin selbst sagt so gut wie nichts, und ihr Umfeld wird für das laute Schweigen allgemein bewundert. Ich verbrachte sehr viele Stunden mit Menschen, die alle nur eins gemeinsam hatten, sie gaben sich Mühe, so gut wie keinen zitierfähigen Satz zu formulieren. Und wenn einer mehr erzählte, konnte ich sicher sein, dass er Angela Merkel schon lange nicht mehr gesehen und gesprochen hatte. Von diesen Recherchen findet sich am Ende vielleicht ein Satz im Text, die meisten meiner Gesprächspartner tauchen gar nicht auf. Die vielen Treffen und Gespräche verdichten sich zu etwas, das ich »Hintergrundrauschen« nennen würde. Ein Ton, ein Gefühl, das man für einen Menschen bekommt.

Eine Ahnung davon, was ihn treiben, was ihn ausmachen, wer er sein könnte.

Was die meisten Porträtierten in diesem Buch verbindet: In ihrem Leben gibt es einen Wendepunkt – eine Begebenheit, eine Erfahrung, sei es durch politische, historische oder persönliche Umbrüche, die fast alles für sie verändert, die sie zwingt, ihr Leben noch einmal neu zu denken. Ihre Persönlichkeit, ihr Ego, ihr Ich sind angegriffen, sie müssen oder mussten um ihr Selbstverständnis ringen. Auf sehr verschiedene Weise versuchen sie, die gewandelte Wirklichkeit zu verstehen und sich in ihr zu orientieren.

Es sind die einfachen aber großen Fragen, die mich immer wieder interessieren: Wie reagieren Menschen auf neue Situationen, wie gehen sie mit ihnen um, und wie gehen sie schließlich aus ihnen hervor? In der Biografie jedes Einzelnen spiegelt sich die Welt. Oder wie es die russische Reporterin Swetlana Alexijewitsch in ihrem Porträtband »Secondhand-Zeit« beschreibt: »Ich aber sehe die Welt mit den Augen der Menschenforscherin, nicht mit denen eines Historikers. Ich bestaune den Menschen. (...) Dieser Maßstab hat mich schon immer fasziniert – der Mensch ... der einzelne Mensch. Denn im Grunde passiert alles dort.«

Einen Menschen darzustellen, ihn zu beurteilen, zu deuten, ist immer auch eine Anmaßung. Ich kann nicht behaupten, ich wüsste genau, wer und wie der andere tatsächlich ist. Ich kann mich nur bemühen, ihn in all seinen Widersprüchen zu zeigen und mich nicht als Richterin aufzuspielen. Jedes Porträt hat eine Grenze, zum wirklichen Kern des Menschen kann niemand vordringen. Es ist stets nur ein Versuch, ein Herantasten. Ich komme den Menschen, die ich porträtiere, für kurze oder längere Zeit sehr nah. Danach verschwinde ich wieder aus ihren Leben. Selten habe ich nach dem Erscheinen eines Porträts noch Kontakt zu meinen Protagonisten. Es ist wie eine kurze Affäre – sehr intensiv, aber später wollen sich beide nicht mehr so genau daran erinnern.

Reporter sind meist eher zurückhaltende Menschen, die beobachten, die man gern um sich hat. Natürlich setzen sie ihre gewinnende Art auch ein. Die amerikanische Autorin Joan Didion hat das einmal sehr treffend geschildert: »Mein einziger Vorteil als Journalistin besteht darin, dass ich von so kleiner Statur, so unscheinbar und auf so neurotische Weise um Worte verlegen bin, dass die Leute anfangen zu vergessen, dass meine Anwesenheit ihren Interessen schaden könnte.« Bei fast jeder Geschichte kommt einmal der Augenblick, in dem ich mich als Reporterin wie eine Verräterin fühle, die in fremden Leben wildert, ins Innere dringt, Seelen aussaugt. Denn ich bin keine Freundin, vielleicht nicht einmal eine Sympathisantin. Am Ende schreibe ich über mein Gegenüber, und den Text wird es nicht immer mögen.

Bei jenem Reportertreffen in Hamburg tritt auch der stellvertretende SPD-Vorsitzende Ralf Stegner auf und spricht zum Thema: Was ihn an Journalisten nervt. Er regt sich über ein Porträt auf, bei dem er einen Reporter in seinem Auto mitnahm, und der veröffentlichte danach etwas, das ihm missfiel. Stegner schließt aus dieser Erfahrung: »Interviews sind etwas Gutes!« Ein Interview wird in Deutschland gewöhnlich autorisiert. Jeder Politiker kann es so lange umformulieren, bis es ihm gefällt. Die Reportage, das Porträt, sind die Formen, in denen Journalisten noch weitgehend das machen können, was sie machen sollten – schreiben, was ist und was sie sehen.

Die Porträts, die ich meine, die aufwendigen, die genauen, zeichnen sich eben nicht durch das Gefühlige, das Ambitionierte und schon gar nicht durch eine »gewisse Unkenntnis« aus. Im Gegenteil. Jedes Porträt ist ein Kampf, mühsam, aufreibend und beglückend zugleich – was für ein verdammtes Privileg, Menschen zu erforschen. Wenn es den Beruf der Reporterin nicht gäbe, wäre ich wahrscheinlich Anthropologin geworden.

DAS EXPLODIERTE ICH

Wie die Piratenpolitikerin Julia Schramm ein Buch veröffentlicht und in einen Shitstorm gerät

An einem Nachmittag im Oktober wird Julia Schramm klar, dass sie zurücktreten muss. Dass sie ihre Politikerkarriere so nicht länger durchziehen kann. Sie steht in ihrer Berliner Wohnung und blickt auf das Chaos. Das Bett ist zerwühlt, ihr Schmuck darüber verteilt, Kleidung liegt unordentlich herum. Es sieht aus, als hätte jemand eine Party gefeiert. Schramm war mit ihrem Mann eine Woche in den Ferien. Nun fehlen Schramms Verlobungsring, ihre Armbanduhr und ihr Buch. Sonst nichts. Die Polizei spricht von einer Beziehungstat. Der Dieb hat sich nur auf Persönliches konzentriert, er wollte sie – Julia Schramm – treffen. Dieser Einbruch ist der Höhepunkt einer Reihe von Beleidigungen, Beschimpfungen und Drohungen. In ihrem Briefkasten lag ein Zettel mit der Aufforderung, sie gehöre ins Arbeitslager, im Netz ist das häufigste Wort in ihrem Zusammenhang »Schlampe«, und auf Amazon bewerten Kunden ihr Buch mit null Sternen, obwohl sie es gar nicht gelesen haben. Es ist, als löse Julia Schramm den Reflex aus, sie verletzen, ihr eins überziehen zu wollen.

Beim ersten Telefonat beginnt sie sofort zu weinen. »Woher haben Sie diese Nummer?«, fragt sie die Reporterin. Vom Verlag. Ach so. Es sei eine private Notfallnummer, nur für Familie und enge Freunde gedacht, das habe die Pressefrau wohl verwechselt. »Bitte sofort löschen«, sagt sie, diktiert eine zweite Handynummer und erzählt von dem Einbruch. Es wurde noch keine Frage gestellt, und schon fühlt man sich als mieser Eindringling. Julia Schramm ist 27, betreibt ein Blog, eine Website und 15 Twitter-Accounts, sie hat ein Buch mit dem Titel

Klick mich. Bekenntnisse einer Internet-Exhibitionistin geschrieben und bis Oktober 2012 im Bundesvorstand der Piratenpartei gesessen. Sie provoziert, bezeichnet die Idee des geistigen Eigentums als ekelhaft, das Urheberrecht als Kampfbegriff und greift den Datenschutz an. Und dann überlegt sie es sich anders und nimmt manches davon wieder zurück. Sie sucht die Öffentlichkeit, setzt sich ihr aus, flirtet mit ihr. Nun hat sich diese mit ganzer Macht gegen sie gewandt. Julia Schramm hat viel Blödsinn erzählt. Das machen andere auch. Den Hass, der ihr entgegenschlägt, erklärt das nicht.

Ein paar Wochen nach dem ersten Anruf sitzt Julia Schramm im Zug von Berlin nach Hannover. Sie trägt eine Fellweste, hochhackige Stiefel und hat ihre langen dunkelblonden Haare zu einem Zopf gebunden, ihr Kopf ist über das iPad gebeugt. In ihrer Sprache heißt das »mobiles Endgerät«. Sie trennt sich nur selten davon. Draußen verschwindet die Landschaft in einem grauen Winterbrei. Sie ist auf dem Weg zu einer Lesung mit Burkhard Spinnen, einem Autor, der ihr Vater sein könnte und einen Roman über einen Jungen geschrieben hat, der sich im Internet verliebt. Schramm hat ihn nicht gelesen. Der Zug ist voll, sie redet laut, sie redet meistens laut. Das ganze Abteil hört mit. Schramm macht das nichts aus, sie genießt es, wenn andere still sind. Sie spricht über das Urheberrecht (»reformbedürftig«), Privatsphäre (»am Ende«) und den Begriff des geistigen Eigentums (»eine Materialisierung von Geist«) – all die Themen, für die sie in den vergangenen Monaten angegriffen wurde. Eine junge Frau, die Schramm gegenübersitzt, hört sehr interessiert zu und tippt auf einem Smartphone herum. »Kennen wir uns?«, fragt Schramm sie. Die Frau nickt, sie ist eine freie Journalistin, die schon mal über Schramm berichtet hat. Ein Zufall. »Hast du gerade über mich getwittert?«, fragt Schramm sogleich. Die Frau verneint. Julia Schramm bezieht vieles auf sich, es ist ein ständiges Um-sich-selbst-Kreisen. Auch in ihrem Buch. Es wirkt, als sei neben der ersten Person Singular nicht viel Platz in ihrem Leben. Jede Nichtigkeit wird weitergegeben und kommentiert auf Twitter oder im Blog.

Ein Leben ohne Netz ist für sie nicht vorstellbar, jede Reaktion der anderen ist wie eine Versicherung, dass man existiert.

Mit acht Jahren geht sie das erste Mal ins Netz, mit 14 hat sie die erste Homepage, und nun folgen ihr fast 10 000 Menschen auf Twitter. Es ist ein Spiel mit der exzessiven Selbstdarstellung, die »das Ich explodieren lässt«. In ihrem Buch hat Schramm fünf verschiedene Identitäten. Sie spielt Rollen. Rollenspiele im Netz sind bei ihrer Partei, den Piraten, sehr beliebt. »Fast alle haben diesen Hintergrund.« Warum nur ein Ich sein, wenn man mehr haben kann? Nichts ist so gemeint, wie es gesagt oder geschrieben wurde. Und trotzdem ist da die Sehnsucht, hinter all den Figuren erkannt zu werden. »Wäre es nicht besser, in einer Welt zu leben, in der jeder sich zeigen können darf?«, schreibt Schramm. Sie sagt, auf der Straße werde sie nie erkannt, einmal sei sogar ihr Mann an ihr vorbeigelaufen. Wenn man sie trifft, ist sie jedes Mal ein wenig anders, mal verletzlich, mal aggressiv, schwer zu fassen. Auch wenn man sie mehrmals sieht, stundenlang mit ihr redet, bleibt am Ende ein Gefühl der Unklarheit.

Der Berliner Philosophie-Professor Byung-Chul Han sagt in einem Interview des *SZ-Magazins:* »Es ist ein Kennzeichen der immer narzisstischer werdenden Gesellschaft, dass der andere verschwindet.« Aber auch das omnipotente Ich hält nicht mehr stand. Schramm sagt: »Es gibt gar kein Ich mehr, es ist zerfleddert. Im Netz sehe ich jeden Tag, dass meine Marotten 2500 Menschen teilen. Eigentlich bin ich nur eine Amöbe.« Einerseits wird jede Eigenheit als austauschbar abgewertet, andererseits jede Meinung als wichtig aufgewertet. Eine Generation mit Ich-Störung.

Die junge Journalistin im Abteil steht auf, während sie fort ist, sieht sich Schramm die Bücher an, die sie liest. Als sie zurückkehrt, fragt sie Schramm, was alle fragen: »Warum hast du das Geld vom Verlag genommen?« – »Ich hatte keins!«, sagt Schramm. Das ganze Abteil scheint stumm zu nicken. Julia Schramm mag diese Sätze, hinter denen ein Ausrufezeichen stehen kann. Sie kennt die Regeln, nach denen man Aufmerksamkeit erzeugt. »Solange ich nicht polarisiere, interessiert es keine Sau«, sagt sie. Dann gibt es keine Klicks, kein »Gefällt mir«, keine Resonanz.

Schramms Weg in die Öffentlichkeit beginnt mit einem Beitrag in der *FAZ* im September 2011, in dem sie kurz nach dem Wahlerfolg ihrer Partei in Berlin erklärt, wie sie zur Piratin wurde. Zuvor war schon ein Agent auf ihr Blog aufmerksam geworden und hat ein Exposé mit ihr entwickelt. Nach der Wahl ist Schramm begehrt – eine junge Frau, die sich ausdrücken kann und nicht aussieht wie ein Nerd. Mehrere Verlage wollen ein Buch mit ihr machen. »Alle haben übertrieben viel Geld geboten«, sagt Schramm. Sie entscheidet sich für den Knaus Verlag, der zu Bertelsmann gehört. Wegen der Lektorin. Von 100 000 Euro Vorschuss ist die Rede. Die Summe wird in jedem Text über Schramm erwähnt, sie hängt sich an ihren Namen, entfaltet ihr Eigenleben und gipfelt schließlich darin, dass *Bild* Julia Schramm »die Gier-Piratin« nennt. Schramm hat sich über das Angebot gefreut, wie es wohl die meisten an ihrer Stelle getan hätten.

Julia Schramm ist in Hennef bei Bonn aufgewachsen, ihre Mutter ist Hausfrau, ihr Vater arbeitet als Ingenieur bei der Telekom. Er ist der Erste in der Familie, der studiert hat, Schramm die Zweite. Vielleicht erklärt diese Herkunft ihre Vorliebe für Wortungetüme wie »verprokrastinieren« und »synthetischer Konsens« und warum sie stets auf Adorno und Hegel verweist. Sie glaubt, ihren Intellekt beweisen zu müssen. Ein Buch zu schreiben ist ihr Kindheitstraum. Das Problem: Sie ist in einer Partei, in der viele das Urheberrecht ablehnen. Und Schramm selbst wird mit den Worten zitiert, Geistiges Eigentum sei »ekelhaft«. Sie meint, das habe sie so nie gesagt. Der Begriff an sich sei ekelhaft. Über Nutzungsrechte könne man reden. Wie sollen Schriftsteller überleben, wenn sie für ihre geistige Arbeit nicht bezahlt werden? Schramm tritt für ein bedingungsloses Grundeinkommen ein.

Vor Erscheinen ihres Buches bespricht sie mit ihrem Verlag, was geschehen soll, wenn Kopien ihres Buches kostenlos im

Netz auftauchen. Sie einigen sich auf ein Gelbe-Karte-Modell, bei dem statt einer kostenpflichtigen Abmahnung beim ersten Mal nur eine Warnung mit der Bitte verschickt wird, es nicht noch einmal zu tun. Was passiert bei einer Roten Karte? Der Ärger ist absehbar. In einem stillen Augenblick im Zug sagt Schramm: »Ich habe mich dem Verlag gegenüber nicht getraut.« Sie hat sich nicht getraut, mehr zu fordern. Sie hatte Angst, den Vertrag zu verlieren, diese Chance zu verspielen.

Vor dem Angebot hatte Schramm gerade ihr Politikstudium in Bonn beendet, war nach Berlin gezogen. Es war vor der Berlinwahl; wie es mit den Piraten weitergehen würde, wusste niemand. »Ich gehöre zu einer Generation, der immer gesagt wurde: Ihr werdet nie einen Job kriegen. Euch braucht niemand.« Jede Möglichkeit muss genutzt werden. Also entscheidet sie sich im April 2012, auch für den Parteivorsitz zu kandidieren.

Einen Tag vor der Wahl erscheint in der *FAZ* ein Porträt über Schramm, die Autorin wirft ihr aufgrund ihrer Einstellung zum Urheberrecht und zum geistigen Eigentum Künstlerhass vor und rückt sie wegen eines missverständlich formulierten Blog-Eintrags in die Nähe von Holocaust-Leugnern. Kurz zuvor hat der Autor und Blogger Malte Welding ihr in einem Podcast unterstellt, sie sei psychisch krank und leide unter Essstörungen. Weil Schramm einmal über ihre Depressionen und ihr Gewicht getwittert hatte. Später entschuldigt er sich dafür. Ziemlich starke Aggressionen gegenüber einer jungen Frau, die zu jenem Zeitpunkt kein Amt innehat und auch noch kein Buch veröffentlicht hat.

Anruf bei einem ihrer Kritiker: Malte Welding sagt, er habe sich genauer angeschaut, wer in der Piratenpartei im Fall einer Regierungsbildung führende Ministerämter übernehmen könnte, dann habe er Schramms Tweets gelesen. »Wer ein Amt in einer aufstrebenden Partei will, dessen Geplapper ist nicht mehr so harmlos.« Und: »Wer in epischer Breite über sein Gewicht und den damit verbundenen Selbsthass schreibt, hat vielleicht nicht die persönliche Reife, in die Politik zu gehen.«

Die Partei ist ihm ein persönliches Anliegen, er hat sie gewählt. »Ich will keine Piratin an der Spitze, die das Ende der Privatsphäre fordert.« Am Schluss wird Schramm nicht Vorsitzende, aber Beisitzerin im Parteivorstand.

Julia Schramm glaubt bis heute an eine Verschwörung meist älterer Männer. »Die wollten mich vernichten. Die wollen nicht, dass junge Frauen erfolgreich sind.« Sie hätten sogar ihre Magisterarbeit nach Plagiaten durchsucht. »Ich habe meine Relevanz unterschätzt«, sagt Schramm. Sie hat unterschätzt, wie ernst sie tatsächlich genommen wird, wie schwer ihre Worte wiegen, auch Jahre zurückliegende Worte. Ihr geliebtes Netz wird zur Waffe gegen sie, darin ist alles nachlesbar und nachvollziehbar. Schramm ist ein Opfer ihres eigenen Mitteilungsdrangs und Selbstdarstellungstriebs. »Ich bin da zu naiv herangegangen«, sagt sie. Inzwischen will sie ihre Zitate autorisieren – so wie fast jeder andere, der in diesem Text vorkommt.

Im September 2012 erscheint schließlich ihr Buch. Auf dem Cover ist die pinkfarbene Silhouette einer Frau abgebildet, sie trägt Minirock und High Heels. Es sieht aus wie ein Sachbuch über das Rotlichtmilieu. Auf der Rückseite steht: »Das Internet bedeutet den totalen Kontrollverlust. Ich finde das gut.« In einem Kapitel schreibt Schramm tatsächlich über Sex im Netz, es liest sich wie eine Rosamunde-Pilcher-Fantasie. Schramm sagt, das sei natürlich eine Parodie. Die Aufmachung des Buches rückt Schramm ins Zwielicht. Und sie macht es mit. Noch am Tag der Veröffentlichung steht eine illegale kostenlose Kopie des Werkes im Netz. Der Link dazu wird mit einem Auszug aus dem Parteiprogramm der Piraten verbreitet: »Das nicht kommerzielle Kopieren, Zugänglichmachen, Speichern und Nutzen von Werken nicht nur zu legalisieren, sondern explizit zu fördern.« Der Verlag verschickt eine Verwarnung, die Gelbe Karte. Die Kopie verschwindet. Schramm feiert das als Fortschritt, es habe keine kostenpflichtige Abmahnung gegeben. Aber Schramms Heimat, das Netz und die Partei, verstößt sie, der Piratenverband von NRW fordert in einem offenen Brief ihren Rücktritt aus dem Vorstand, sie schade der Partei. Ihr wird vorgeworfen, sie sei von Bertelsmann gekauft worden. Gern tituliert man sie auch als »Sargnagel« der Piratenbewegung. Sie wird beschimpft, beleidigt, bedroht. Der neue Parteivorsitzende der Piraten, Bernd Schlömer, sagt dem *stern* später: »Sie ist von der Partei gebrochen worden.«

Heute schreibt Julia Schramm dazu in ihrem Blog: »Meine Idee, wie der Interessenkonflikt zwischen Urheberrecht, Schreiberling und Partei hätte zusammengebracht werden können, ohne den Eklat auszulösen, der ausgelöst wurde, verhallt in meiner Lethargie und dem Glauben daran, dass der Verlag schon wüsste, was er tut.«

Hätte der Verlag Schramm besser schützen, sie besser vorbereiten müssen? Schramms Verleger Wolfgang Ferchl hält die Kopie für eine klare Provokation. Was danach geschah, bezeichnet er als »14-tägigen Shitstorm«, wie er ihn in seiner Laufbahn noch nicht erlebt habe. Wenn man Ferchl nach dem Grund für die heftigen Reaktionen fragt, fragt er zurück: »Haben Sie eine Idee?« Das Buch verkauft sich nicht gut, liegt deutlich unter den Erwartungen. Ferchl sagt, ihm habe Schramms Koketterie gefallen und wie so ein Netzkid lebt und denkt. Schließlich fragt er: »Was wäre gewesen, wenn sie Julian Schramm hieße?« Die Frage bleibt unbeantwortet. Es kann gut sein, dass er das Buch dann nicht verlegt hätte. Am Ende des Gesprächs sagt er, er habe beobachtet, dass Schramm immer ein Buch bei sich trage. Ein richtiges Buch. Aus Papier.

Im Zug tippt Julia Schramm auf ihrem iPad herum, sie sucht die Adresse des Hotels, in dem sie in Hannover wohnen soll. »Ich habe noch nie ein Buch kostenlos heruntergeladen, das eigentlich Geld gekostet hätte«, sagt Schramm beim Scrollen. Sie kauft Bücher. Sie verehrt Bücher. Der unterstellte Künstlerhass ist in Wirklichkeit unerkannte Liebe, ein Missverständnis.

Sie wollte ihrem Buch sogar einen Selbstverriss beifügen, aber das ging dem Verlag zu weit. Sie nennt sich eine »Privilegienmuschi« oder »D- oder E-Promi«. Sie verletzt sich selbst, dann können es die anderen nicht mehr. »Ich habe jetzt den Blick der Hater«, sagt sie, den Blick ihrer Feinde. Schwärmt sie noch immer für den totalen Kontrollverlust? »Ja, aber es gibt halt Kollateralschäden.« Sie selbst.

Julia Schramm lässt keine Journalisten in ihre Wohnung. Sie sagt, sie habe kein Problem, ihr Privates zu zeigen, aber dann würde beschrieben werden, wie ihre Einrichtung aussieht, was für Bücher in ihren Regalen stehen, welche Kleidung herumliegt. Im Netz wird zwar alles zur Schau gestellt, aber es bleibt eine Inszenierung des Persönlichen. Auch die Kommentarfunktion ihres Blogs hat Schramm nach den Angriffen abgeschaltet. Das Ende des Privaten, der totale Kontrollverlust sind eine Fiktion. In Wahrheit behält Julia Schramm gern die Kontrolle. Sie fragt mehrmals nach, wie man den Artikel anlegen wolle, gibt Hinweise, sendet einen Link zu einer Porträtsammlung des *New Yorker*, dessen Stücke sie für besonders gelungen hält. Sie redet von sich wie über eine Figur in einer Geschichte. Nach dem Shitstorm ist sie nun eine »Heldin«, eine mit Brüchen.

Im Zug sagt sie einmal: »Von meinen Fähigkeiten her kann ich Politik machen.« Sie ist laut, meinungsstark und von sich überzeugt. Aber sie bemüht sich nicht um die Zuneigung ihres Gegenübers. Sie kann vor einer Zeitungsreporterin eine halbe Stunde lang über Printmedien herziehen. »Ich will keine Zeit darauf verwenden, anderen zu gefallen.« Am Ende hat sie Kopfschmerzen, massiert ihre Schläfen. »Diese Anti-Schmerzmittel-Bewegung kann ich nicht verstehen.« Ein neuer Gedanke, ein neues Thema. Und zu fast allem hat Schramm eine Meinung. Das ist bewundernswert. Und es nervt furchtbar.

Im November 2012 fährt Julia Schramm zum Parteitag der Piraten in Bochum. Das erste Mal nach ihrem Rücktritt stellt sie sich der Partei, setzt sich ihr aus. Sie hat die Antragskommission mitgeleitet. »Ich muss Leute treffen, netzwerken und herumpöbeln, das ist eine Strategie, um Themen auf die Agenda zu setzen.« In der Kongresshalle sitzen sehr viele Männer mit sehr vielen verschiedenen Haarfarben. Schramm hockt in einem ziemlich kurzen Kleid auf einem Tisch im Pressezentrum. Sie hat kein Amt mehr, aber einen eigenen Pressebetreuer, alle 15 Minuten sind Interviews eingetaktet. Noch immer ist sie ein Gesicht dieser Partei. Es läuft gut. Viele begrüßen und umarmen sie, alle reagieren freundlich. »Mich kennt ja jede Sau hier.« Beim Mittagessen stochert sie in einer Gemüsepaella herum. Neben dem Teller liegt ihr iPad, sie twittert. »Oh, das wird wieder Ärger geben«, freut sie sich. Sie hat der *Süddeutschen Zeitung* ein Interview gegeben und darin einen linken und einen marktliberalen Parteiflügel erfunden.

Vor der Halle trifft sie ihren Freund Jannis Milios, sie haben zusammen in Bonn studiert und gemeinsam bei den Piraten angefangen. »Wenn die anderen vier Fußnoten in ihrer Arbeit hatten, hatte Julia acht«, sagt er. Schramm erzählt ihm, sie habe sich zurückgezogen, mache erst mal keine Termine mehr und bereite ihre Doktorarbeit an der Berliner Humboldt-Universität vor, etwas über Privatsphäre. Milios hat vieles miterlebt: Schramms Zeit bei den Jungen Liberalen, den Wechsel zur Piratenpartei, ihr Engagement bei der datenschutzkritischen Spackeriabewegung und ihre Abkehr davon. »Julia steht immer im Mittelpunkt ihres Themas.« Er nennt sie »die ewig Suchende«.

Wird sie in der Partei bleiben? Ihre Mitgliedschaft gebe sie so schnell nicht auf, sagt sie. »Das ist wie eine Ehe.« Sie bleibt ja auch mit einem Piraten, dem Berliner Abgeordneten Fabio Reinhardt, verheiratet. Ihre Verlobung hatte sie via Twitter verkündet. Daraufhin twitterte ein Berliner Piratenkollege: Heiraten sei reaktionär. Diesem Piraten sitzt Schramms Mann nun jeden Tag im Büro gegenüber.

Der Zug trifft in Hannover ein, Julia Schramm läuft durch den zugigen Bahnhof. Sechs Wochen sind seit dem ersten Telefonat vergangen. Ein Jahr in der Politik hat Schramm hinter sich, ein Jahr im »Dauershitstorm«, wie sie sagt. Im Vergleich zum ersten Gespräch wirkt sie fast heiter. Inzwischen hält sie es für einen Fehler, überhaupt kandidiert zu haben. »Ich wollte eigentlich nie Berufspolitikerin werden.« Die Frage ist: Was für eine Art Mensch muss man sein, um es als Politiker auszuhalten? Die Medien berichten stellenweise mit Häme über die Piraten. Sie sind als Alternative zu den etablierten Parteien angetreten und drohen nun in Chaos und gegenseitigen persönlichen Anfeindungen zu versinken. Schramm hat diesem Druck nicht standgehalten; um gesund zu bleiben, hat sie sich von der Politik, von ihrem Amt verabschiedet. »So durch den Dreck gezogen zu werden, das passiert nicht vielen in meinem Alter. Aber ich lasse mir nicht den Mund verbieten«, sagt sie. Im Netz veröffentlicht sie jetzt: »Zehn Regeln für das Überleben im digitalen Haifischbecken«. Die Regeln reichen von »Nicht persönlich nehmen« bis »Veröffentliche die härtesten Sachen«. Und: »Einfach mal nicht lesen, was Menschen über dich sagen wollen.« Wer Julia Schramm einmal begegnet ist, weiß, das wird für sie selbst die härteste Aufgabe.

In Hannovers Literaturhaus trifft Schramm auf den Schriftsteller Burkhard Spinnen, er ist 58, einer der Unterzeichner des Aufrufes in der *ZEIT* gegen den »Diebstahl geistigen Eigentums« und hält ihr Buch im Arm. Zwischen den Seiten stecken viele kleine Zettel. Es sieht aus, als habe er es über Wochen durchgeackert, als wolle er aus Schramms Werk vortragen. Schramm kennt keines seiner Bücher. Im Saal warten 15 Zuhörer, niemand ist unter 50. Die Moderatorin wendet sich vor allem Spinnen zu. Schramm hat ihren Körper weggedreht, sie knetet ihre Hände, zupft an ihrem Zopf. Für einen Augenblick ist sie zum Schweigen verurteilt, kein Netz verfügbar. Später will die Moderatorin wissen, warum sie sich für die traditionelle Form der Veröffentlichung entschieden habe. »Ich mag Bücher. Da bin ich konservativer, als man mir zutraut«, antwortet Schramm. In ihrem Blog schreibt sie: »Einen Verlag mit der Produktion meines lang ersehnten Babys zu beauftragen war wohl eine Mischung aus Gelegenheit-beim-Schopfe-packen-Naivität, Feigheit vor der absoluten Selbstständigkeit inklusive Geldnot und dem Glanz einer professionellen Welt.«

Nach der Lesung steht sie mit Burkhard Spinnen zusammen. »Ich habe dein Buch nicht als Sachbuch gelesen, sondern als Prosatext«, sagt er zu ihr. »Endlich erkennt das einer«, erwidert Schramm. Sie kauft seinen Roman, er schreibt ihr als Widmung seine Mailadresse rein. Es ist eine Bestätigung. Von einem Künstler.

Wie es weiterging: Im März 2014 ist Julia Schramm aus der Piratenpartei ausgetreten.

EINER GEGEN RUMSFELD

Wie der Berliner Anwalt Wolfgang Kaleck den ehemaligen US-Verteidigungsminister wegen Folter verklagen will

Manchmal ist es ziemlich mühsam, eine Anzeige gegen einige der mächtigsten Männer der Welt vorzubereiten. Wolfgang Kaleck irrt über den Campus der Harvard-Universität in Cambridge, Massachusetts. Es ist April, kalt, dunkel, er hat eine wichtige Verabredung mit seiner Kronzeugin und kommt zu spät. Als er schließlich den Hörsaal betritt, ist die Veranstaltung fast zu Ende.

Ganz vorn sitzt die Frau, die er treffen will. Sie trägt die blonden Haare hochgesteckt, ihre breiten Schultern werden durch Polster noch mehr betont. Sie überragt die anderen auf dem Podium und wirkt trotzdem, als müsse sie sich verteidigen. Es ist Janis Karpinski, Ex-Brigadegeneralin, Ex-Kommandeurin des Gefängnisses Abu Ghraib im Irak. Das Ex hat sich an ihren Namen geheftet. Alles, was sie ist, ist vergangen. Nur die grausamen Fotos haben überdauert: irakische Häftlinge, nackt zu Pyramiden aufgetürmt, von Soldaten an einer Leine spazieren geführt, in Masken gehüllt, geschlagen, sexuell gedemütigt zum Teil von Karpinskis Reservisten.

Vor zwei Jahren hätten sich Wolfgang Kaleck und Janis Karpinski noch nicht getroffen. Damals waren sie Feinde. Kaleck hatte Karpinski, ihren früheren Chef US-Verteidigungsminister Donald Rumsfeld und andere 2004 in Deutschland wegen Kriegsverbrechen und Folter angezeigt. Viel hat sich seitdem verändert. Karpinski hat die Armee inzwischen verlassen. Sie ist die einzige hochrangige US-Soldatin, die für Abu Ghraib so etwas wie bestraft wurde, degradiert zum Oberst.

Der Krieg im Irak läuft nicht gut. Und es gibt immer mehr

Papier: Berichte, Protokolle, Memoranden. Dokumente des Bemühens der USA, eine Antwort auf den 11. September zu finden. Es geht um Fragen wie: Wie soll man Terrorverdächtige behandeln? Wie weit darf man im Kampf gegen den Terror gehen? Was ist Folter? Wie viel Schmerz darf man dem Gegner zufügen? Es ist die Geschichte eines Feldversuchs, der außer Kontrolle gerät und das Leben aller Beteiligten erschüttert. Und nun führt er zu einer neuen Strafanzeige in Deutschland. Aber dieses Mal ist Janis Karpinski nicht mehr Beschuldigte. Sie hat die Seite gewechselt.

Auf dem friedensbewegten Podium vor den Studenten sieht sie aus, als wisse sie noch nicht, wohin genau sie nun gehöre. In diesem Augenblick kommt eine Frau nach vorn und legt einen orangefarbenen Aufkleber vor ihr auf den Tisch. »Fuck the war« steht darauf. Karpinski versucht ein Lächeln, nimmt den Aufkleber in die Hand, legt ihn wieder hin, will ihn ein Stück von sich fortschieben, versenkt ihn schließlich in ihrer Jackentasche. Kaleck hat gewartet, nun geht er auf sie zu, begrüßt sie höflich. Es wirkt wie das Aufeinandertreffen zweier Systeme.

Diesseits des Tisches steht Wolfgang Kaleck, der Berliner Menschenrechtsanwalt, 46 Jahre alt, die Nägel seiner kleinen Finger hat er etwas länger wachsen lassen, einfach so. Er verteidigt Homosexuelle, Kriegsdienstverweigerer, Opfer von rechtsradikaler Gewalt und Folter. Jenseits des Tisches sitzt Janis Karpinski in einem beigefarbenen Hosenanzug, aufgewachsen in einer Kleinstadt in New Jersey. Sie hat 25 Jahre lang in der US-Armee gedient und war die erste weibliche amerikanische Kommandantin, die jemals eine Truppe in einer Kampfzone geführt hat.

Kalecks ersten Versuch, ein Ermittlungsverfahren gegen Donald Rumsfeld, Ex-CIA-Chef George Tenet, Janis Karpinski und andere einzuleiten, lehnte Generalsbundesanwalt Kay Nehm 2005 ab. Die deutsche Justiz könne nur tätig werden, wenn die zur Aburteilung berufenen Staaten zur Strafverfolgung »unable« oder »unwilling« seien. Nicht fähig oder nicht willens. Dafür bestünden bei den Vereinigten Staaten keine

Anhaltspunkte. Nehm schrieb damals: »So wurden wegen der Vorgänge in Abu Ghraib bereits mehrere Verfahren gegen Tatbeteiligte durchgeführt.«

Tatsächlich wurden in den USA sieben Soldaten verurteilt, von ihren Vorgesetzten allerdings keiner. Deshalb versucht es Kaleck nun noch einmal. Manche Kollegen nennen ihn einen Gutmenschen. Sie bewundern ihn zwar für seine Arbeit, seine Radikalität und seine Ausdauer. Aber Anwälte lieben die absehbaren, schnellen, sicheren Erfolge. Bei Kalecks Menschenrechtsfällen kann es sein, dass Jahre vergehen, bevor etwas geschieht. Und diesmal will er nicht nur Politiker wie Donald Rumsfeld und hochrangige Militärs wegen Kriegsverbrechen und Folter in Abu Ghraib und Guantánamo anzeigen, diesmal hat Kaleck vor, auch seine Kollegen vor Gericht zu bringen, die Juristen, die Militär und Regierung beraten haben. Dazu braucht er Karpinskis Sicht, die Sicht der Zeugin, die sich verraten fühlt. Sie ist die einzige hochrangige Soldatin, die redet. Und sie sehnt sich nach Genugtuung. Die beiden verabreden sich.

Am nächsten Morgen öffnet Janis Karpinski die Tür eines kleinen Hauses in einer Vorortstraße von Boston. Auf ihrer Vortragsreise hat sie die vergangene Nacht bei einem Paar aus der Bewegung verbracht, wie sie die Friedensaktivisten nun nennt. Eine große Regenbogenflagge hängt aus dem ersten Stock mit der Aufschrift »peace«. Drinnen läuft Karpinski durch Zimmer mit hohen Decken und gut gefüllten Bücherregalen. Es sieht aus, als habe sie sich in der falschen Kulisse verlaufen. Schließlich entscheidet sie sich für die Terrasse.

Wolfgang Kaleck beginnt, Fragen zu stellen. Janis Karpinski sitzt fast reglos in der Sonne. »Ich kann keine andere Person werden«, sagt sie.

Einmal bricht sie mit ihrem Stuhl in den Terrassenboden ein, richtet sich aber schnell wieder auf. Diese kleine Szene wirkt wie ein Sinnbild: eine Frau auf brüchigem Untergrund.

Janis Karpinski kommt im Juni 2003 in den Irak, sie soll das Gefängnissystem aufbauen. Abu Ghraib nennt sie ein Höllenloch, umzingelt von Dörfern, die den Amerikanern feindlich gesinnt sind und sie immer wieder nachts beschießen. Sie erzählt, in der ersten Zeit sei es nicht schlecht gelaufen. Bis zu dem Tag, an dem der Chef der Militärnachrichtenbrigade, Colonel Thomas Pappas, sie fragt, ob er den Hochsicherheitszellenblock 1A für seine Sicherheitsgefangenen übernehmen könne. Karpinski stimmt zu. Etwas später fordert Pappas auch Zellenblock 1B.

Karpinskis Militärpolizisten bleiben trotzdem weiter dort, um die Gefangenen zu bewachen, ihnen Essen zu bringen, sie ein- und auszutragen, wenn sie zu Verhören abgeholt werden. Bis irgendwann kaum noch jemand weiß, wer nun eigentlich das Kommando über die Zellenblöcke 1A und 1B hat. »Wir haben die Befehlskette zerstört«, sagt Karpinski. Wolfgang Kaleck fragt: »Wussten Sie, welche Verhörmethoden zu den Fotos geführt haben?«

»Natürlich wussten wir das«, antwortet sie.

Sie kannte den Bericht des Roten Kreuzes, der zu dem Schluss kam, dass der militärische Nachrichtendienst in Abu Ghraib Gefangene einer unmenschlichen und erniedrigenden Behandlung aussetzt. Sie wusste von Geisterhäftlingen, die nirgendwo registriert waren. Janis Karpinski hat auch nackte Gefangene in Abu Ghraib gesehen. Wenn sie ihre Soldaten danach fragte, war die Antwort: Denen sei zu heiß, oder sie hätten versucht, sich mit ihren Kleidern das Leben zu nehmen.

Irgendwann hat Karpinski sich wohl entschieden, nicht mehr zu fragen.

»Misshandlungen habe ich aber nie beobachtet«, sagt sie. Immer wenn es um ihre eigene Verantwortung geht, wird ihre Stimme ein wenig lauter, sie beugt ihren Oberkörper zu Kaleck. Sie will, dass er jedes einzelne Wort genau hört. Wolfgang Kaleck schweigt. In jenem Sommer 2003 kamen immer mehr Häftlinge nach Abu Ghraib. Der Widerstand gegen die Amerikaner wurde stärker, damit nahm auch der Druck zu, verwertbare Informationen aus ihnen herauszubekommen. Im August 2003 besuchte Geoffrey Miller, der Kommandant von Guantánamo, den Irak. Er sollte die Verhörmethoden des militärischen Nachrichtendienstes bewerten und Verbesserungen vorschlagen. »Sein Besuch veränderte unser aller Leben«, sagt Karpinski.

Sie erinnert sich an das erste Treffen mit Miller. Etwa 20 Leute vom militärischen Nachrichtendienst und sie saßen um einen Tisch herum. Miller habe gesagt: »Das Erste, was Sie tun müssen, ist, die Gefangenen wie Hunde zu behandeln.« Miller hat diesen Satz später abgestritten. Niemand habe gewagt zu widersprechen, sagt Karpinski. Alle dachten, er kommt mit der Autorisierung von Rumsfeld.

Kurz nach Millers Abreise sah Karpinski zum ersten Mal zivile Verhörspezialisten in Abu Ghraib, die für private Firmen arbeiteten.

Sie sagt, die meisten von ihnen seien ehemalige Militärnachrichtenleute gewesen, die zuvor in Afghanistan und Guantánamo gearbeitet hätten. Nur gibt es einen entscheidenden Unterschied: In Afghanistan und Guantánamo wurden die Häftlinge von den USA als illegale feindliche Kombattanten betrachtet und in einer Art rechtsfreiem Raum gefangen gehalten, im Irak dagegen genießen sie offiziell Kriegsgefangenenstatus im Rahmen der Genfer Konventionen.

Karpinski behauptet, General Miller aus Guantánamo habe ihren Vorgesetzten Ricardo Sanchez, den damaligen Oberbefehlshaber der US-Bodentruppen im Irak, gecoacht. Kurz nach Millers Besuch unterschrieb der tatsächlich am 10. September 2003 ein Memorandum, in dem er den Einsatz harter Verhörtechniken erlaubte. Darin genehmigte Sanchez unter anderem die »Pride and ego down«-Methode, eine Technik, um das Selbstwertgefühl der Gefangenen anzugreifen. Dahinter hat er in Klammern eine Warnung hinzugefügt, die zeigt, dass ihm die Gefahr des Missbrauchs bewusst ist: »Vorsicht: Artikel 17 der Dritten Genfer Konvention schreibt vor, dass Kriegsgefangene, welche die Aussage verweigern, nicht bedroht, beleidigt oder einer sonstwie unangenehmen oder unvorteilhaften Behandlung ausgesetzt werden dürfen. Andere Nationen, die glauben, dass die Gefangenen ein Anrecht auf Schutz durch ihren Status als Kriegsgefangene haben, könnten diese Technik für unvereinbar mit den Genfer Bestimmungen halten.«

Weiterhin genehmigte Sanchez die Manipulation der Ernährung und die Manipulation der Umgebung, so dass moderates Unbehagen entsteht durch Veränderung der Temperatur oder Einführung eines unangenehmen Geruchs. Auch hier folgt wieder der warnende Hinweis: »Manche Nationen könnten die Anwendung dieser Techniken unter bestimmten Bedingungen als unmenschlich einschätzen.«

Zugleich bewilligte Sanchez die Veränderung der Schlafzeiten, die Isolation des Häftlings für eine Zeit von bis zu 30 Tagen, das Anbrüllen, laute Musik und Lichtkontrolle, um dem Häftling Angst einzuflößen und ihn zu desorientieren. Ferner den Einsatz von Stresspositionen, das heißt Sitzen, Stehen, Knien, Liegen auf dem Bauch mit dem Gesicht nach unten für maximal vier Stunden, und schließlich die Anwesenheit von Militärhunden während des Verhörs: »Nutzt die Furcht der Araber vor Hunden aus.«

Dieses Memorandum wirkt, als habe es ein Mensch in tiefer Verunsicherung verfasst, der die Anwendung all dieser Techniken empfiehlt und sie sogleich wieder zurücknimmt, weil sie gegen internationales Recht verstoßen könnten. Am Ende bleibt Verwirrung, die im Fall eines Gefangenen tödlich enden sollte. Es gab viele Memoranden über Verhörtechniken. Manche wurden wieder zurückgezogen oder durch neue ersetzt. Am Ende wusste wohl kaum noch jemand, welches gerade in Kraft war.

Am 2. Dezember 2002 beispielsweise unterschrieb Verteidigungsminister Donald Rumsfeld ein bekanntes Memorandum über den Einsatz von Verhörtechniken in Guantánamo. Manche der darin empfohlenen Methoden fanden sich später in dem Sanchez-Papier wieder. Rumsfeld genehmigte unter anderem: Stresspositionen wie Stehen bis zu vier Stunden, Isolationshaft bis zu 30 Tagen, Gesichtsmasken während des Verhörs, Entzug aller Komfortgüter, auch des Korans und der Kleidung, sowie das Ausnutzen von individuellen Phobien wie eben der Angst vor Hunden.

Unten rechts auf dem Blatt hat Rumsfeld handschriftlich hinzugesetzt: »Ich stehe acht bis zehn Stunden am Tag. Warum ist das Stehen auf vier Stunden begrenzt?«

Janis Karpinski behauptet, sie habe diese Memoranden damals nicht gekannt. Am 23. Januar 2004 endete ihr altes Leben. Sie saß in ihrem Büro in Bagdad und hielt eine große Tasse Kaffee in den Händen, als einer der Militärermittler den Raum betrat. Er breitete mehrere Fotos vor ihr auf dem Tisch aus. Das erste zeigte zwei von Karpinskis Soldaten, Charles Graner und Lynndie England, wie sie grinsend vor einer Pyramide aus nackten irakischen Häftlingen posieren. In ihrem Buch »One Womans Army« schreibt sie: »Bis ans Ende meiner Tage werde ich glauben, dass die Soldaten in Abu Ghraib Befehle befolgten, als sie Gefangene demütigten und misshandelten.« Wolfgang Kaleck fragt Karpinski: »Würden Sie vor Gericht aussagen?«

»Ja!«

Janis Karpinski ist wieder im Kampf, diesmal gegen die Bush-Administration. Sie glaubt, sie sei geopfert worden, auch weil sie eine Frau ist und um höhere Ränge wie Sanchez zu schützen. Den Krieg im Irak, der auch ihr Krieg war, nennt sie nun eine illegale Okkupation. Alles, woran sie glaubte, hat sich verkehrt. Sie ist jetzt 52, und die Welt kennt sie als die Foltergeneralin.

»Das wird mich nicht umbringen. Dann hätten die gewonnen«, sagt sie.

Also redet sie. Das ist alles, was bleibt. Wolfgang Kaleck ist zufrieden. Karpinski hat zugesagt, seine Anzeige in Deutschland als Kronzeugin zu unterstützen. Ricardo Sanchez, Geoffrey Miller und Thomas Pappas stehen längst auf seiner Liste der Beschuldigten.

Kaleck sieht ein wenig müde aus. Er schläft wenig in diesen Tagen im April. Manchmal bleibt er abends noch lange an einer Bar, manchmal tippt er nachts Schriftsätze in den Computer. Details füllen sein Hirn, alles könnte wichtig sein. Er redet viel über Folter, Tod, Missbrauch, erinnert sich an Prozesse, Namen und Memoranden. Wenn ihm die Dinge zu viel werden, wird er ungeduldig. Er wirkt dann wie getrieben, von der Bedeutsamkeit seiner Fälle gepeinigt. »Mit den Auswirkungen von Abu Ghraib müssen wir uns alle herumschlagen. Es macht die Welt für uns alle unbewohnbarer«, sagt er. Ab und zu verstummt Kaleck mitten im Gespräch und ist eine Weile nicht ansprechbar. Diese Arbeit hat ihren Preis, gesundheitlich und privat. Und sie hat etwas Verführerisches, sie ist immer so wichtig.

Es hätte auch ein anderes Leben werden können. Kaleck hatte ein gutes Jura-Examen abgelegt. Kurz darauf rief ihn ein Headhunter an: Wollen Sie nicht Richter werden? Es war ein schönes Gefühl. Aber Kaleck mochte niemals Richter sein. Nach dem Studium reiste er 1990 nach Guatemala und arbeitete bei der Menschenrechtskommission. Zum ersten Mal sprach er mit Folteropfern, mit Menschen, deren Frauen oder Kinder umgebracht worden waren. »Dort ist mir mein Land fremd geworden.« Dieses privilegierte, gute, scheinbar sorglose Leben in Deutschland.

Wolfgang Kaleck klingt manchmal ziemlich streng. Diskussionen mit Menschen, die anders denken als er, können sehr unversöhnlich enden.

Vielleicht muss man so sein in diesem Beruf. Es wirkt wie der Versuch, ein wenig lauter zu sein als die anderen, um die eigenen Zweifel zu übertönen.

Gemeinsam mit einem Partner eröffnete Kaleck 1991 eine Kanzlei im Berliner Haus der Demokratie, dem Zentrum der DDR-Bürgerrechtler nach der Wende. Sie nannten sich Die Firma, nach dem Roman von John Grisham – den Namen würde Kaleck heute am liebsten vergessen. Klingt so unseriös. Erst vertrat er Bürgerrechtler, die Einsicht in ihre Stasi-Akten nehmen wollten, später Opfer rechtsradikaler Gewalt. 1999 zeigte er gemeinsam mit anderen Anwälten im Namen von 40 deutschen Opfern der argentinischen Militärdiktatur die ehemaligen Junta-Chefs an. Da waren sie schon umgezogen in eine neue, größere Kanzlei in Prenzlauer Berg. Zwölf Anwälte arbeiten heute darin, die Einkünfte werden geteilt.

Ohne die Unterstützung seiner Kollegen könnte Kaleck Fälle wie Argentinien oder Rumsfeld nicht übernehmen. Manchmal helfen auch Spender.

Der Beruf des Menschenrechtsanwalts ist relativ neu in Deutschland, es gibt auch nur sehr wenige. Erst seit der Einführung des neuen Völkerstrafgesetzbuches 2002 sind Anzeigen wie die von Kaleck gegen Rumsfeld in Deutschland möglich. Es gilt jetzt das Weltrechtsprinzip für alle Menschenrechtsverbrechen. Das heißt, es können auch Taten und Personen angezeigt werden, die nichts mit Deutschland zu tun haben, und Folter und Kriegsverbrechen sind als neue Tatbestände hinzugekommen. Gerhard Werle, Professor für Völkerstrafrecht an der Berliner Humboldt-Universität, sagt, als das Völkerstrafgesetzbuch entworfen wurde, habe man ursprünglich nicht Menschen wie Donald Rumsfeld im Sinn gehabt, sondern Kriegsverbrecher, die sich in Deutschland aufhielten oder durchreisten und in ihrem Herkunftsland nicht verfolgt würden.

Bisher haben Nichtregierungsorganisationen 58 Strafanzeigen nach dem neuen Gesetz gestellt, aber noch nie wurde ein Ermittlungsverfahren eingeleitet. Werle glaubt auch nicht daran, dass diesmal wirklich ein Strafverfahren gegen Donald Rumsfeld eröffnet werden wird. Politisch zu heikel, obwohl das als Ablehnungsgrund nicht ausreicht. Für abwegig hält Werle den Versuch von Wolfgang Kaleck trotzdem nicht.

Auch dass juristische Regierungsberater mit einbezogen würden, sei rechtlich möglich. Wenn sie Verhaltensweisen wie Folter erlauben, ist das Beihilfe.

Welche Strafe könnte am Ende drohen? Im Völkerstrafgesetzbuch steht: »Wer im Zusammenhang mit einem internationalen oder nichtinternationalen bewaffneten Konflikt eine nach dem humanitären Völkerrecht zu schützende Person grausam oder unmenschlich behandelt, indem er ihr erhebliche körperliche oder seelische Schäden oder Leiden zufügt, insbesondere sie foltert oder verstümmelt, wird mit einer Freiheitsstrafe nicht unter drei Jahren bestraft.« Das deutsche Justizministerium will sich nicht zur Anzeige äußern.

Wolfgang Kaleck ist derweil auf dem Weg zum Center for Constitutional Rights (CCR) in New York, wo vor zwei Jahren alles begann. Im Namen des Centers wird er die Anzeige in Deutschland einreichen, es ist eine Bürgerrechtsorganisation, 1966 gegründet. Das CCR war das erste, das die Guantánamo- und Abu-Ghraib-Häftlinge vertrat. Das Büro liegt am Broadway, reicht über zwei Etagen und sieht aus, als sei es zuletzt vor einem Jahrhundert renoviert worden. Auf der bläulichen Auslegeware haben sich große schwarze Flecken gebildet.

In der Bibliothek wartet Michael Ratner, der Präsident des Centers. Er ist der Mann hinter der Anzeige, er hatte die Idee. Ratner trägt eine Brille, deren Gläser ihm fast bis zum Kinn reichen, und hält seinen BlackBerry in der Hand. Er zählt zu den 100 einflussreichsten Anwälten der USA. Seine Familie ist bekannt in New York, dem Bruder gehört die Basketballmannschaft New Jersey Nets. Im Sommer 2004 saß Ratner schon einmal so im Büro und war frustriert. Er wollte sich nicht damit abfinden, dass nur ein paar einfache Soldaten für Abu Ghraib bestraft wurden, und überlegte, wie er an ihre Vorgesetzten herankommen könnte. »Wir sind das mächtigste Land der Welt. Wenn wir foltern, ist das etwas anderes, als wenn Nicaragua foltert. Jetzt denken alle, das ist legal.«

Da die USA den Internationalen Gerichtshof nicht anerkennen und es nicht so aussah, als ob innerhalb des Landes Ermittlungen geführt werden würden, surfte Ratner im World Wide Web. Auf der Seite von Amnesty International erfuhr er, dass in Deutschland das Völkerrecht besonders günstig ausgelegt wird. Also brauchte er nur noch einen deutschen Anwalt, der sich damit auskannte. Über Empfehlungen gelangte er schließlich zu Wolfgang Kaleck. Dies ist nun ihr erstes Arbeitstreffen zur Wiederholung des German case, des deutschen Falls, wie sie die Anzeige im Center nennen.

Wolfgang Kaleck beginnt: Er habe gehört, dass einer der beschuldigten Juristen, John Yoo, derzeit als Gastdozent an einer Universität in Italien lehre. Vielleicht könne man über italienische Anwälte an ihn herankommen. »Klingt gut«, sagt

Ratner. Yoo war Rechtsberater im Justizministerium und Autor verschiedener Memoranden zur Definition von Folter und zum Umgang mit Gefangenen im Krieg gegen den Terror.

Ratner fragt: »Welche Opfer wollen wir noch dazunehmen?« Kaleck ist dafür, neben den 17 Abu-Ghraib-Opfern der ersten Anzeige noch einen Guantánamo-Fall einzureichen: Mohammed Al-Qahtani aus Saudi-Arabien, den die US-Ermittler für den fehlenden 20. Flugzeugentführer des 11. September halten. »An seinem Beispiel kann man die direkte Befehlskette bis hinauf zu Rumsfeld nachweisen«, sagt Kaleck.

Al-Qahtani wurde 2002 an der afghanisch-pakistanischen Grenze gefasst und sitzt seit vier Jahren in Guantánamo.

Anfang 2006 wurde ein Vernehmungsprotokoll veröffentlicht, 84 Seiten lang. Al-Qahtani heißt darin Häftling 063. Minutiös wird beschrieben, was mit Al-Qahtani in Guantánamo geschieht. Es ist das Tagebuch eines wochenlangen Verhörs.

Das Protokoll beginnt am 23. November 2002 nachts um 2.25 Uhr. Der Häftling wird in die Verhörzelle in Camp X-Ray geführt, seine Gesichtsmaske wird ihm abgenommen, und er wird an den Boden gekettet.

Über die nächsten 50 Tage wird Mohammed Al-Qahtani täglich bis zu 20 Stunden lang verhört und lebt in Einzelhaft. Eine Kombination aus den Techniken »Pride and ego down«, »Fear up« (Steigerung der Furcht) und »Futility« (Aufzeigen der Sinnlosigkeit seines Verhaltens) wird an ihm ausprobiert. Al-Qahtani ist oft nackt, muss einen Damen-BH tragen, wird an einer Hundeleine herumgeführt und soll Tricks zeigen wie das Ausführen von Kommandos: Steh! Komm! Bell!

Einmal sagt er, er habe Osama bin Laden getroffen, nimmt das am nächsten Tag aber wieder zurück. Er muss mit männlichen Wärtern tanzen. Vernehmer beschimpfen ihn als Homosexuellen und seine Mutter und Schwester als Huren. Im Protokoll wird vermerkt, dass Al-Qahtani darüber sehr verärgert sei. Es wird ihm verboten, zu beten und auf die Toilette zu gehen, deshalb macht er sich mehrmals in die Hosen. Er soll sich Bilder von wenig bekleideten Frauen ansehen, eine weibliche Vernehmerin kommt ihm immer wieder sehr nahe. Hunde werden eingesetzt.

Im Protokoll steht, dass Al-Qahtani ab und zu in Tränen ausbricht, manchmal wird er aggressiv, oder er wirkt apathisch und verwirrt.

Zwischendurch kommt er einmal ins Krankenhaus, weil sein Puls zu langsam ist und der Blutdruck zu hoch. Dann geht es weiter. Nach etwa einem Monat, am 26. Dezember, sagt Al-Qahtani seinem Vernehmer, er halte es nicht mehr aus und wolle sich umbringen. Mit einem Bleistift verfasst er sein Testament. Darin bittet er, seinen Leichnam in die Heimat zu überführen und seine Mutter zu benachrichtigen. Der Vernehmer zerreißt das Blatt vor seinen Augen. Am 11. Januar endet das Protokoll um sieben Uhr früh. Kurz zuvor fragt der Häftling noch, ob er mehr über christliche Rituale erfahren könne.

Vier Tage darauf nimmt Donald Rumsfeld die Erlaubnis für den Einsatz härterer Verhörmethoden wieder zurück, weil Militärjuristen und das FBI Bedenken haben, sie könnten nicht rechtmäßig sein und die Tatbestände grausamer und unwürdiger Behandlung oder der Folter erfüllen. Später wird eine Untersuchung unter der Leitung von Randall Marc Schmidt, einem Generalleutnant der US-Luftstreitkräfte, eingeleitet.

In einer eidesstattlichen Erklärung gegenüber dem Generalinspektorat der Armee sagt er am 24. August 2005: Rumsfeld sei in die Vernehmungen von Mohammed Al-Qahtani persönlich involviert gewesen, der Verteidigungsminister habe wöchentlich Gespräche mit Geoffrey Miller, dem Kommandanten von Guantánamo, geführt. Schmidt meint, dass Rumsfeld die an Al-Qahtani angewandten kreativeren Verhörmethoden nicht speziell angeordnet habe. Aber ihre Anwendung sei nicht ausreichend kontrolliert worden. »Es gab keine Grenzen«, sagt Schmidt in der Erklärung. »Wenn jemand in Guantánamo eine Kamera dabeigehabt hätte, hätten wir dieselben Bilder wie in Abu Ghraib.«

Der Guantánamo-Häftling Al-Qahtani wird von einer Anwältin des Center for Constitutional Rights vertreten.

Gitanjali Gutierrez ist 35, die Haut unter ihren Augen schimmert grau. Ihre Kollegen erzählen, dass sie manchmal in ihrem Büro schläft. Der Vater von Al-Qahtani hatte eine Werbung der New Yorker Anwälte im arabischen TV-Sender *al-Dschasira* gesehen und sich gemeldet. Gutierrez hat Mohammed Al-Qahtani mehrmals in Guantánamo besucht, zuletzt im September 2006.

»Er ist psychisch nicht in Ordnung«, sagt sie. Es falle ihm schwer zu sprechen, schlafen könne er kaum, und er lebe noch immer in Einzelhaft. Gutierrez hat mit ihm auch über die deutsche Anzeige gesprochen. Er hat zugestimmt, dass sein Fall mit aufgenommen wird.

Deshalb gibt er über seine Anwältin erstmals öffentlich eine Erklärung zu seiner Behandlung in Guantánamo ab: »Ein Mensch braucht vier Dinge im Leben: 1. Die Freiheit, seine Religion auszuüben. 2. Dass seine Würde respektiert, er nicht durch Schläge oder Beschimpfungen gedemütigt wird. 3. Dass seine Ehre respektiert, er nicht sexuell gedemütigt oder missbraucht wird. 4. Dass seine Menschenrechte geachtet werden: dass er schlafen kann, ausreichend zu essen und zu trinken hat und die Möglichkeit, sich zu erleichtern und zu waschen. Alle diese Rechte wurden mir genommen.«

Al-Qahtani hat seine Aussagen vollständig widerrufen. Er sei niemals Al-Qaida-Mitglied gewesen und habe nichts mit dem 11. September zu tun. Wer weiß, ob er schuldig oder unschuldig ist? Gutierrez sagt, wenn, dann sollte ihm in seiner Heimat, in Saudi-Arabien, der Prozess gemacht werden. »Ich hätte nie gedacht, dass dieses Land einmal so etwas wie in Guantánamo macht.«

Der Ort ist ein Symbol dafür, wie tief die amerikanische Gesellschaft gespalten ist. Auf der einen Seite diejenigen, die denken, dass vieles, sehr vieles erlaubt sein müsse, um einen nächsten Terroranschlag zu verhindern, auf der anderen Seite die, die glauben, dass Amerika im Krieg gegen den Terror schon viel zu weit gegangen sei und Gefahr laufe, die eigenen Werte aufzugeben.

Wolfgang Kaleck und Michael Ratner sitzen noch immer in der Bibliothek. Die Geräusche des Broadways klingen herauf wie ein fernes Rauschen. Haben sie manchmal Zweifel? Terroristen halten sich an keine Regeln, kann man sie wirklich nur mit streng rechtsstaatlichen Mitteln verfolgen?

»Wir leben nicht mehr in alttestamentarischen Zeiten, wo Gleiches mit Gleichem vergolten wird«, sagt Kaleck. Er schlägt Ratner einen weiteren Fall vor: den Tod des irakischen Luftwaffengenerals Abed Hamed Mowhoush. Über ihn gibt es einen Bericht von Human Rights First.

Auf einer der ersten Seiten ist ein Foto von Mowhoush abgebildet: ein massiger Mann, auf einem gemusterten Teppich liegend. Er hat dunkles Haar und trägt einen Schnurrbart, vor ihm sitzt sein Enkelsohn.

Mowhoush stellte sich am 10. November 2003 nahe der syrischen Grenze selbst den Amerikanern. Er war damals 57 Jahre alt und traf auf Generalstabschef Lewis Welshofer. Der sagte später vor Gericht aus, er habe Mowhoush vor Mithäftlingen geschlagen, um zu zeigen, wer das Sagen hat. Dabei blieb es nicht.

Laut Zeugenaussagen wurde Mowhoush von acht bis zehn Vernehmern zum Teil mit Hämmern verprügelt. Welshofer arrangierte ein Treffen von Mowhoush mit dessen 15-jährigem Sohn.

Er hoffte, das würde ihn zum Reden bringen. Der Junge behauptete später in einem Interview mit Human Rights First, die Vernehmer hätten ihn aus Mowhoushs Blickfeld geführt, in die Luft geschossen und ihn dabei geschlagen, so dass ein paar Tropfen Blut auf den Boden gefallen seien. Sein Vater habe gedacht, er sei tot, und sei zu Boden gegangen.

Am 26. November 2003 setzte Lewis Welshofer seine letzte Verhörtechnik ein. Er steckte Mowhoush mit dem Kopf voran in einen Schlafsack, wand ein Elektrokabel um seinen Leib und setzte sich auf Mowhoushs Brustkorb, wobei er ihm Mund und Nase zuhielt. An diesem Tag ist General Mowhoush gestorben. Im Autopsiebericht steht als Todesursache: Ersticken.

Während der anschließenden Untersuchung des Falles bekam Welshofer eine schriftliche Abmahnung seines Vorgesetzten. In einem Antwortbrief schrieb Welshofer: Er glaube nicht, dass seine Aktionen zum Tod des Generals geführt hätten. »Bei meinem Versuch, Informationen zu sammeln, um das Leben von Soldaten zu schützen, habe ich Stresspositionen angewandt.« Er habe angenommen, die Schlafsacktechnik sei eine Stressposition, die durch das Memorandum über Verhörmethoden von General Ricardo Sanchez vom 10. September 2003 autorisiert sei. Er schließt mit den Worten: »Ich glaube nicht, dass ich den Rechten von irgendjemandem, der eine Gefahr für das Leben von Amerikanern darstellt, Vorrang geben sollte vor meiner Pflicht, alles zu tun, was ich kann, um das Leben meiner Kameraden zu schützen.«

Es ist sehr wahrscheinlich, dass Abed Hamed Mowhoush kein Unschuldiger war als General unter Saddam Hussein. Vielleicht hat er furchtbare Taten begangen. Aber es geht darum, wie weit die USA, wie weit der Westen im Kampf gegen seine Feinde gehen will. Es bleibt die Frage: Wie wollen wir uns am Ende selbst sehen?

Zwei Jahre später, im Januar 2006, begann der Prozess gegen Welshofer wegen Mordes vor einem Militärgericht in Colorado. Er wurde schließlich wegen versuchten Totschlags zu einer Geldstrafe von 6000 Dollar und zu 60 Tagen Arrest, in denen er sich nur zwischen Wohnung, Kirche und seiner Militärbasis bewegen durfte, verurteilt. Alle anderen Beteiligten bekamen noch geringere Strafen.

Wolfgang Kaleck will einen von Mowhoushs Söhnen treffen, um mit ihm über die Anzeige in Deutschland und den Fall seines Vaters zu sprechen. Michael Ratner hält das für eine gute Idee. Er schlägt vor, eine befreundete Anwältin zu fragen, die mit einem Kontaktmann in Bagdad zusammenarbeitet.

Ratner tippt ohne Pause auf seinem BlackBerry herum. Wenn er spricht, hetzt er atemlos von Satz zu Satz, als fürchte er ständig, wichtige Details könnten verlorengehen. Wenn Michael Ratner über die Zeit und über Fälle vor dem 11. September spricht, klingt es, als seien seither Jahrhunderte vergangen. Das Davor ist wie ausgelöscht, für immer vorbei. Davor übernahmen Anwälte des Centers meist Fälle, die mit ihren linken Überzeugungen übereinstimmten, vertraten Bürgerrechtler oder Junta-Opfer in Lateinamerika.

Zwei Monate nach dem 11. September erließ Präsident Bush die Military Order Number One. Darin genehmigte er Überstellungen von Terrorverdächtigen in Länder, in denen Folter erlaubt ist, ihre Inhaftierung ohne Zugang zu amerikanischen oder internationalen Gerichten und die Einrichtung von Militärtribunalen, die nicht den Regeln der amerikanischen Strafjustiz unterliegen. Mutmaßliche Terroristen sollten keine Rechtsmittel vor einem Gericht einlegen, kein Verfahren anstrengen können.

Einen Tag darauf entschieden Michael Ratner und seine Mitstreiter, sie würden den Ersten, der unter Military Order Number One festgehalten würde, vertreten. »Wir hatten keine Ahnung, wer das sein würde.« Ratner hatte kein gutes Gefühl dabei. Es ging darum, vielleicht die eigenen Feinde zu verteidigen. Er wohnt in einer Stadtvilla in Greenwich Village, im Zentrum Manhattans. Er konnte den Anschlag auf das World Trade Center beim Joggen beobachten. Und Ratner ist amerikanischer Jude, einer von denen, die die Dschihadisten hassen bis in den Tod. »Aber es werden Grundrechte verweigert, das ist illegal.«

Der erste neue Mandant war im Januar 2002 der Australier David Hicks, ein Guantánamo-Häftling. Keine andere Menschenrechtsorganisation und kein anderer Anwalt wollte damals mit so einem Fall zu tun haben. Amerika war im Schock. Das Center und Michael Ratner bekamen in jenen Wochen Hunderte von Hassmails. »Lass die Taliban in dein Haus. Sie sollen deine Kinder essen«, stand da zum Beispiel. Zwei Jahre später, 2004, feierten sie ihren ersten großen Sieg: Das Höchste Gericht entschied, dass Guantánamo-Gefangene ihre Haft vor US-Gerichten prüfen lassen können. Michael Ratner grinst, seitdem haben sie keine Mühe mehr, Anwälte zu finden.

Der Krieg gegen den Terror ist auch ein Krieg der Juristen. Es gibt wenige Konflikte, in denen ihr Rat so gefragt war. In der ersten Zeit nach dem 11. September haben Rechtsberater der Bush-Administration Politik zumindest mitgestaltet. Kritiker wie Wolfgang Kaleck nennen die Entscheidungen dieser Phase: »Der Weg nach Abu Ghraib.« Es ist die hohe Zeit der Memoranden. Da ist zum Beispiel dasjenige vom 25. September 2001 aus dem Justizministerium von John Yoo, das den Machtbereich des Präsidenten im Krieg gegen den Terror erweitert: Der Präsident könne ohne Zustimmung des Kongresses Krieg gegen Terroristen und gegen Staaten führen, die sie unterstützten.

Dann beginnt der Afghanistan-Krieg, US-Streitkräfte nehmen mutmaßliche Taliban- und Al-Qaida-Kämpfer in Gewahrsam. Nun stellt sich die Frage, wie man am besten und schnellsten Informationen von ihnen bekommt.

Am 9. Januar 2002 folgt ein neues Memorandum aus dem Justizministerium. Darin wird argumentiert: Al-Qaida-Mitglieder und Taliban kämpften nicht als Nationen oder Staaten, sie seien illegale feindliche Kombattanten – eine folgenreiche Wortprägung. Deswegen träfen die Genfer Konventionen nicht auf sie zu, und auch der Gemeinsame Artikel 3 sei nicht anwendbar. Der aber gebietet: Gefangene sollen unter allen Umständen menschlich behandelt werden. Mitautor des Memorandums: John Yoo. Kurz darauf gibt US-Verteidigungsminister Donald Rumsfeld die Richtlinie an die Streitkräfte heraus: »Individuen der al-Qaida und der Taliban im Gewahrsam des Verteidigungsministeriums haben kein Anrecht auf den Status als Kriegsgefangener gemäß den Genfer Konventionen.«

Wenn jedoch die Konventionen außer Kraft gesetzt werden, wie soll man dann mit Gefangenen umgehen? Wieder diskutieren die Juristen in den Behörden. Das führt am 1. August 2002 zu einem weiteren, 50 Seiten langen Memorandum. Es wird wiederum von John Yoo entworfen, allerdings von seinem Chef im Justizministerium unterschrieben. Es ist bekannt unter dem Namen Folter-Memo, weil darin Folter neu definiert wird: »Wir kommen zu dem Schluss, dass ein Akt, der als Folter gewertet wird, Schmerzen verursachen muss, die nur schwer auszuhalten sind. Physischer Schmerz, der als Folter gewertet werden kann, muss die gleiche Intensität von Schmerz haben, wie er mit ernsthaften physischen Verletzungen, etwa Organversagen, der Beeinträchtigung von Körperfunktionen oder sogar dem Tod, einhergeht.« Seitdem nennen Juristenkollegen John Yoo auch Mister Folter. In Kalecks Anzeige ist er Beschuldigter Nummer 11.

Von seinem Büro im achten Stock der Simon Hall im kalifornischen Berkeley hat John Yoo einen guten Blick auf seine Feinde. Die da unten haben gegen ihn demonstriert, seine Entlassung gefordert. Studenten führten in einem seiner Seminare eine Scheinexekution auf, um ihn zu ärgern, und einmal mussten ihn sogar Sicherheitsleute bewachen. John Yoo hat seinen Schreibtisch quer in den Raum gestellt. Er sitzt mit dem Gesicht zur Eingangstür, so hat er Besucher besser im Auge. John Yoo ist ein stiller Mann. Er spricht oft so leise, dass man sich vorbeugen muss, um ihn zu verstehen. 2003 kam er aus Washington nach Berkeley, in eine der liberalsten Städte der Welt, wie er sagt. Yoo wurde in Korea geboren, als Kleinkind wanderten seine Eltern mit ihm in die USA aus. Jetzt ist er 39 und Jura-Professor an einer der besten Universitäten des Landes. »Ich bin ein Übererfüller«, sagt er über sich selbst.

Yoos Beine ruhen auf dem Tisch, vor ihm liegt ein Buch mit Witzworten von Donald Rumsfeld. An der Wand hängt ein Gruppenfoto der Richter des Höchsten Gerichts ohne Roben. Yoo ist der Einzige, der über seine früheren Entscheidungen in der Bush-Administration redet. Am 11. September 2001 saß er in seinem Büro im Justizministerium in Washington und sah im Fernsehen, wie das zweite Flugzeug in den Turm des World Trade Centers krachte. »Ich wusste sofort, jetzt sind wir im Krieg.«

Yoo arbeitete im Office of Legal Counsel. Dieses Büro berät den Justizminister und den Präsidenten in Rechtsfragen. *Newsweek* schreibt darüber: »Seine sorgsam formulierten Meinungen werden als bindend angesehen, als letztes Wort dazu, was dem Präsidenten und seinen Behörden juristisch erlaubt und was ihnen nicht erlaubt ist.«

John Yoo sagt, in den Memoranden sei es nicht um Politik gegangen. »Ich interpretiere nur das Recht für die Regierung, die Politiker entscheiden. Ich sage, was sie machen können, nicht was sie machen sollen.« Er glaubt an diesen Unterschied. Im Gespräch kommt er immer wieder darauf zurück. Er sei Jurist, kein Politiker. Seine Expertisen wurden aber doch unmittelbar politisch genutzt? »Ja«, sagt er, »Politiker wollen wissen, was sie dürfen und was nicht. Das heißt nicht, dass ich mich weigere, ihre Fragen zu beantworten.« Es klingt, als habe Yoo diese Argumente schon oft wiederholt, erkläre sie aber gern noch einmal von vorn.

Er nennt das Beispiel des Abu Zubaydah, den die US-Ermittler für den Chefrekruteur von al-Qaida halten. Die CIA hatte ihn im April 2002 gefasst und auf einen geheimen Stützpunkt in Thailand gebracht. Yoo sagt: »Sie dürfen nicht foltern, aber es gibt eine Reihe von Dingen, die man im Verhör machen kann, die nicht das Niveau von Folter erreichen.«

Was genau das sein solle, habe er versucht herauszufinden. Man könnte zum Beispiel sagen: Wir lassen ihn nicht länger als sechs Stunden am Tag schlafen. Das sei eine moralische Frage. Yoo mag es, in Konjunktiven zu denken. Seine Stimme bleibt dabei immer gleich sanft. Einer seiner bekanntesten Sätze ist: »Der Präsident kann Folter anordnen, wenn er das für richtig hält.« Rechtlich sei das möglich. Er nimmt die Beine vom Tisch, streicht über seine Krawatte. Yoo unterscheidet zwischen Recht und Moral, als seien das zwei gänzlich voneinander getrennte Kategorien.

Würde er die Memoranden heute noch einmal genauso schreiben?

»Im Prinzip ja«, sagt Yoo.

Er habe nicht an die Konsequenzen gedacht, nur das Recht ausgelegt.

Dieses Jahr hat Yoo eine Niederlage erlitten. Im Sommer entschied das Höchste Gericht, die Militärtribunale in Guantánamo verstießen gegen amerikanisches Militär- und gegen das Völkerrecht. Außerdem sei zumindest der Gemeinsame Artikel 3 der Genfer Konventionen auf mutmaßliche Terroristen anzuwenden. Yoo sieht das anders: »Die Entscheidung fiel fünf gegen drei. Drei Richter waren also derselben Meinung wie ich.«

Er kennt die Bilder von Abu Ghraib. Er ist überzeugt, das war Missbrauch, begangen von einzelnen Soldaten. »Ich glaube nicht, dass das Verteidigungsministerium diese Behandlung autorisiert hat.« Natürlich hätten diese Fotos Amerikas Ansehen in der Welt geschadet. »Das Problem ist, es gibt eine Anzahl von Menschen auf der Welt, die, motiviert durch ihre Religion, sehr wahrscheinlich Bomben legen und Zivilisten ermorden wollen.« Er lässt seine Worte wirken. Die Sonne scheint auf seinen Schreibtisch, es ist angenehm warm.

Fürchtet er, dass er sich einmal vor einem Gericht für seine Arbeit verantworten muss? Yoo lacht kurz auf. »Ja, das könnte passieren.« Von der Anzeige in Deutschland hat er noch nie gehört. Nur einmal im Gespräch verliert John Yoo für einen Augenblick die Fassung. Einer seiner ehemaligen Mitstreiter, US-Justizminister Alberto Gonzales, wies das damalige Folter-Memo öffentlich als unnötig zurück. Yoo presst seine Lippen aufeinander: »Das hätte nicht sein müssen.« Er hält dies für feige. Zurzeit arbeite er nicht mehr für die Regierung. John Yoo ist ein wenig beleidigt.

Wenn man Wolfgang Kaleck auf John Yoo anspricht, wendet er sein Gesicht ab. Es sieht aus, als bereite es ihm körperliches Unbehagen, über ihn zu reden. »Nicht nur was er geschrieben hat, ist falsch. Er wusste auch ganz genau, was damit gemacht werden würde.«

Es ist Anfang November. Noch wenige Tage, bis Kaleck am 14. dieses Monats die Anzeige per E-Mail an die Generalbundesanwältin schicken wird. Er sitzt in einem Café in Berlin-Prenzlauer Berg. Es läuft Musik aus den achtziger Jahren, die schwarze Farbe der Tische blättert ab. Kaleck legt einen Hefter auf den Tisch. Darin hat er Namen notiert. Wer was noch zuliefern soll und wann. Die Anzeige ist noch nicht fertig.

Und es gibt ein Problem: Kaleck hat keines der Opfer, in deren Namen er sie stellt, persönlich getroffen.

Alle Versuche im vergangenen halben Jahr sind fehlgeschlagen. Zu gefährlich. Er bemüht sich weiter um ein Gespräch mit dem Sohn von General Mowhoush, aber es sieht nicht gut aus. Momentan kann ihn niemand erreichen. Und der Kontaktmann in Bagdad fürchtet Anrufe aus dem Ausland. Die amerikanische Anwältin, die mit ihm zusammenarbeitet, schickt eine Mail: Jedes Mal, wenn er das Haus verlässt, ist er in Gefahr. Kaleck wird den Fall Mowhoush trotzdem erwähnen.

Viel ist seit April passiert, seit die Ex-Kommandeurin von Abu Ghraib, Janis Karpinski, zugesagt hat, Kalecks Kronzeugin zu werden. Zehn Organisationen beteiligen sich nun an der Anzeige und zwei Friedensnobelpreisträger: der Argentinier Adolfo Perez Esquivel und das International Bureau for Peace.

In den USA gab es eine Folterdebatte, und der Kongress hat im Oktober den Military Commission Act verabschiedet. Damit werden die Militärtribunale im Nachhinein doch für rechtmäßig erklärt, und es heißt, dass der amerikanische Präsident die Genfer Konventionen interpretieren darf. Es wird wieder Klagen geben. Die Anwälte kämpfen weiter.

Auch wenn in Deutschland wahrscheinlich kein Verfahren gegen den US-Verteidigungsminister eröffnet wird: Nach dem Kampf der vergangenen zwei Jahre glaubt Wolfgang Kaleck nun an die große Macht der weltweiten Anti-Folter-Bewegung. Und wenn Donald Rumsfeld, John Yoo und die anderen eines Tages ihren Lebensabend genießen wollen, ist da vielleicht immer noch einer, der sie jagt.

Wie es weiterging: Im Juni 2007 lehnte die Bundesanwaltschaft ab, Ermittlungen gegen Donald Rumsfeld und andere aufzunehmen. Derzeit läuft in Spanien ein Verfahren gegen sechs hochrangige US-Regierungbeamte wegen Folter in Guantánamo. Wolfgang Kaleck gründete 2007 das European Center for Constitutional and Human Rights in Berlin. Im Augenblick vertritt er u. a. den Whistleblower Edward Snowden.

»ICH BIN NICHT HIER, UM ANDEREN ZU GEFALLEN«

Wie das Model Waris Dirie versucht, vor seiner Geschichte zu fliehen

Wieder darüber reden. Immer muss sie darüber reden. Über das Thema. Es hat sich an ihren Namen geheftet und gibt ihn nun nicht mehr frei. Wenn sie Glück hat, gönnt es ihr vielleicht diesen einen Tag Ruhe. Sie weiß, es wäre nur ein Aufschub.

Als Waris Dirie aus dem Flugzeug steigt, ist es später Morgen in Dschibuti, einem winzigen muslimischen Land am Horn von Afrika, auf dem Rollfeld warten schon ein paar Männer, die mit ihren Handys herumfuchteln. Die Männer wollen sie, das Nomadenmädchen, das einst aus dem Nachbarland Somalia floh und später im Westen als Model und Autorin ein Star wurde, zum Präsidenten begleiten. Waris Dirie ist das erste Mal nach zehn Jahren wieder nah ihrer alten Heimat, und ihr Besuch ist eine Staatsangelegenheit.

Sie versucht, ihre Mundwinkel zu heben, denn sie ist nicht besonders gut gelaunt. Sie hat nicht viel geschlafen im Flugzeug, sich ein wenig abseits von ihrem Manager und ihrer Assistentin gehalten und ihre braune Schirmmütze tief in die Stirn gezogen. Bis kurz vor dem Abflug war nicht klar, ob sie überhaupt reisen würde. Wenn die Gefahr besteht, dass sie öffentlich über das Thema reden muss, erwägt Waris Dirie die Flucht. Vielleicht war das auch einer der Gründe für ihr Verschwinden in Brüssel Anfang März 2008, als sie einen gemeinsamen Auftritt mit Condoleezza Rice verpasste und erst drei Tage später wieder erschien. Die Öffentlichkeit im Westen reagierte irritiert. Viele fragten sich vielleicht zum ersten Mal, wer diese schöne schwarze Frau wirklich ist, deren Gesicht sie aus Zeitschriften kennen und deren Bücher sie lesen.

Eine Stunde später steht Waris Dirie in einem kleinen Saal der Präsidentenresidenz, die Vorhänge sind zugezogen. Der Präsident, der Premierminister und fast das ganze Kabinett empfangen Dirie. Der Präsident lässt sich auf einem goldenen Stuhl nieder, Dirie setzt sich neben ihn, er tätschelt ihren Arm. Später wird sie sagen, er habe auf Somali mit ihr geflirtet. Auf Englisch fragt er: »Wo wohnst du jetzt?« – »In Österreich«, sagt sie. Ratlose Gesichter. »Mozart«, schiebt sie hinterher. »Ah yes«, sagt der Präsident. »Mozart wurde dort geboren.« Alle im Saal nicken. Der Präsident: »Wie lange bleibst du hier?« – »Drei Tage. Bis ihr mich rausschmeißt«, sagt sie. »Du kannst bleiben, hier ist dein Zuhause. Du repräsentierst uns Afrikaner in der ganzen Welt!« Dirie stöhnt kurz auf. Da ist es – das Thema. Selbst wenn der Präsident es ganz sicher nicht im Sinn hatte und nur ihre Prominenz anerkennen wollte, ist da immer etwas, das sie daran erinnert. Das, woran man im Westen denkt, wenn der Name Waris Dirie fällt, würde der Präsident nie ansprechen. Es wäre gegen die Tradition.

Diries Buch *Wüstenblume,* ihr Leben, das sich elf Millionen Mal verkauft hat, wird gerade in Dschibuti von einem deutschen Team verfilmt. Wegen Waris Dirie haben Hunderte Komparsen, Fahrer, Übersetzer in Dschibuti Arbeit für ein paar Wochen. Am Ende des Gesprächs bietet der Präsident ihr seine Jacht an, zum Schnorcheln am Wochenende.

Waris Dirie fährt ins Kempinski-Hotel, die Straßen sind staubig, der Wind treibt Plastikmüll vor sich her. Im Hotelpool trinken französische und amerikanische Soldaten mit ihren Frauen Cocktails. Dschibuti ist einer der amerikanischen Hauptstützpunkte in Afrika im »Kampf gegen den internationalen Terrorismus«. Dirie setzt sich an den Beckenrand, sie hat diesen Blick wie im Flugzeug, nach innen gerichtet, mit dem sie ihre Umwelt auf Distanz hält. Sie will nicht mehr reden an diesem Tag, vielleicht auch nicht am nächsten und am übernächsten, so genau weiß man das nie.

Ihr Manager sagt, sie habe sich auf diese Reise gefreut. So wie man sich eben auf etwas freut, das man als Kind einmal gekannt hat und wonach man sich seitdem sehnt. Als sie etwa zwölf war, wollte ihr Vater sie in der somalischen Wüste mit einem älteren Mann verheiraten, sie floh. Sie weiß nicht genau, wie alt sie damals war, sie weiß auch nicht, wie alt sie jetzt ist, so Anfang 40, schätzt sie. Nomaden notieren selten Geburtstermine. Sie hat sehr jung ihr Land, ihre Wüste, ihre Familie verlassen und ist fern der Heimat bekannt geworden. Nun sitzt sie im Kempinski, und die Kellner, deren Sprache sie spricht, starren sie an.

Am nächsten Morgen, einem Freitag, ist es schon sehr heiß, als Waris Dirie am Filmset auf dem Marktplatz von Dschibuti City erscheint. Sie trägt ein weißes Trägerhemdchen, ihre Brüste zeichnen sich unter dem Stoff ab. Die Frauen, für ihren Komparsenauftritt in lange Gewänder gehüllt, filmen Diries Ankunft mit Handys, strecken die Hände nach ihr aus, wollen sie berühren. Dirie scheint fröhlich, lacht, umarmt und küsst sie. »Wir haben Jahre auf dich gewartet, und jetzt kommst du halb nackt«, sagen die Frauen zu ihr. Waris Dirie kichert, kurz darauf borgt sie sich einen orangefarbenen Schal, bedeckt ihre Schultern. Später wird sie sagen, dass sie sich in der Nacht zuvor sehr genau überlegt hat, wie sie sich kleiden würde. Es wirkt fast wie ein Spiel: Sie provoziert, es folgt die Reaktion, und sie zieht sich wieder ein Stück zurück.

Die Frauen auf dem Markt kennen ihre Fotos aus dem Westen nicht: die aus dem Pirelli-Kalender, für die sie oben ohne posierte, und auch nicht die Werbekampagnen, in denen sie sich ganz nackt zeigte. Erst an diesem Ort, neben diesen Frauen wird klar, wie tief Diries Bruch mit ihrem alten Leben, den alten Traditionen reicht. Und was er von ihr gefordert haben muss. Bisher wurde das Thema noch gar nicht erwähnt. Aber es ist da, eilt ihr voraus, umgibt sie ständig. Selbst wenn nicht viele Menschen auf diesem Markt *Wüstenblume* gelesen haben, haben sie doch davon gehört, oder jemand hat ihnen den Inhalt erzählt.

Dirie stellt sich an eine Ecke des Platzes. Sie sieht sich selbst als Zwölfjährige in einem zerrissenen Kleid mit blutverschmiertem Gesicht über den Markt laufen. Suraya, die junge Darstellerin aus Dschibuti, sieht ihr tatsächlich ähnlich. Gerade wird die Szene gedreht, in der Dirie nach tagelanger Flucht vor ihrem Vater durch die Wüste und mehreren Fastvergewaltigungen erschöpft in Mogadischu anlangt. Einer der einheimischen Übersetzer beobachtet Dirie von der Seite. Er kennt das Buch, sagt: »Über Vergewaltigung zu reden ist in unserer Kultur tabu.« Das Thema, um das es eigentlich geht, erwähnt auch er nicht. »Sie tut mir leid«, sagt er noch. Wie fühlt sich ein Leben an, in dem einen die anderen immer als Opfer sehen?

In *Wüstenblume* beschreibt Dirie, wie eine Zigeunerin ihr als Fünfjährige in der Wüste mit einer zerbrochenen Rasierklinge die Klitoris und die Schamlippen entfernt und danach das Geschlecht bis auf eine kleine Öffnung zum Urinieren zunäht. Dirie wäre fast gestorben. Noch jetzt hat sie Schmerzen, ihr Sexualleben ist für immer zerstört. Bis heute werden täglich etwa 6000 Mädchen weltweit beschnitten. Wenn sie sich dem 4000 Jahre alten Ritual verweigern, gelten sie in ihrer Gemeinschaft als unrein und Hure, die keinen Mann finden wird. Nach dem Erscheinen von *Wüstenblume* 1998 wurde das Thema, wurde der Kampf gegen Genitalverstümmelung Diries Mission.

Waris Dirie teilt ihr Schicksal mit den meisten älteren Frauen auf dem Marktplatz, aber es trennt sie auch von ihnen. Diries Reise ist eine Reise im Zwiespalt, eine Reise zwischen Verehrung und Ablehnung. Und nicht immer ist ganz klar, was überwiegt: Viele in Dschibuti suchen Diries Nähe, fühlen sich geehrt, dass eine so bekannte Frau ihr Land besucht, dass eine von ihnen es so weit geschafft hat. Sie bewundern ihren Erfolg. Auf der anderen Seite steht der Grund für ihre Prominenz. Die Dschibutier spüren, dass sich Waris Dirie, die Frau in dem Trägerhemdchen, die inzwischen besser Englisch als Somali kann, weit von ihnen entfernt hat. Sie hat sich getraut, fast alle Tabus ihrer Kultur zu brechen: Erst lehnte sie sich gegen ihren Vater auf und ging fort, dann stellte sie als Model ihren Körper zur Schau, und schließlich redete sie laut über das Unaussprechliche, im Westen.

Waris Dirie steht noch immer an der Ecke des Platzes, reglos sieht sie ihrem früheren Leben zu. Sie sagt, sie habe Flashbacks, Rückerinnerungen, bei den Dreharbeiten, als sei sie in einem bizarren Zeitloch gefangen. Von Mogadischu ist sie damals in den Achtzigern nach London zu einem Onkel geflohen, der dort als Botschafter arbeitete. Sie konnte nicht lesen, nicht schreiben, kein Englisch, und ihre Verwandten behandelten sie wie eine Art Haussklavin. Plötzlich lacht Dirie wieder laut mit ein paar Frauen auf dem Markt. Im nächsten Augenblick vermisst sie ihre Sonnenbrille und beschäftigt mindestens zehn Menschen damit, sie wiederzufinden. Diese Stimmungsumschwünge sind es, die einen manchmal ratlos machen – eben noch herzlich und fröhlich scherzend, gibt sie bald darauf die unnahbare Diva, die erwartet, dass sich alle nach ihrer Laune richten.

Zurück auf der Terrasse des Kempinski-Hotels, rückt sie ihren Stuhl so, dass sie in der vollen Mittagssonne sitzt. »Glauben Sie, Schwarze werden nicht braun?«, fragt sie. Sie hatte gesagt, sie wolle jetzt reden. Aber womit soll man beginnen: mit Brüssel, mit ihren Genitalien? In gewisser Weise ist ihr Geschlecht ein Körperteil des öffentlichen Interesses geworden. Andererseits ist das Reden darüber eine Qual. Auch über ihr Verschwinden in Brüssel mag sie nicht erzählen. Vielleicht ist Heimat ein Anfang?

Dirie hat einen elfjährigen Sohn aus einer früheren Beziehung. Er lebt beim Vater in den USA, sie sieht ihn in den Ferien. Eigentlich wollte sie ihn und ihre Mutter in Dschibuti treffen, sagt sie. Es ist nichts daraus geworden, sie hätte zu wenig Zeit für sie gehabt. Ihre Mutter wohnt noch in Somalia, sie hat nun ein Handy. Die beiden telefonieren jeden Tag, auch wenn sie sich oft nicht viel zu sagen haben. Dirie bleibt meist allein in ihrer Wiener Vierzimmerwohnung mit einer Matratze auf dem Boden und vielen Kisten. Bis 2005 hatte sie keine Papiere, irrte nur mit einem Reisedokument als Staatenlose durch die Welt. Jeder Behördengang, jede Reise, jede Grenze war ein Problem. Nun hat sie die österreichische Staatsbürgerschaft.

Ein Land, dessen Sprache sie nicht spricht, mit dem sie nichts verbindet, außer dass ihr Manager dort lebt.

Einmal hat ihre Mutter sie in Wien besucht. In den drei Monaten ihres Aufenthaltes betrat sie nur zweimal die Straße, weil sie sich vor herumlaufenden »unreinen« Hunden fürchtete. Die Tochter zeigte der Mutter ein Video über Genitalverstümmelung. Die Mutter verteidigte das Ritual und fragte, warum Waris nicht ein wenig wie ihre Schwestern sein könne, fromme Ehefrauen, die Kopftuch tragen. »Wir leben in verschiedenen Welten«, sagt Dirie. Auch über diesen Besuch hat sie ein Buch veröffentlicht: *Brief an meine Mutter.* Es ist ein Manifest der Sehnsucht. Außerdem beschreibt sie darin ihren »Dämon«, ihre Alkoholabhängigkeit.

Sie teilt ihr Privatleben mit der Öffentlichkeit. Dadurch ist im Laufe der Jahre ein Missverständnis entstanden: Ihre Leser glauben, sie wie eine enge Freundin bis ins Intimste zu kennen, fragen sie bei Veranstaltungen nach ihrem Sexleben, erwarten Offenbarungen und Nähe. Auch auf Fotos hat sie ihren einst so verwundeten Körper nicht verborgen, sondern immer wieder enthüllt. Ihren Betrachtern erscheint sie stark, wie eine Frau, die erstaunlich offensiv ihr Trauma bewältigt hat. Es ist, als hätten beide Seiten jegliche Grenzen verloren. Dirie kann die Erwartungen irgendwann nicht mehr erfüllen und versucht, sich vom Publikum zurückzuziehen, sich zu schützen.

Ihre Familie lebt auf der Welt verstreut, und nun bezeichnet sie ihren Manager und ihre Assistentin als *family.* Manchmal ruft Dirie ihren Manager zehnmal hintereinander an, nur um den aktuellen Tennis-Spielstand aus dem Fernsehen durchzugeben. Wer versucht, in ihrem Umfeld zu recherchieren, stellt fest, dass es kein richtiges Umfeld gibt, keine über Jahre andauernden Freundschaften, fast nur Arbeitskontakte. Waris Dirie wohnte in England, den USA, wieder in England, Wien ist nur eine weitere Station. In Dschibuti will sie nach einem Tag ein Haus kaufen und sich niederlassen. Ein paar Wochen später wird es Polen sein, das sie gerade bereist und wo sie sich ein Grundstück anschaut. Sie besitzt ein Haus in Südafrika und Land auf Trinidad. Es wirkt wie der Versuch, Wurzeln zu schlagen, wo sie gerade ist, als wolle sie die kurzen schönen Augenblicke für ewig festhalten. »Ich bin eine Nomadin. Ich bin überall zu Hause«, sagt sie. Überall heißt nirgendwo. Der Satz soll stark klingen und offenbart Schwäche.

Dirie harrt in der Mittagssonne aus, wenn Schatten droht, verrückt sie ihren Korbsessel ein Stück. Schweiß rinnt ihr übers Gesicht. Im Westen werden Veranstaltungen mit ihr gern so angekündigt: »Treffen Sie Waris Dirie, die Genitalverstümmelte.« Ihr Manager sagt, sie hasse dieses Ausgestelltsein. Sie sagt, jetzt könnten andere etwas zum Thema beitragen. »Meine Mission ist erfüllt. Ich war oft die Einzige, die ihre Stimme erhoben hat, es war nicht immer gut für mich.« In diesem Moment klingt sie sehr bestimmt. In ein paar Stunden nur wird sie wieder darüber reden.

Dirie hat eine Stiftung gegen Genitalverstümmelung gegründet, war UN-Sonderbotschafterin gegen Beschneidung, ist auf unzähligen Konferenzen aufgetreten und hat immer über ihr Geschlecht gesprochen. Ein Thema, bei dem die meisten unwillkürlich die Beine zusammenkneifen, hat sie immer wieder herausgeschrien, auch weil ihr sonst vielleicht niemand zugehört hätte. Ihr Mut ist ihr Verdienst, dafür wurde sie zum Vorbild, zum Symbol, zum Standbild für die Ewigkeit.

Sherry Hormann, die Regisseurin von *Wüstenblume,* erzählt von Frauen, die bei dem Namen Waris Dirie »feuchte Augen« vor Bewunderung bekommen. Hormann bemerkt aber auch, wie schnell das Thema sehr persönlich zu werden droht: »In der Vorbereitungsphase des Films sitzt du überwiegend mit Männern zusammen, und nach zwei Minuten redest du über so etwas Intimes wie die Vagina. Das ist nicht immer unbedingt angenehm.«

Wie lange hält man ein Dasein als Standbild aus, wie oft kann man über seine Genitalien reden? »Das kann man nicht sein ganzes Leben lang machen«, sagt Dirie. Sie will jetzt Schauspielerin werden, singen, Mode entwerfen, irgendwas. Sie ahnt, dass das kaum möglich ist. Ihr Manager sagt, sie habe sich schon viele Male vorgenommen aufzuhören, und am nächsten Tag hat sie doch weitergemacht. Das Thema hat sich ihr Leben angeeignet, und Waris Dirie sieht nun mehr oder minder machtlos dabei zu, was es damit anstellt. »Manchmal muss man eine Hälfte von sich verlieren, um etwas zu verändern.«

Irgendwann an diesem heißen Freitagmittag ist die Zeit gekommen, um über Brüssel zu reden. Von einem Tag auf den anderen war Waris Dirie nicht mehr die mutige Kämpferin, sondern das »Ex-Model auf Irrwegen«. Zum ersten Mal schien das Publikum zu merken, dass es diese schöne Frau aus der *Wüstenblume* doch nicht wirklich kannte.

Waris Dirie blieb Anfang März 2008 drei Tage lang verschwunden, war unauffindbar für alle Vertrauten und auch für die EU und US-Außenministerin Condoleezza Rice, mit der sie bei einer Frauenkonferenz auftreten sollte. Sie wendet den Kopf ab, wenn man sie nach Brüssel fragt. »Ich bin wie ein Mensch zweiter Wahl behandelt worden«, sagt sie. Sie meint die belgische Polizei, mehr sagt sie dazu nicht.

Kurz nach den Ereignissen von Brüssel konnte man Dirie auf YouTube in einem Video mit dem Titel *Mein belgischer Albtraum* sehen. Darin sitzt sie in einem Wiener Krankenhausbett. Ihre Haare stehen unfrisiert vom Kopf ab, ihre Stimme überschlägt sich, sie klagt an: Die belgische Polizei sei rassistisch. Waris Dirie wirkt wie eine psychisch schwer angeschlagene Frau. Ihre Version des Geschehens bleibt wirr und unzusammenhängend. Dieses Video überschreitet wieder eine Grenze: Wie viel kann Dirie noch von sich preisgeben, bis sie zusammenbricht?

Vielleicht muss man noch früher beginnen mit dieser Geschichte. Es fing damit an, dass Dirie gar nicht nach Brüssel fahren wollte. Eine gute Bekannte, die österreichische Autorin Corinna Milborn, die mit Dirie zwei Jahre an deren Buch *Schmerzenskinder* arbeitete, sollte sie nach Belgien begleiten, um ihr bei der Rede zur Frauenkonferenz zu helfen. Aber Dirie war in der Woche zuvor schwer für sie erreichbar. Milborn hat schon ähnliche Situationen mit ihr erlebt, die Abstürze, das

Zurückziehen vor öffentlichen Auftritten, bei denen Dirie über ihr Trauma reden muss. Vor drei Jahren sagte Dirie alle Promotiontermine für ihr gemeinsames Buch einen Tag vor der Premiere ab, Pressetermine und Talkshowauftritte waren gebucht. Aber Waris Dirie konnte nicht. Milborn entschied, nicht nach Brüssel mitzufahren. Dirie flog am Ende doch, aber nur mit ihrem Manager und ihrer Assistentin. Was genau in Brüssel geschehen ist, kann niemand sagen.

Sicher scheint, dass Dirie an jenem Dienstagabend im März im Hotel ihre Rede für den nächsten Tag übte, Manager und Assistentin mimten die Europaabgeordneten. Danach ist sie noch in einen Club gegangen, allein. Von dort hat sie sich ein Taxi genommen, konnte sich aber nur noch an den Namen des Hotels erinnern. Da es aber mehrere Sofitels in Brüssel gibt, brachte der Fahrer sie in das falsche. Ihr Geld reichte nicht, und ihr Handy funktionierte auch nicht. Der Taxifahrer setzte sie bei der Polizei ab. Hannes Rossacher, der einen Dokumentarfilm über Dirie dreht und auch das YouTube-Video aufgenommen hat, sagt, Dirie habe den Beamten immer wieder gesagt: »I am on a mission. I have to represent myself tomorrow.« Offensichtlich verstanden und erkannten die Polizisten sie nicht. Dirie sagt, sie hätten sie wie eine Prostituierte behandelt. Die Polizei sagt, Dirie habe »nicht kooperieren« wollen. Beide Seiten misstrauten einander, es muss laut geworden sein. Danach fuhr die Polizei sie zu einem anderen Hotel, sie sagt, die Polizisten hätten sie bedroht, die Polizei sagt, sie habe unvermittelt das Auto verlassen.

Sie stieg dann in ein weiteres Taxi. Dieser neue Fahrer, der seine Geschichte ein paar Wochen später einer belgischen Zeitung erzählte, behauptete, er habe Dirie aus Mitleid mitgenommen, als sie betrunken, ohne Geld und ohne Pass durch Brüssel irrte. Dirie sagt, er habe sie entführt und an den Stadtrand in ein Haus gebracht. Er gab an, dass sie dort Sex gewollt, sie auch in seinem Bett geschlafen, er sie aber nicht angerührt habe. Dirie sagt, er habe versucht, sie zu vergewaltigen. Sie könne sich aber nur an einen Tag erinnern, fast 40 Stunden habe sie aus ihrem Gedächtnis gelöscht. Irgendwann, weiß sie, ist sie aus einem Fenster im ersten Stock des Hauses gesprungen und geflüchtet, aber auch danach meldete sie sich nicht bei der Polizei. Dokumentarfilmer Rossacher meint: »Wir werden ihr nicht gerecht, wenn wir ihr Verhalten mit herkömmlichen westlichen Bewertungsmaßstäben beurteilen. Sie ist hier nicht sozialisiert worden. Manchmal schaltet sie um auf Wüstenmodus.«

Nach ihrer Flucht irrte Dirie anscheinend durch Brüssel, in einem Café traf sie auf einen weiteren Mann, einen Fensterputzer, der ihr ein Sandwich kaufte und sie zu sich nach Hause einlud. In dessen Begleitung erkannte schließlich eine Polizistin Dirie auf der Straße.

Es gibt viele Lücken in dieser Geschichte, und es bleiben viele Fragen. Wieso, zum Beispiel, ist sie nach den Erfahrungen jener Tage auch mit dem Fensterputzer mitgegangen, wieder mit einem fremden Mann? Es ist, als bringe sich Dirie immer wieder in ähnliche schwierige Situationen. Es gibt eine Reihe von Stalkern und sexuellen Übergriffen im Leben der Waris Dirie, die sie auch in ihren Büchern beschreibt. Die Autorin Corinna Milborn nennt es »diese magnethafte Anziehung von unguten und gewalttätigen Männern«. Einmal verfolgte ein Portugiese Dirie über Monate, drang in ihre Wohnung ein und schlug sie im Liebeswahn. Dirie sagt: »Ich habe eine Liebe-Hass-Beziehung zu Männern. Vielleicht bin ich zu stark, Männer mögen keine starken Frauen.«

Gegenüber der belgischen Polizei, die sich wenig bemühte, die Wahrheit herauszufinden, behauptete Dirie nach ihrer Wiederentdeckung in Brüssel zunächst, sie habe sich nur verlaufen, ihr sei nichts passiert. Ihr Manager sagt: »Sie wollte nur noch weg.« Zurück in Wien, verlässt sie tagelang ihre Wohnung nicht, schaltet das Handy ab, ist kaum ansprechbar, weint nur. Manager und Assistentin bringen sie ins Krankenhaus. Ein Arzt attestiert Prellungen, Blutergüsse und blaue Flecken an Beinen, Schultern, Sprunggelenken. Als sie gynäkologisch untersucht werden soll, fängt sie an zu schreien. Noch im Krankenhaus erstattet Dirie Anzeige wegen Körperverletzung und versuchter Vergewaltigung. Die österreichische Polizei vernimmt sie zwei Stunden lang. Ein Psychiater wird hinzugezogen, er schreibt in seinem Gutachten von Depressionen und Angststörungen, typisch für »Retraumatisierungen«, für »posttraumatische Belastungsstörungen«. Eine weiterführende Therapie bei dem Psychiater lehnt Waris Dirie mit den Worten ab: »I am tough.« Ich bin stark, das ist einer ihrer liebsten Sätze. Sie sieht sich als Einzelkämpferin, die keine Hilfe braucht. Nie mehr Opfer sein, wenigstens vor sich selbst muss sie den Schein wahren.

Dem Manager sagt der Psychiater noch, auf keinen Fall dürfe Dirie abermals öffentlich über das Erlebte sprechen. »Aber es geht auch um ihren Ruf«, sagt der Manager. Es ist ein gefährliches Spiel zwischen Exhibitionismus und Rückzug, in dem auch niemand aus Diries Umfeld ihr die Grenzen zeigt. Einerseits wirkt die Öffentlichkeit zerstörerisch, andererseits sucht Dirie sie ständig von Neuem. *Wüstenblume* – der Film wird nächstes Jahr in die Kinos kommen, sie wird wieder Fragen beantworten müssen. Vielleicht hat Dirie zu Beginn die Kraft des Themas unterschätzt, gedacht, ihr Trauma würde vergehen, wenn sie nur genug darüber rede. Und dabei haben Dirie und ihr Publikum irgendwann vergessen, dass die schlimmen Erfahrungen sie nicht unbeschädigt gelassen haben können.

Die belgische Staatsanwaltschaft ermittelt bis jetzt nicht. Für sie ist der Fall Dirie abgeschlossen, sagt ein Sprecher. Die Anzeige aus Österreich habe sie noch nicht erreicht. Außerdem habe Dirie in Brüssel angegeben, ihr sei nichts geschehen, keine Vergewaltigung. Diries Anwälte sagen, sie kämpfen weiter.

An jenem heißen Freitag in Dschibuti gibt der Kommunikationsminister im Hotel ein Mittagessen zu Ehren Diries. Sie sitzt eingeklemmt zwischen weiteren Ministern und ihren Gattinnen an einer Tafel. Der Minister sagt, wie stolz er sei, eine so bekannte Frau im Land begrüßen zu dürfen. Alle klatschen. Dann erhebt sich Dirie, sie stützt sich mit den Händen auf dem Tisch ab, ihr Blick ist verändert, nach außen gerichtet, sie hat auf Kampf geschaltet. »In *Wüstenblume* geht es um das Schlimmste, was man schwarzen Mädchen antun kann: die Genitalverstümmelung. Das ist Terror.« Die Minister und ihre Gattinnen schweigen erschrocken. Der Minister weigert sich, Diries Worte für diejenigen am Tisch in Somali zu übersetzen, die kein Englisch verstehen. Dirie wird laut. »Dann übernehme ich deinen Job!« Eine der Ministergattinnen versucht zu beschwichtigen: »Wir haben das hier gestoppt.«

Tatsächlich sind Beschneidungen in Dschibuti verboten, allerdings kontrolliert niemand, ob das Verbot eingehalten wird. Waris Dirie steht noch immer. Sie bemüht sich nicht, zu vermitteln, sie klagt an. »Ich bin nicht hier, um anderen zu gefallen.« Der Minister eröffnet nun rasch das Buffet, bei Hähnchenkeulen und Spaghetti findet das Thema ein jähes Ende.

Nach dem Essen umringen die Gattinnen Dirie. Sie schieben sie hinaus auf den Hotelflur, umarmen sie, zupfen an ihren Kleidern, fotografieren sich mit ihr. Die Faszination von Dirie rückt den Konflikt in den Hintergrund. Auch sie scheint nun fröhlich, noch berauscht vom Kampf. »So viel Liebe«, sagt sie. Aber im Hotelflur warten schon mehrere Frauen von Unicef und vom UN-Bevölkerungsfonds und wollen mit Dirie über ihr Programm gegen Genitalverstümmelung sprechen. Die Gattinnen ziehen allmählich kichernd ab, und Dirie kommt vor einer kleinen einheimischen UN-Frau in einem langen Kleid zum Stehen. Die Frau sagt: »Du siehst müde aus.« Dirie weiß ganz offensichtlich nicht, was sie ihr erzählen soll: »Ich gebe mein Leben für das Thema. Ich will hier eine Stiftung gründen.« Mehr habe sie jetzt nicht zu sagen. Die Frau spürt, dass das Gespräch keine gute Richtung nimmt: »Wir dachten, du wolltest mit uns reden. Die Menschen hier müssen das Thema verstehen.« – »Da gibt es nichts zu verstehen, Genitalverstümmelung ist ein Verbrechen«, sagt Dirie. Unvermittelt nimmt sie den Kopf der Frau in ihre beiden Hände und küsst sie auf die Stirn. Dann wendet sie sich ab und setzt sich etwas abseits auf ein Sofa.

Ein Mann von einer weiteren UN-Organisation tritt hinzu, fragt den Manager, wo denn nun das Gespräch mit Dirie stattfinde. Sie selbst bleibt auf dem Sofa sitzen, es sieht nicht so aus, als würde sie an diesem Tag noch diskutieren. »Sie sollte unsere Realität, unsere Kultur verstehen«, sagt er.

Egal, wo Dirie auftritt, sie gehört nirgendwo dazu, nicht in Afrika und nicht im Westen. Sie steht immer überall dazwischen, aus Afrika ist sie schon zu lange fort, und im Westen ist sie nie richtig angekommen. Die Fremde bleibt. Dirie sagt: »Ich bin manchmal fünf verschiedene Persönlichkeiten. Einige mag ich, andere sind meine Feinde.«

Der Samstag endlich ist der Tag, an dem sie die Wüste wiedersehen wird, den Ort, wo alles begann. Die Wüste Dschibutis liegt zwei Stunden von der Stadt entfernt und gleicht der in Somalia. Brauner Boden, in den die Dürre Risse getrieben hat. Seit 18 Monaten hat es nicht geregnet. Kein Baum, kein Strauch, nur kahle Ödnis. Eine Landschaft wie ein Faustschlag. Hier dreht das Filmteam Diries damalige Flucht. Ihre Kinderdarstellerin schleppt sich durch die Hitze. Dirie setzt sich hinter den Kameramann, nimmt ihren Filmbruder auf den Schoß. Sie weint ein wenig. Alles an diesem Ort erinnert sie an ein fernes, an ihr früheres Leben. Nach dem Drehen will sie in der Wüste joggen, zieht sich um, rennt zehn Minuten und bricht ab. Die Vergangenheit ist zu mächtig hier.

Auf der Rückfahrt in die Stadt dreht sich Dirie zu ihrem Manager: »Ich will hierbleiben, ein Haus kaufen!« Okay, sagt er nur. Als es dunkel wird, lässt sie den Fahrer halten, steigt aus, setzt sich allein auf eine Düne und betrachtet den Sternenhimmel. Es scheint, als wolle sie diesen Augenblick festhalten, etwas, das sich vielleicht wie Heimat anfühlt, einprägen. Für ein paar Minuten ist sie eine Frau ohne Mission.

Wie es weiterging: Im September 2009 kommt der Film »Wüstenblume« ins Kino. Dirie wohnt zwischenzeitlich in Danzig, nun wieder in Wien und bekommt dort ihren zweiten Sohn. Im Februar 2014 erscheint ihr Buch »Safa – die Rettung der kleinen Wüstenblume« über die Kinderdarstellerin, die Dirie im Film verkörperte.

»SPASS IST PRIVAT«

Wie der EZB-Notenbanker Jörg Asmussen in Griechenland einmal die Fassung verliert

(mit Mark Schieritz)

Manchmal an diesem Abend bekommt Jörg Asmussen einen leeren Blick, als würde er gern einmal ausrasten, wenigstens ein bisschen stänkern, aber dann ist der Augenblick schon wieder vorüber. Er sitzt in einem Athener Restaurant, eingeklemmt zwischen schwergewichtigen älteren Herren: dem Direktor des größten griechischen Kreditinstituts, National Bank of Greece, und den Chefs der wichtigsten Wirtschaftskonzerne des Landes – Telekommunikation, Energie, Schifffahrt und Tourismus. Die verbliebene Macht der Griechen. Ein warmer Wind weht über die Bucht, es ist dunkel, vor Asmussen wartet die Vorspeise, ein riesiger Teller Orzo, griechische Nudeln.

Der Direktor der National Bank, im vergangenen Jahr war er noch Finanzminister, erhebt die Stimme, er begrüßt seinen »Freund Jörg«, mit dem er schon viele schwierige Nächte durchgestanden habe. Dann reden die Männer nacheinander, manche haben Zettel mit Stichpunkten vorbereitet, die sie abarbeiten. Sie reden gegen das Zirpen der Grillen an, werden immer lauter, immer intensiver. Sie reden, als sei dieser Deutsche, der aussieht, als nehme er nach 15 Uhr keine Kohlehydrate mehr zu sich, ihre letzte Chance. Die Rettung ihres Landes, ihrer Posten vielleicht. Die Männer wissen, Jörg Asmussen ist nicht nur Notenbanker, er ist auch eng mit der Kanzlerin.

Dieser Tisch wirkt wie ein Sinnbild der momentanen Machtverhältnisse in Europa – auf der einen Seite der fitte, junge Deutsche, auf der anderen die alt und hilfsbedürftig wirkenden Griechen. Asmussen hört zu, ab und zu schaufelt er ein wenig Orzo auf seine Gabel. Er hat einen langen Tag hinter sich.

Die Reise war seit Wochen geplant, um die nächste Mission der Troika aus EU, Europäischer Zentralbank und Internationalem Währungsfonds vorzubereiten. Dann kündigte Wolfgang Schäuble auf einer Wahlkampfveranstaltung ein drittes Hilfspaket für Griechenland an. Und Frau Heyne, Asmussens Assistentin, konnte dabei zusehen, wie sich der Terminkalender ihres Chefs füllte. Nun wollen sich auch der griechische Premier- und der Vizepremierminister mit ihm treffen.

Jörg Asmussen trägt Glatze, er wird in diesem Jahr 47, der typische deutsche Beamte hat es in diesem Alter vielleicht zum Unterabteilungsleiter gebracht, Asmussen war Staatssekretär im Finanzministerium und sitzt jetzt im Direktorium der Europäischen Zentralbank – einer der wichtigsten Posten der Finanzwelt. Er ist einer der Herren des Euro, wacht über die Sparprogramme der Krisenländer, bestimmt, ob sie noch an Geld kommen. Letztlich hängt von Männern wie Asmussen die Zukunft Europas ab. Wenn in den vergangenen Jahren etwas gerettet werden musste – Opel, Quelle, Banken, der Euro oder Griechenland: Stets verhandelte er im Hintergrund. In gewisser Weise ist er ein Gewinner der Krise, sie beschleunigte seinen Aufstieg. Asmussen wurde nie gewählt, er ist ein Spitzenbeamter, ein Bescheidwisser ohne offensichtliche eigene politische Agenda. Gleichwohl nennen ihn fast alle Gesprächspartner, die man für dieses Porträt trifft, einen der mächtigsten Männer Deutschlands.

In Athen wird der Hauptgang serviert, gegrillter Fisch. Auch davon nimmt Asmussen nur wenig. Die Griechen reden weiter, die Steuern seien zu hoch, die Sparmaßnahmen zu hart, mehr gehe nicht. Die einzige Frau, eine Parlamentarierin, sagt: »Wir brauchen etwas Luft.« Sie meint ihr Land. Es klingt wie ein Hilferuf. Alle am Tisch beziehen sich auf Asmussen. Es ist, als rückten sie immer näher an ihn heran. Er sieht unverändert aus, schwitzt nicht, regt sich nicht auf, hört nur zu. Im Zuhören ist er fantastisch. Er scheint nur etwas tiefer in seinen Stuhl gesunken zu sein. Frau Heyne am anderen Ende des Tisches macht sich Sorgen um ihren Chef, ob sie ihn retten müsse. Es ist ihre erste Reise mit ihm, sie weiß noch nicht, wie er tickt. Unter dem Tisch behält sie mit dem BlackBerry den Überblick über seine Nachrichten. Während er isst und zuhört, gehen 100 Mails ein. In zwei Stunden. Für Athen hat Asmussen 24 Stunden Zeit.

Am Mittag ist er gelandet, hat im VIP-Bereich des Flughafens seine Jeans ausgezogen und seinen Anzug wie einen Panzer angelegt. In einer Wagenkolonne ist er durch die leeren Straßen Athens gerast. Normalerweise reist er ohne Personenschutz, aber Griechenland gilt für seine Sicherheitsleute als »Risiko-Location«. Die Deutschen und die Troika sind derzeit nicht sehr beliebt. Eine erste Station ist das Finanzministerium. Es sieht aus, als habe Griechenland dort bereits alles eingespart, was möglich ist: Trinkwasser gibt es nur in der Mitarbeiterküche, Seife auf den Toiletten fehlt, und auch an Möbeln scheint nur noch das Nötigste vorhanden zu sein. Der Finanzminister beruft eilig eine Pressekonferenz ein. Asmussen stellt sich neben ihn, er weiß, der Minister muss etwas nach außen melden. Irgendwas Positives. Asmussen redet frei, seine linke Hand steckt in der Hosentasche, die rechte schnellt immer wieder hervor, sticht durch die Luft. Zack, zack, zack. So redet er immer – egal, ob in Schwerin, in Hessen oder in Athen, egal, vor welchem Publikum. Es ist die Haltung eines Mannes, der sich um sein Auftreten nicht sorgen muss, der weiß, dass man ihm zuhören wird. Seine Lässigkeit hebt ihn hervor. In der Welt der Finanznerds erscheint Asmussen immer doppelt so locker, doppelt so unkompliziert. Im Grau schillert er umso stärker. Asmussen sagt, er habe Riesenrespekt vor dem, was Griechenland geleistet habe, aber der Reformprozess müsse weitergehen. Er klingt verständnisvoll. Am Ende bleibt: Es reicht noch nicht.

Auf dem Weg hinaus umarmt Asmussen einen Bekannten. Asmussen trifft andauernd Bekannte. Auf internationalen Konferenzen ist er stets derjenige, der schon zum Frühstück verabredet, fortwährend ins Gespräch vertieft ist, der auch die Teilnehmer aus den afrikanischen Ländern kennt. Er webt Netzwerke, die ihn wie ein Kokon umschließen. Sie schützen, sie tragen ihn. Er weiß meistens, was in Paris, Washington oder London gerade geplant ist. Auf diese Weise wurde er auch für seine früheren Minister unverzichtbar. Fünf verschiedenen Finanzministern hat er gedient: Waigel, Lafontaine, Eichel, Steinbrück, Schäuble. Informationen machen mächtig. Wenn man sich mit Asmussen über Menschen unterhält, sagt er gern: »Den kenne ich schon ewig.« Das trifft auf seinen Chef Mario Draghi ebenso zu wie auf den ehemaligen US-Finanzminister Tim Geithner und den Direktor der National Bank of Greece. Jemanden lange zu kennen ist ein Wert für Asmussen. Es heißt, er weiß, mit wem er es zu tun hat. Es heißt, es drohen keine Überraschungen. Asmussen behält gern die Kontrolle. Kommunikation ist dabei sein Mittel, sein Werkzeug. Im Studium hat er sich mit der Spieltheorie beschäftigt: Wie bestimmt mein Verhalten das Verhalten anderer. Wie beeinflussen sich Beteiligte in Entscheidungssituationen gegenseitig.

Beim griechischen Premierminister verschwindet Asmussen sogleich in dessen Empfangssaal. Der Amtssitz liegt mitten in Athen, kein Geräusch dringt ins Innere. Draußen sind 65 Prozent der Jugend arbeitslos, die Fotografin dieser Geschichte hat seit zwei Jahren keinen Auftrag mehr aus ihrer Heimat bekommen. Die Sparvorgaben der Troika sind brutal, das Land muss in drei Jahren Reformen umsetzen, für die man normalerweise zehn Jahre brauchte. »Griechenland war faktisch zahlungsunfähig. Da gab es wenig Alternativen«, hat Asmussen vor der Reise gesagt. Als er nach einer Stunde wieder erscheint, sagt er nichts. Er kommuniziert auch durch Stille. Wenn er schweigt, ist es wichtig. Er schweigt zum Thema Macht, zu seiner Zukunft in der Politik und zu seinem Verhältnis zur Kanzlerin. Dann presst er den Mund schmal, schiebt den Kopf ein Stück nach vorn, schaut weg. Es heißt, Merkel habe sich dafür eingesetzt, dass er auch unter Schäuble Staatssekretär blieb, obwohl er in der SPD ist. Sie schreiben sich weiter häufig SMS. Er sagt:

»Sie kennt sich gut aus in den Details.« Asmussen ist einer der Männer, die sie ihr erklären.

In den Krisenmonaten nach dem Zusammenbruch der Investmentbank Lehman Brothers 2008 bildete Asmussen gemeinsam mit dem damaligen Bundesbankchef Axel Weber und dem damaligen Leiter der Finanzabteilung im Kanzleramt, Jens Weidmann, eine Art Ersatzregierung. Auch die beiden kennt Asmussen lange. Weber war sein Professor, Weidmann sein Kommilitone an der Universität in Bonn. Sie bemühten sich, eine »Kernschmelze« des Finanzsystems, wie Asmussen es nennt, zu verhindern. Als die Politik den Überblick verliert, übernehmen die Beamten, die Bescheidwisser, die Macht.

Asmussen und Weidmann sind Pragmatiker, die Probleme wie Ingenieure lösen: probieren, sezieren, analysieren. Auf den ersten Blick ist nicht erkennbar, wofür sie stehen. Von außen betrachtet wirkt es, als könnten sie fast in jeder Partei sein. Sie sind ein wenig wie Angela Merkel selbst. Antwort auf eine komplexer gewordene Welt, in der Zahlen Karriere machen und diejenigen, die sie lesen können, immer mächtiger werden. Ein Phänomen, das der britische Politikwissenschaftler Colin Crouch in seinem Buch *Postdemokratie* beschreibt. Darin skizziert er eine Gesellschaft, die von PR-Teams und Experten kontrolliert wird. Eine Gesellschaft, aus der sich die Bevölkerung in die Gleichgültigkeit verabschiedet hat. So gesehen ist Asmussen ein Postdemokrat.

Asmussen hat *Postdemokratie* von Otto Fricke, dem parlamentarischen Geschäftsführer der FDP, geschenkt bekommen. Fricke sitzt in seinem Berliner Büro mit Blick auf den Reichstag und macht sich Sorgen um den Machtverlust der Abgeordneten. Auch er kennt Asmussen seit Jahren. Fricke ist Teil des Netzwerks. Bis 2009 war er Vorsitzender des Haushaltsausschusses, Asmussen arbeitete damals im Finanzministerium. Asmussen ist für Fricke immer erreichbar. Manchmal treffen sie sich auch privat. Wenn man ihn fragt, wie er zu Asmussen steht, ob er mit ihm befreundet sei, muss er nachdenken. »Freundschaftlich verbunden«, sagt er schließlich.

Asmussen hat das Buch von Crouch gelesen. »Hochinteressant, ich teile aber nicht alles«, sagt er. Das ist einer seiner liebsten Sätze. Er legt sich nicht fest, stimmt nicht zu, lehnt aber auch nicht ab. Als könne man über den Inhalt verhandeln. Er hat *Postdemokratie* an Wolfgang Schäuble weitergegeben, der habe gefragt, warum Asmussen ihm ein sozialdemokratisches Buch schenke. Asmussen lacht. Dabei hält er den Mund geschlossen, zieht Luft durch die Nase ein, als dürfe seinen Lippen kein Laut entweichen. Asmussen redet gern, in der Öffentlichkeit muss er sich stets beherrschen. Seine Mimik spiegelt den Zwiespalt wider: Lachen mit zugepresstem Mund. Er hat eine Position, in der ein falscher Nebensatz Milliarden bedeuten, Kurse ins Wanken bringen kann.

Wie am Morgen des 9. Juli 2013 in London. Asmussen gibt der Nachrichtenagentur *Reuters* ein Fernsehinterview. Wenige Tage zuvor hat Notenbankpräsident Mario Draghi versprochen, die Zinsen für längere Zeit nicht mehr zu erhöhen. Der Moderator fragt, was darunter zu verstehen sei. Draghi habe sich doch deutlich ausgedrückt, sagt Asmussen, es gehe nicht um sechs Monate, auch nicht um zwölf Monate, sondern um mehr. Asmussen hat den Satz kaum beendet, da bricht an den Finanzmärkten Hektik aus, der Euro stürzt ab. Noch am selben Tag veröffentlicht die EZB eine Erklärung, in der es heißt, Asmussen habe es nicht so gemeint. Tatsächlich hatte Draghi nur gesagt, es gehe weder um sechs noch um zwölf Monate. Sonst nichts. Asmussens kleine Unachtsamkeit hat den Eindruck erweckt, die zweitwichtigste Zentralbank der Welt habe innerhalb weniger Tage ihren Kurs korrigiert.

Dieses Interview treibt Asmussen noch immer um. »Es war mein Fehler«, sagt er. »Nur drei falsche Wörter, dennoch mein Fehler.« Er hätte nicht passieren dürfen. Er hat ihn sich nicht verziehen. Fehler sind im System Asmussen nicht vorgesehen. Asmussen funktioniert immer – egal, ob seine Frau gerade ein Kind bekommt, wie in der Nacht der Bankenrettung 2008, egal, ob er kaum geschlafen hat, weil seine Tochter ihn mehrmals in der Nacht geweckt hat. In Krisenzeiten arbeitet er 18 Stunden am Tag. Er ist der ideale Mitarbeiter, Traum eines jeden Vorgesetzten. Einer seiner Kritiker, Gerhard Schick, der finanzpolitische Sprecher der Grünen, der ihn inhaltlich scharf angreift, ihm vorwirft, die Finanzkrise nicht vorhergesehen zu haben, der bei der Rettung der Hypo Real Estate sogar seinen Rücktritt als Staatssekretär forderte, sagt am Ende des Gesprächs: Er würde Asmussen sofort einstellen.

Wenn man Asmussen fragt, ob ihm sein Beruf Spaß mache, blickt er einen an, als sei man nicht bei Sinnen. »Spaß ist privat«, sagt er dann. Als er vor kurzem bei einem Musikfestival in Schleswig-Holstein eine Rede halten soll, was seinen Sonntag ruiniert, ist die Autobahn wegen eines Unfalls gesperrt. Er steckt im Auto fest und kann nichts tun. Mehrmals meldet er sich beim Veranstalter, um sich zu entschuldigen. Es ist kein wichtiger Auftritt, aber er kann eine Zusage nicht einhalten. Asmussen treibt die Pflicht, eine Art protestantischer Härte gegen sich selbst. »Wenn die Institutionen nicht funktionieren, funktioniert die Gesellschaft nicht.« Schon seine Eltern waren Beamte, der Vater Feuerwehrmann, die Mutter Lehrerin. Auch sie haben funktioniert.

In Athen stoppt Asmussens Wagen in einer schmalen Gasse. Es stinkt nach Urin. Asmussen drängt sich in einen engen Fahrstuhl, fährt hinauf zum Büro von *Imagine the City*, einem kleinen Sozialprojekt. Zwei junge Frauen erzählen ihm, wie sie die griechische Zivilgesellschaft wiederbeleben wollen. Asmussen sitzt da und isst Kekse. Es sieht aus, als entspanne er sich. Die Frauen sind klug und haben gute Ideen. Und keiner fragt Asmussen nach einer Lösung. Seit seiner Landung war er beim Präsidenten der griechischen Notenbank, beim Finanzminister, beim Premierminister, nun hier. Danach wird er einer Zeitung ein Interview geben, darauf folgt das Dinner mit den Wirtschaftsschwergewichten am Abend. Und so geht es am nächsten Tag weiter und am übernächsten. Eigentlich sieht jeder Tag so aus. Asmussen jagt von Termin zu Termin. Wenn er aus dem Wagen steigt, schiebt er Kopf und Hüfte ein wenig nach vorn, als gelte es, demnächst als Erster in ein imaginäres Ziel einzulaufen. Er geht nicht, er rennt. Wer ihm folgen möchte, muss sein Tempo halten. Alle Gespräche für dieses Porträt werden entweder während der Fahrt im Auto oder im Flugzeug geführt. Stillstand bedeutet Zeitverlust. Woher bekommt er noch Anregungen, Ideen, wann hat er Muße, innezuhalten? »Eigentlich denkt man zu wenig strategisch nach. Das ist zeitlich nicht möglich.« Was bedeutet das für unsere Gesellschaft, wenn diejenigen, die Länder und Banken retten sollen, kaum einen Gedanken fassen können, ob es sinnvoll und richtig ist, was sie beschließen? Asmussen schwärmt von einem Workshop in Lappland. Das Beste sei gewesen, dass alle Teilnehmer keinen Handyempfang hatten. Endlich schwiegen die BlackBerrys.

Ein Treffen in Frankfurt am Main: Asmussen sitzt im 34. Stock. Sein Büro macht ein wenig Angst, nichts liegt herum. Entweder ist er selten da, oder es gibt keine unerledigten Papiere. Auf einer Anrichte stehen Fotos, auf einem ist Merkels Gesicht zu sehen, darunter ein Zitat von ihr: »Alles hängt von der Beratung der Finanzstaatssekretäre ab.« Asmussen hat es geschenkt bekommen, es erinnert an seine Zeit im Finanzministerium. Und es erinnert ihn an seine Rolle in der Finanzkrise. In diesem Augenblick muss Asmussen aber schon wieder los. Unten am Fuß des Turms steigt er in den wartenden Wagen. Er fährt nach Buchenau an der Lahn in der hessischen Provinz. Die Firma Roth und der hessische Finanzminister haben ihn eingeladen, eine Rede zu halten. Im Auto scrollt Asmussen die Nachrichten auf seinem BlackBerry. Überall Syrien. Wieso hat ein Bescheidwisser wie er die Anzeichen der Finanzkrise nicht gesehen? »Das hat keiner gesehen. Die Deregulierung der Finanzmärkte war damals der Zeitgeist, auch bei Journalisten«, sagt er. Es ging um den Finanzstandort Deutschland, der sollte wettbewerbsfähig bleiben. »Viele Dinge wusste man zu der Zeit einfach nicht«, schiebt er nach. Hätte er sie wissen können, sie wissen müssen? Die Bank IKB, in deren Aufsichtsrat Asmussen saß, hatte sich in den USA verspekuliert und konnte nur mit Geld des Bundes gerettet werden. Bei diesem Thema wird Asmussen still, er hat keine Lust, darüber zu reden. Das sei schon so lange her. Sechs Jahre. Er sagt, er habe damals nachgefragt, ob die Bank direkt oder indirekt die gefährlichen Wertpapiere aus den USA besitze, die sie in den Untergang führten. Der Vorstandschef habe verneint.

Es gibt einen Aufsatz *Verbriefungen aus der Sicht des Finanzministeriums,* er ist 2006 in einer Fachzeitschrift erschienen. Asmussen war damals Ministerialdirektor, er steht als Autor darüber. Vier Jahre später erscheint auf der ersten Seite der *Süddeutschen Zeitung* ein Artikel über den Aufsatz. Asmussen habe sich darin für eine »weitreichende Liberalisierung der Finanzmärkte« ausgesprochen. Er sei für die Krise mitverantwortlich. Asmussen gilt seither vor allem in linken Kreisen als Agent des Finanzkapitals. Asmussen hat den Aufsatz nicht geschrieben. Er sagt, er habe ihn zuvor noch nicht einmal gelesen. Wie oft in solchen Fällen wurde er von der Fachabteilung im Ministerium verfasst. Das Dokument, das seine wahre Gesinnung offenbaren soll, stammt nicht von ihm. Diese Geschichte ist bezeichnend für Asmussen. Wenn man ihn festlegen will, entgleitet er einem. Egal, wie oft man ihn trifft, wie oft man mit ihm redet, das Bild von ihm bleibt etwas unscharf.

Asmussen hat die Deregulierung vorangetrieben, weil es damals die vorherrschende Meinung war, dass freie Märkte Wohlstand und Wachstum versprechen. Und Asmussen ist keiner, der sich abseits stellt.

Ein Vorfall wie die Pleite von Lehman Brothers war in diesem System aus scheinbaren Gewissheiten nicht vorgesehen. »Die Wahrscheinlichkeit, dass eine globale Investmentbank über Nacht verschwindet, war gleich null.« Danach war die Welt eine andere, sagt er. Es ist eine Zeit, an die er sich nicht gern zurückerinnert. »Man hat Demut gelernt, was man weiß und was nicht.« Dann kam die Rettung der Hypo Real Estate. Und wieder gab es Kritik gegen ihn persönlich, er habe als Staatssekretär, als Vertreter des Bundes, zu spät auf Warnhinweise reagiert, er habe seine Sorgfaltspflicht verletzt. Asmussen musste in einem Untersuchungsausschuss auftreten, die Opposition forderte seinen Rücktritt. Es war ein Versagen der gesamten Finanzwelt. Die Bescheidwisser wirkten auf einmal ahnungslos. Zugleich wurden sie als Retter gebraucht. Sie schalteten um. Auch Asmussen. Jetzt setzt er sich für eine strenge Regulierung der Banken ein, jetzt ist er sogar für eine Finanztransaktionssteuer. »Die Deregulierung ist zu weit gegangen«, sagt er heute.

In der hessischen Provinz hat Asmussen einen guten Abend. Das Publikum besteht in der Mehrheit aus Herren über fünfzig. Die Linke in der Hosentasche, tänzelt er ums Rednerpult, er lässt sein Wissen spüren. Asmussen findet sich selbst ziemlich gut. Er spricht nicht nur über den Euro (stabil), über Europa (die Integration muss vorangehen), die Krise (schon besser), sondern auch über den Ausbau der Infrastruktur, die Integration von Migranten, Demografie, Bildung, die wachsende Einkommensungleichheit. Irgendwie scheint er über alles Bescheid zu wissen. Und er muss es zeigen. Sein Scharfsinn, seine Lockerheit können auch demütigen. Am Ende sagt er noch, die Vollendung der Wirtschafts- und Währungsunion Europas müsse als Ziel benannt werden. Schnell fügt er hinzu: »Das ist nicht die Aufgabe von Notenbankern, sondern der Politik.« Er hat eine politische Rede gehalten, als bewerbe er sich um ein Amt. Beim Empfang danach sagt eine Zuhörerin: »Wenn er Politiker werden will, muss er an seiner Körpersprache arbeiten. Er wirkt arrogant.«

Warum tut Asmussen sich das an? Warum harrt er bis in die Nacht in einem Provinznest aus, auch nach Athen hätte er nicht unbedingt reisen müssen. »Wir müssen rausgehen und erklären, was wir machen«, sagt er. In Deutschland hat die EZB, hat Europa momentan keinen guten Ruf. Asmussen ist in Flensburg aufgewachsen, die Grenze zu Dänemark war nah. Er spricht Dänisch, Französisch, Englisch, Italienisch. Für ihn ist Europa, ist der Euro selbstverständlich. Deshalb bekommt er inzwischen auch Drohungen von Rechtsextremen. Asmussen scheint stets zwischen allen Lagern zu stehen: Den Linken ist er zu rechts, den Rechten zu links. Den Politikern zu unpolitisch, den Bankern zu politisch. Er steht damit für viele in seiner Generation. Polyglott und postideologisch. Eine Generation, deren Überzeugungen und Absichten stets ein wenig unscharf bleiben, weil sie keine absoluten Gewissheiten in sich trägt. Es geht nicht mehr um ideologische Kämpfe, um Visionen, es geht nur darum, ob etwas funktioniert.

Während seiner Athenreise trifft Asmussen auch den Vizepremierminister. Sie reden über die sich abzeichnende griechische Haushaltslücke. Nach dem Gespräch flüchtet Asmussen fast aus dem Amtssitz. Er ist fassungslos. Der Vizepremierminister hat ihn gefragt, ob man nicht die Zahlen verändern könne, so dass die Lücke kleiner wird oder verschwindet. »Reorganise the figures«. Für Asmussen charakterisieren diese Worte das »alte Griechenland«. Und für überholte, ineffiziente Systeme hat er grundsätzlich kein Verständnis.

Da kann Jörg Asmussen gnadenlos werden. Beim Abendessen in Athen dauert es bis zum vierten Gang, dem süßen Kuchen, dann schlägt er zu. Es geht auf Mitternacht zu, und er hat den ganzen Abend stillgehalten, zugehört. Die griechischen Banker und Unternehmer erwarten nun, dass Asmussen spricht. Sein Rücken strafft sich, seine Rechte schnellt hervor. Er sehe, dass vieles geschafft worden sei, aber, er fährt den Zeigefinger aus, es müsse noch mehr getan werden. Asmussen redet eine Viertelstunde. Er stänkert. Danach ist Stille. Ende. Aus.

Am Ausgang verabschiedet der Direktor der National Bank noch die Gäste. Er deutet auf die andere Seite der Bucht, auf die Lichter eines Ferienresorts. Es gehört seiner Bank, und es steht nun zum Verkauf. Aber das hört Asmussen schon nicht mehr, er ist weitergelaufen.

Wie es weiterging: Nach der Bundestagswahl 2013 wechselte Jörg Asmussen als Staatssekretär ins Ministerium für Arbeit und Soziales nach Berlin.

DER PRODUZENT

Wie Jerry Weintraub in Hollywood die Lust an Filmen vergeht

Jerry Weintraub ist in Trauer. Sein Deutscher Schäferhund ist gestorben. Die vergangenen drei Tage seit seinem Tod hat Weintraub im Rausch verbracht: dösen und trinken – Wodka, Tequila, Bier. Er sitzt auf dem Sofa, es ist spät am Vormittag, und seine Stimme klingt nach Exzess, ein Gurgeln, das aus seinem Inneren dringt, tief und rau. Er trägt Jeans, eine Joggingjacke, und auf seinem Schoß schnarcht die Nachfolgerin des Schäferhundes, Freunde haben sie Weintraub zum Trost geschenkt.

Jerry Weintraub schaut auf eine Wand aus Fernsehern, fünf Bildschirme flimmern gleichzeitig. Er schaltet sie ab. Sein Wohnzimmer sieht aus wie ein TV-Studio, in dem er agiert wie ein Anchorman. Egal, wer im Raum ist, Weintraub ist das Zentrum. Vom Sofa aus regiert er über Fernbedienungen, Telefone, seinen Assistenten und seine Freundin. Normalerweise wettet Weintraub um diese Tageszeit auf American Football, verfolgt fünf verschiedene Spiele gleichzeitig. Damit er nichts verpasst, hat er 45 Fernseher hier in seinem Haus in Beverly Hills und noch einmal 45 in seinem Anwesen in Palm Desert. »Ich habe nie behauptet, dass ich nicht verrückt bin«, sagt er.

Wenn Weintraub etwas macht, dann macht er es exzessiv. Wenn er Ski läuft, dann Abfahrt, die gefährlichsten Strecken. Wenn er Auto fährt, dann Rennen, und wenn er reitet, dann Pferde, die ihn fast umbringen. Wenn er trinkt, dann bis er umfällt. Wenn er Musiker managt, dann heißen sie Elvis, Frank Sinatra und Bob Dylan. Und wenn er Filme produziert, dann treten darin George Clooney, Brad Pitt und Julia Roberts gemeinsam auf wie in *Ocean's Eleven, Ocean's Twelve* und *Ocean's Thirteen*. Jerry Weintraub ist 74 und lebt noch immer in Übergröße.

Er war Musikmanager, Agent und ist nun Filmproduzent. Er hat mit fast allen gearbeitet und gefeiert, die es in der Unterhaltungsindustrie zu Ruhm gebracht haben – mit Elvis und Frank, mit Gene und Fred, heute arbeitet und feiert er mit George und Brad. Weintraub nennt die Stars oft beim Vornamen. Gern fügt er hinzu, dass sie seine »engen«, »sehr engen« oder »sehr, sehr engen« Freunde sind. Weintraub ist eine Hollywood-Legende, und er ist noch am Leben. Das ist vielleicht das Erstaunlichste daran.

In Los Angeles hingen im Frühjahr überall Plakate von Weintraub, als Werbung für einen Dokumentarfilm über ihn, den der TV-Sender *HBO* zeigte. Lange war er der unsichtbare Star hinter den Stars. Jetzt hat die amerikanische Öffentlichkeit auch sein Gesicht entdeckt. Nun ist er derjenige, der sie alle gekannt hat und der sie noch immer kennt. George Clooney sagt in dem Film über Weintraub: »Er ist der Letzte seiner Art.« Der Letzte einer aussterbenden Spezies großer Hollywood-Produzenten – laut, charismatisch, maßlos in seinem Ego. Und immer unterhaltsam. Er erinnert an vergangene Tage, in denen die Kinos riesig, die Filme einzigartig und die Stars unwiderstehlich waren.

»Ich stamme noch aus dem alten Hollywood«, sagt Weintraub. »Ich bin hier seit 50 Jahren und weiß nicht mehr, was Hollywood heute ist. Die Unternehmer sind weg. Die Studios und großen Sender gehören Konzernen. Das sind andere Leute. Die Studiobosse von heute arbeiten für den Vorstand und können in fünf Minuten gefeuert werden. Wenn jetzt Geld für Filme ausgegeben wird, dann ist es das Geld von Anlegern. Das ist ein ganz anderes Spiel.«

Die großen Stars verschwinden, die Filme wirken wie gekürzt, ihrer Geschichte beraubt, und die Leinwände sind kleiner geworden. Weintraub nennt es die Ära des Postglamours. »Die Kids von heute wollen etwas sehen, eine Minute nachdem sie das erste Mal davon gehört haben. Sie wollen sofortige Befriedigung. Ich nenne das vorzeitige Ejakulation. Alles ist schnell, schnell, schnell«, sagt er. »Ich bin anders. Ich habe eine andere Psyche.« Jerry Weintraub mag es groß: großes Drama, große Schauspieler, großen Glamour. Und er hat keine Angst vor mächtigen Studiomanagern, er hat zu fast allem eine Meinung und äußert diese auch laut. Sein Freund George Schlatter, der ihn seit den sechziger Jahren kennt und selbst ein sehr bekannter Fernsehproduzent ist, schätzt diese Furchtlosigkeit. Besonders im Vergleich zu jungen Produzenten, die immer nur das gut fänden, was alle gut finden. Er besucht Weintraub immer dann, wenn er einen »Jerry-Fix« braucht – Energiezufuhr. Weintraub wirkt auf ihn wie mehrere Dosen Red Bull.

An diesem Vormittag sieht Weintraub angeschlagen aus, seine Lider hängen tief, er redet leise, und bei jeder Frage dauert es lange, bis er antwortet. Zuvor hatte er den Termin für das Gespräch ein paarmal verlegt. Irgendwann rief er selbst an und sagte: »Hi, it's Jerry!«, und fragte, ob man gleich kommen könne. Er meinte sofort. Die neue Generation von Produzenten ließe sich lieber erschießen, als selbst zum Telefon zu greifen. Sie umgibt sich mit einem Kokon aus Publizisten, Agenten, Assistenten, die damit beschäftigt sind, Kommunikation zu verhindern.

Jerry Weintraub schreit in das hausinterne Telefon: »Susie, kannst du die bei *HBO* fragen, wie die die DVDs recyceln? Und sag ihnen: Ich liebe und vermisse sie.« Alle paar Minuten ruft er nach Susie, seiner Freundin, oder TJ, seinem Assistenten. »Ich kann in jeder Stadt, in jedem Land jemanden anrufen, und etwas, das ich erledigt haben will, wird gemacht«, sagt er. Weintraub sagt tatsächlich solche Sätze, manchmal lauscht er ihnen nach und kichert. Er freut sich offensichtlich darüber, dass er wie Don Corleone klingt. Weintraub kultiviert sein Netzwerk. »Zu einem Freund bin ich loyal bis zum Ende. Selbst wenn er jemanden umbringt. Ich bin der beste Freund und der schlimmste Feind.«

Die Hälfte des Tages verbringt er damit, anderen Gefallen zu tun. In der Früh hat er schon ein paar Stunden vor dem

Computer gesessen und die 100 Mails bearbeitet, die über Nacht eingegangen sind. Enge und sehr enge Freunde und solche, die denken, dass sie es sind, bitten Jerry um Unterstützung. Sie wollen, dass er ihnen hilft, einen bestimmten Collegeplatz für ihr Kind zu bekommen oder einen Termin bei einem bestimmten Arzt in einem bestimmten Krankenhaus, oder sie fragen, ob er ihnen einen Platz in einem besonders angesagten Restaurant besorgen kann. Und Jerry hilft ihnen. Meistens. »Ich bin eine Art Concierge«, sagt er. Und irgendwann werden all diese Menschen auch ihm einen Gefallen tun. Weintraub lebt das Paten-Prinzip.

Von seinem Wohnzimmersofa aus kann er auf die Auffahrt blicken, daneben liegt der Pool, in der Garage parken das blaue Rolls-Royce-Cabrio und ein brauner Maserati, auf den Nummernschildern steht sein Name. Sein Monogramm steht auch auf allen Schuhen, Handtüchern und seiner Bettwäsche. Als müsse er sich versichern, dass all diese Dinge tatsächlich ihm gehören. Wenn JW draufsteht, kann es nicht anders sein. Es deutet darauf hin, dass Weintraub nicht sein ganzes Leben in Reichtum verbracht hat. Er zeigt gern, was er hat. Der Stolz des Aufsteigers. »Ich bin ein Renaissance-Mann«, sagt er. Auch dass er zwei Frauen liebt, bereitet ihm größtes Vergnügen, aber dazu später.

In seiner Autobiografie *When I stop talking, you'll know I'm dead* erwähnt er besonders gern große Stars und mächtige Politiker, malt mit Genuss eine Szene aus, wie er im Weißen Haus übernachtet bei seinem sehr, sehr engen Freund, George Bush, dem Alten. Ihn hat er über seine Frau kennengelernt, die bekannte Sängerin Jane Morgan. Die Bushs waren ihre Nachbarn in Kennebunkport, Maine. Eines Morgens in den Sechzigern wollte Weintraub im dortigen Tennisklub spielen, aber die Dame an der Rezeption meinte: »Sorry, alle Plätze sind belegt!« Aber Weintraub blickte auf leere Rasenflächen. Für Juden gab es keinen Zutritt. Weintraubs Frau erzählte es George Bush, der Weintraub am nächsten Tag in den Klub begleitete und dort demonstrativ eine Runde Tennis mit ihm spielte. Jerry

Weintraub wurde das erste jüdische Mitglied im Tennis-, im Golf- und im Jachtklub der Stadt. Das hat Weintraub Bush nie vergessen. Später war er oft Gast im Weißen Haus. »Ich hatte freien Zugang zu den Staatsmännern und Königshäusern der Welt.« Weintraub ist noch immer davon betört, dass George Bush, ein Mann der Elite, mit ihm, Jerry, dem jüdischen Jungen aus der Bronx, der nie ein College von innen gesehen hat, befreundet ist.

Bis heute gilt Jerry Weintraub als einer der wenigen Republikaner Hollywoods. Er selbst würde das so nie sagen. »Viele wollen herausfinden, was ich bin. Ich bin unabhängig. Ich entscheide mich nicht für Parteien, sondern für Menschen.« Weintraub hat zahlreiche Wahlkampagnen unterstützt und hinter den Kulissen Geld gesammelt, Netzwerke gesponnen. *Vanity Fair* nannte ihn in einem Porträt »Bushs party boy«.

Der spannendste Teil seiner Autobiografie und der mit den größten Lücken ist die Beschreibung seiner Reisen an der Seite von Armand Hammer, einem amerikanischen Industriellen mit russischen Wurzeln, der noch mit Lenin und später mit Ronald Reagan befreundet war. Weintraub besaß in den achtziger Jahren eine Filmfirma gemeinsam mit Hammer, nur Filme haben sie kaum produziert. »Wir haben Politik gemacht«, sagt Weintraub und wird ungewöhnlich still. Das wird er bei politischen Themen meistens. Hammer und er hätten im Kreml übernachtet und über den Freikauf von sowjetischen Juden verhandelt, sagt Weintraub schließlich. Das brachte ihn neben Hammer in die erste Reihe bei Breschnews Begräbnis. Weintraub, amerikanischer Multimillionär, saß dort neben Gadhafi, Castro und Arafat. »Bizarr«, sagt er und lacht laut.

Jerry Weintraub erzählt selten stringent oder chronologisch. Jahreszahlen sind ihm entfallen, Zusammenhänge interessieren ihn nicht. Er erzählt Anekdoten. Anekdoten, die gut klingen. Weintraubs Leben ist eine einzige Anekdote. Sein Großvater väterlicherseits war Kommunist, er wurde in Russland geboren und wanderte in die USA aus. Jerry Weintraubs Vater handelte mit Edelsteinen, ein begnadeter Verkäufer. Einen billigen Saphir nannte er einmal den »Stern von Ardaban« und machte ihn zur Attraktion. Die Kunst der Verführung hat Weintraub vom Vater geerbt. »Er verkaufte Rubine. Ich verkaufe Clooney, Pitt und Damon.« Weintraub begann nach der Schule eine Football-Karriere, die im Sande verlief, dann ging er zum Militär. Er wollte auch einmal Schauspieler werden, aber es gefiel ihm dann doch nicht, jemand anderen als sich selbst zu spielen. Schließlich wurde er Agent, vermittelte Broadwayshows mit Hula-Hoop-Mädchen und schwertschwingenden Männern, bis er Jane Morgan traf, eine Schönheit, eine Sängerin, ein Weltstar und 17 Jahre älter als er. Er wurde ihr Manager, sie heirateten. Weintraub heiratete ihre Kontakte mit, er nennt sie bis heute »meine Mentorin«.

Eines Nachts in den Sechzigern träumte Weintraub von Elvis. Vor sich sah er eine Leuchtreklame, auf der stand: »Jerry Weintraub präsentiert Elvis im Madison Square Garden«. Er hatte Elvis noch nie getroffen. Am nächsten Morgen rief er dessen Manager Colonel Parker an und sagte: »Ich will mit Elvis auf Tour gehen.« Parker lehnte ab. Ein Jahr lang rief Weintraub jeden Tag an, bis Parker einwilligte – für eine Million Dollar, die Weintraub nicht hatte. Zahlbar am darauffolgenden Tag.

Weintraub fragte alle, die er kannte im Showbusiness. Schließlich bekam er durch einen New Yorker Anwalt den Kontakt zu einem Mann in Seattle, der ein großer Elvis-Fan war und mehrere Radiostationen besaß. Er rief diesen Lester Smith an und fragte, ob er sofort eine Million Dollar für ihn habe. Smith antwortete: »Was bekomme ich dafür?« Weintraub: »Die Hälfte aller meiner Einnahmen im Konzertgeschäft. Für immer!« Eine Entscheidung, die Weintraub später bereute, an die er sich aber hielt. So brachte er Elvis auf eine große US-Tour – danach war Weintraub, damals 26, Multimillionär. »Ich habe daran geglaubt, dass es passiert. Wenn ich an etwas glaube, wird es gemacht. Wenn Leute Nein sagen, höre ich es nicht. Wenn Leute sagen, das ist eine schlechte Idee, glaube ich es ihnen nicht, und wenn Leute sagen, das geht nicht, lache ich, als würden sie Witze machen.« Weintraub ist ein Mann, dem es vollkommen egal ist, was andere von ihm denken, ihm scheint nichts peinlich zu sein.

In seiner Biografie schildert er, wie er einmal in einer Theatervorstellung einen Herzinfarkt simuliert, um die Rechte an dem Stück zu bekommen. Er lehnt sich zu den beiden Autoren und sagt: »Entschuldigung, ich will Sie nicht beunruhigen, aber ich spüre einen großen Schmerz in meinem linken Arm, der sich bis zur Brust zieht.« Die besorgten Autoren schleppen ihn hinaus, noch im Auto auf dem Weg zur Klinik willigen sie in das Geschäft ein. Manchmal erscheint Weintraubs Hartnäckigkeit fast wahnsinnig, grenzenlos. In gewisser Weise ist er noch immer das Kind aus der Bronx, das keine Niederlage akzeptiert und einfach so lange redet, bis die anderen sich ergeben. So kennt ihn auch sein Freund George Schlatter.

Einmal stand Weintraub nachts vor Schlatters Tür, ein paar Kisten voller Knusperdonuts unterm Arm. Schlatter war müde, bat ihn zu gehen. Am Ende saßen er und seine Frau im Schlafanzug mit Jerry im Wohnzimmer und aßen die Donuts auf. Weintraub kann sehr überzeugend sein, sehr charmant, sehr belebend. Er ist ein Mensch, den andere gern um sich haben. »He is just a lot of fun«, sagt Schlatter. Früher haben die beiden viele Partys zusammen gefeiert, und Schlatter hat oft Weintraubs Künstler für seine Fernsehshows gebucht. Wenn man ihn nach einer Schwäche von Weintraub fragt, schaut er einen an, als sei man nicht bei Sinnen. »Eine Schwäche?«, fragt er. »Jerry hat sie alle! Frauen! Er trinkt zu viel, er ist oft launisch und nimmt vieles nicht ernst genug.«

In den siebziger Jahren hatte Weintraub die Konzertagentur Concerts West, er managte unter anderen Bob Dylan, Neil Young, Led Zeppelin. »Dabei habe ich mich nie sehr für Musik interessiert. Wenn eine Platte Nummer eins wurde, dachte ich: Das ist eine super Platte.« Weintraub wollte vor allem eines: Geld verdienen. Eines Morgens saß er in seinem Büro und stellte fest, dass er niemanden auf der langen Telefonliste, die vor ihm lag, zurückrufen mochte. »Ich fand es nicht mehr aufregend«, sagt er. Also hörte er auf.

Weintraub hockt auf dem Sofa, seine Augen sind noch immer kaum geöffnet. Er schreit nach Susie. Sie bringt ihm Tabletten gegen Sodbrennen, sie mildern den Kater. Er schluckt zwei auf einmal. Dann ruft er seinen Assistenten, er soll den Hund ausführen, der stinke. Weintraub sinkt zurück ins Polster, starrt geradeaus auf die schwarzen Fernsehbildschirme. »Es ist so wie jetzt«, sagt er in die Stille. Was? »Es ist nicht mehr so aufregend für mich, Filme zu machen. Die Kids mögen Superman, Batman. Sie wollen keine Charaktere, die sich entwickeln. Keine Geschichten, wie ich sie mag.« Hollywood, der Filmindustrie geht es nicht gut, sie befindet sich in einer Finanz- und Sinnkrise. Die Kinozuschauerzahlen gehen seit einigen Jahren massiv zurück, man kann die Filme billiger oder illegal gratis im Internet anschauen. Aus Sorge gehen die Studios kein Risiko ein. In den amerikanischen Kinos laufen zurzeit animierte Familienfilme, Große-Jungs-Komödien und der vierte Teil von irgendetwas Erfolgreichem aus der Vergangenheit.

In Weintraubs Erinnerung ist Hollywood ein mythischer Ort, wo er in den Sommerferien als Neunjähriger mit seiner Familie bei den Stars an der Haustür klingelte und um Autogramme bat. Und für dessen Western und Romanzen er die Schule schwänzte. Deshalb stimmte er auch zu, als der Regisseur Robert Altman ihn in den siebziger Jahren auf einer Party fragte, ob er nicht Filmproduzent werden wolle. Er habe da ein Drehbuch für ihn. Weintraub war damals Konzertagent, aber er las das Drehbuch – und verstand es nicht. Zu viele Figuren. Doch er vertraute Altman und produzierte den Film *Nashville,* der dann für mehrere Oscars nominiert wurde. Von da an war Weintraub Filmproduzent.

Er machte Filme wie *Diner* und die *Karate Kid*-Serie. Es ging ihm hervorragend: viele Frauen, viele Drinks, viele Partys. Bis er eines Tages sein eigenes Studio besitzen wollte, in den neunziger Jahren. Sein einziger großer Fehler, wie er sagt. Mitarbeiter von damals erinnern sich an ein riesiges Büro, Marmorböden, mehrere Butler und immer unglaubliches Essen für alle. Das Problem waren die Filme, sie waren nicht besonders gut.

Bald reichte das Geld nicht mehr. Weintraub langweilte sich in endlosen Treffen mit Bankern und Anwälten. »Das war nicht ich«, sagt er. Seine Firma ging bankrott, Weintraub musste ein paar Freunde anrufen und um einen Gefallen bitten. Diese Niederlage hat ihn gekränkt, aber nicht zerstört.

Weintraub versucht, in seinem Wohnzimmer die DVD des Dokumentarfilms über ihn zu starten, er drückt auf der Fernbedienung herum, es gelingt ihm nicht. Er muss wieder Susie rufen. Weintraub betrachtet Weintraub auf dem Bildschirm: Er steht am Fenster seines Hauses in Palm Desert, trägt einen Smoking, und Frank Sinatra singt: »I've got the world on a string«. Darüber erscheint in Leuchtbuchstaben der Titel des Films: *His Way*. Die Szene hat etwas Majestätisches. Ein König in seinem Reich. Dann treten nacheinander Clooney, Pitt und Damon auf und machen ihm Liebeserklärungen. Weintraub lächelt, der Film ist eine Hommage. Sicher gibt es erfolgreichere Produzenten wie Jerry Bruckheimer oder intellektuellere wie die Weinstein-Brüder, aber am meisten Spaß hat wahrscheinlich immer Weintraub.

Seine Freundin Susie Ekins ist 52 und sitzt neben ihm auf dem Sofa, sie findet das Haus, den Film, ihren Mann »amazing«. Bemerkenswert. Es ist fast Nachmittag, und sie ist barfuß, trägt einen Jogginganzug. Seit Stunden will sie duschen, aber immer kommt etwas dazwischen, meist ist es Jerry. Susie Ekins hat lange für seine Produktionsfirma gearbeitet. Er schien sie nicht weiter zu beachten, glaubte Susie, doch eines Tages rief seine Sekretärin bei ihr an und fragte, ob Susie reiten könne. Mister Weintraub wolle mit ihr reiten gehen. Ekins war Anfang dreißig und antwortete: »Er kennt doch nicht mal meinen Namen!« Jeden Tag lief er an ihrem Schreibtisch vorbei und nannte sie »Honey«. Er nannte damals alle Frauen »Honey« und hatte mit vielen eine Affäre. Seine Frau Jane wusste oft Bescheid, jedes Mal, wenn sie davon erfuhr, kostete es ihn eine Million Dollar. Das war ihr Pakt. Geld gegen Nachsicht.

Als aus der Affäre mit Susie eine Beziehung wurde, beichtete Weintraub es seiner Frau. Seitdem, seit etwa 20 Jahren, leben sie in einer Art Ménage à trois. Weintraubs Frau Jane Morgan wohnt in ihrem Haus in Malibu, Weintraub telefoniert nach wie vor jeden Tag mit ihr. Mit Susie wohnt er in Beverly Hills, und sie passt auf, »dass alles läuft, wie er es will«. Weintraub sagt dazu: »Alle möchten wissen, wie ich das geschafft habe. Die Wahrheit ist: Die beiden Frauen haben das geschafft.« Es hat ihn niemand nach der Geschichte gefragt, er erzählt sie von sich aus. Es macht ihm Spaß, sie zu erzählen.

Einige Wochen später, an einem Donnerstagnachmittag, steigt Weintraub aus seinem Wagen, sein Schlips hängt offen über dem Hemd, sein Gesicht ist gerötet, er ist bester Laune. Neben ihm erscheint eine schmale Frau in den Neunzigern. Sie trägt einen Hosenanzug und hat noch immer sehr feine Gesichtszüge. Es ist Weintraubs Frau Jane Morgan. Sie hat an diesem Morgen einen Stern auf dem Hollywood Walk of Fame bekommen, Weintraub hat schon einen Stern dort. Susie nimmt Janes Arm, nennt sie »darling« und führt sie ins Haus. Sie haben den ganzen Tag mit Freunden in einem Restaurant gefeiert und eine Menge Weißwein getrunken. Nun sitzen die Gäste ein bisschen erschöpft in Weintraubs Wohnzimmer und witzeln, wer mit wem von ihnen schlafen will oder es schon getan hat. Jerry Weintraub hockt auf einem Sessel, er sieht ziemlich fertig aus. Ab und zu beugt er sich zu seiner Frau und fragt: »Bist du Jane oder Susie?« Seine Frau reagiert nicht darauf, sie kennt das schon. Es ist ein Spiel.

Eigentlich wollen Weintraub und Susie am nächsten Tag nach Europa aufbrechen, wollen in London Golf spielen und danach vor Cannes auf einer Jacht cruisen. Aber ihre Pläne ändern sich stündlich. Susie sagt, Ferien mit Jerry seien keine Ferien, ständig sind Leute da, und das Telefon klingelt ununterbrochen. Weintraubs größter Feind ist die Stille. Selbst nachts schläft er mit den Stimmen aus dem Radio ein, er braucht Gesellschaft. Irgendwann verabschieden sich die Gäste und verlassen das Haus. Weintraub bleibt allein in seinem Sessel zurück. Er sagt, er denke jetzt ab und zu an den Tod. Er hatte einmal Krebs und vor zwei Jahren eine mysteriöse Infektion, an der er fast gestorben wäre.

Manchmal wirkt es, als sei Weintraub selbst darüber verwundert, dass er noch da ist. Ein Überbleibsel aus einer anderen Zeit, in der Cary Grant, Fred Astaire und Frank Sinatra auf seinen Partys tanzten. Wenn George Clooney ihn heute besucht, wird er von 50 Paparazzi verfolgt. Im Haus nebenan lässt Tom Cruise seine Privatsphäre mit Maschinengewehren schützen. »Crazy«, sagt Weintraub. Neulich war er selbst auf einer Hochzeit, schon beim Abendessen konnte er Fotos von sich im Netz sehen. Inzwischen ist jeder Schritt öffentlich, keine Verfehlung privat. Auch das hat Hollywood verändert, die Stars werden andauernd vorgeführt, demaskiert und wirken dadurch oft lachhaft, grotesk oder einfach nur peinlich. Es gibt immer mehr von ihnen und immer mehr Sender, Blätter, Onlinedienste, die über sie berichten.

Wenn man Weintraub jetzt nach seiner Leidenschaft fragt, dann antwortet er: »Geld!« Nichts anderes? »Nein, Geld!« Es klingt ein wenig trotzig, nach enttäuschter Liebe. Auch das Kino ist für ihn keine lebenslange Leidenschaft geblieben. Weintraub sitzt nicht mehr gern den ganzen Tag am Set, geht selten ins Büro und versucht, alle Termine in sein Haus zu legen. Gerade bereitet er einen Film von Steven Soderbergh über den homosexuellen Entertainer Liberace vor. Michael Douglas und Matt Damon spielen darin die Hauptrollen. Es sind Freunde, also macht er es.

Ein angebrochener Nachmittag, Weintraub liegt im Sessel, schmust mit seinem neuen Hund. Ein grauer Mercedes fährt vor. Susie flüstert, das seien »big shots« aus der Finanzbranche, Hedgefondsmanager. Jerrys nächster Termin. Zwei Männer in Maßanzügen und mit akkurat gekämmten Scheiteln treten ins Wohnzimmer. Sie setzen sich sogleich an die Bar. »Susie!«, brüllt Weintraub. »Wodka!«

Wie es weiterging: Der Film »Liberace« läuft 2013 und bekommt zwei Golden Globes. Im Augenblick produziert Weintraub den neuen Tarzan-Film, der 2016 in die Kinos kommen soll: in den Hauptrollen u. a. Alexander Skarsgård und Christoph Waltz.

ES GESCHAH AN EINEM MONTAG

Wie zwei Thüringer Polizisten versuchten, das NSU-Trio zu verhaften

Nur eine schmale Straße trennt Thomas Matczak am 26. Januar 1998 in Jena von Uwe Böhnhardt. Er könnte hinübergehen und ihn festnehmen. Aber Matczak geht nicht hinüber, keiner seiner Kollegen geht hinüber an jenem Montagmorgen. Es ist kalt. Die Polizisten durchsuchen zwei Garagen nach Sprengstoff. Böhnhardt wird verdächtigt, Bomben zu bauen, als er gegenüber seinem Elternhaus eine Sporttasche in den Kofferraum seines Wagens legt und davonfährt. Thomas Matczak ist einer der letzten Polizisten, die ihn sehen, bevor Böhnhardt gemeinsam mit Uwe Mundlos und Beate Zschäpe verschwindet. Erst 13 Jahre darauf werden sie wieder auftauchen. Als NSU-Terrortrio. Da ist Böhnhardt tot, und Matczak hat ein Problem. Sein Gewissen. Er erinnert sich an jenen Morgen im Januar, aber er erinnert sich anders daran als seine Kollegen.

Im Mai 2013 steht Thomas Matczak noch einmal in derselben Straße, die Garagen gibt es noch immer, nur die Plattenbauten rundherum wurden renoviert und schimmern pastellfarben. Seit damals war er nie wieder an diesem Ort. Matczak läuft zum Haus Nummer 11, steigt die Treppen zum Eingang hinauf, sieht auf die Klingelschilder. »Böhnhardt« steht da. Die Eltern wohnen noch immer dort. Matczak weicht zurück, das hat er nicht gedacht. »Komisches Gefühl, oder?«, sagt er leise. Er hat vermutet, dass sie weg sind, umgezogen, in der Vergangenheit versunken. Das ist einer dieser Augenblicke, in denen Matczak die damaligen Ereignisse sehr nah erscheinen, allzu gegenwärtig. Er schaut zu den Fenstern hinauf, überlegt, wo die Wohnung liegt, in der er vor 15 Jahren war. Sein Brustkorb bebt.

Matczak ist 47, Kriminalhauptkommissar beim Staatsschutz der Kriminalpolizeiinspektion Jena, und er ist es nicht gewohnt, über seine Arbeit zu reden. Seine Antworten sind meist nach wenigen Sätzen zu Ende. Zwischendurch ist er lange still, muss durchatmen, bevor er weitersprechen kann. Er ringt um Atem und um Worte. »Ich bin zufrieden, dass endlich die Wahrheit herauskommt«, sagt er. Er sagt »zufrieden«.

Damals, nach der Garagendurchsuchung, beantragt Matczak seine Versetzung. Zwei Gründe dafür sind sein Frust und sein Unverständnis über ihren Verlauf, über die Flucht Böhnhardts. Der Einsatz, der so anders war als alle davor und danach, wirkt heute wie ein Mahnmal in seiner Polizeilaufbahn.

Matczaks Kollegen Mario Melzer vom Landeskriminalamt Thüringen geht es ähnlich. Wenn er jetzt Beate Zschäpe im Fernsehen sieht, wie sie im Prozess auftritt, erinnert er sich an ihre Begegnungen, er kennt ihre Mimik und Gestik. Sie hat sich kaum verändert, seit er sie in den neunziger Jahren zweimal vernahm. »Genau mit diesem Blick hat sie mich angeschaut«, sagt Melzer. Auch Uwe Böhnhardt saß einmal vor Melzer. Bevor es den NSU gab und das Trio untertauchte. Mario Melzer, 43, ist Kriminalhauptmeister beim LKA in Erfurt. Damals gehört er zur Sonderkommission Rechtsextremismus (Soko Rex), später zur Ermittlungsgruppe Terrorismus / Extremismus (EG Tex). Melzer jagt Rechtsextreme, er jagt auch Böhnhardt, Mundlos und Zschäpe – das Trio, das noch nicht als Trio bekannt ist. Aber an jenem Januarmorgen 1998 ist Melzer bei einem anderen Einsatz. Zur Durchsuchung ist der Ermittler, der damals wahrscheinlich am meisten über das Trio weiß, nicht eingeteilt.

Thomas Matczak und Mario Melzer haben einander nie getroffen, sie kennen voneinander nur die Namen. Melzer erzählt rastlos, Matczak zaghaft. Melzer ist laut, Matczak leise. Melzer ist sich sicher, Matczak zweifelt. Vereint sind sie in ihrem Entsetzen über den Einsatz am 26. Januar 1998. Die Durchsuchung ist das Trauma der Polizisten Matczak und Melzer, ihre Auswirkungen spüren sie bis heute. Sie sind mit den Ermittlungen damals nicht einverstanden. Bis heute haben sie es schwer, ihrer Version der Ereignisse Gehör zu verschaffen. Bis heute denken sie darüber nach, warum es damals schiefging. Und bis heute treibt sie ein Gedanke um: Wäre der 26. Januar 1998 anders verlaufen, vielleicht hätte es den NSU nie gegeben. Vielleicht wären zehn Menschen noch am Leben.

Am Freitag vor dem 26. Januar erfährt Thomas Matczak, dass er am Montag das LKA bei einer Durchsuchung unterstützen soll. Worum es geht, weiß er nicht. Montagfrüh um sechs trifft er sich mit seinen Kollegen in Raum 202, im früheren Parteikabinett, der Kriminalpolizeiinspektion Jena. Matczak kann sich nicht mehr daran erinnern, wer die Besprechung damals führte. Der frühere Leiter der EG Tex vom LKA Thüringen, Jürgen Dressler, ist an jenem Morgen jedenfalls nicht dabei. Sein Vertreter Dieter Fahner ist somit der zuständige Einsatzleiter. Dressler sagt am 11. April 2013 vor dem Thüringer Untersuchungsausschuss, er sei seinerzeit bei einer Fortbildung gewesen. Sein Verhalten in dieser Geschichte ist nicht ganz eindeutig. Der Ermittlungsführer lernt am Tag der wichtigsten Durchsuchung von Rechtsextremen den Umgang mit Computerprogrammen? Das ist nur eine der vielen Merkwürdigkeiten jenes Tages. Matczak wundert sich noch immer darüber, gewöhnlich würde ein Ermittlungsführer die Fortbildung absagen oder die Durchsuchung verschieben.

Thomas Matczak weiß 1998 wenig über den Fall. Uwe Böhnhardt, den Namen, der auf dem Durchsuchungsbeschluss steht, hat er schon einmal gehört, im Zusammenhang mit mehreren Bombenattrappen und einer Bombe in Jena. Matczak wird erklärt, dass es auch diesmal um Sprengstoff geht. Zwei Teams werden gebildet. Er soll mit mehreren Kollegen zwei nebeneinanderliegende Garagen in Jena-Lobeda durchsuchen. Wie viele Beamte es genau sind, daran entsinnt er sich nicht mehr. Das zweite Team fährt zu einer weiteren Garage an einer Kläranlage. Gegen halb sieben morgens bricht Matczaks Team auf. Matczak denkt nicht weiter über den Einsatz nach, für ihn ist es Routine. Er kennt keine Hintergründe oder Absprachen mit der Staatsanwaltschaft. Vom Polizeipräsidium bis ins Neubaugebiet Jena-Lobeda brauchen Matczak und seine Kollegen vielleicht eine Viertelstunde. Gegen sieben, halb acht treffen sie dort ein und klingeln an der Tür der Familie Böhnhardt.

Vor dieser Tür hätte auch Melzer gern gestanden, diese Durchsuchung hätte seine Ermittlungen krönen können. Vielleicht wäre sie dann anders ausgegangen. Melzer hat an fast allen Fällen und entscheidenden Verfahren mitgewirkt, die schließlich zu den Durchsuchungen am 26. Januar 1998 führen.

Als Melzer 1995 zur Soko Rex kam, beschäftigte er sich mit Strukturermittlungen in der rechten Szene. Nach dem Mauerfall hatte sich in Thüringen eine starke rechte Szene gebildet. Früh hörte Melzer von Tino Brandt, einem der Anführer der Rechtsextremen in Thüringen. 1996 gab es ein Treffen von Kameradschaften in einer Kneipe in Gräfenthal, dabei wurde ein Punk fast totgeschlagen. Einer der Täter beschrieb Brandt in Melzers Vernehmung als Anstifter dieser Aktion und Organisator der Szene. Melzer sagt, Tino Brandt habe die Kameradschaft Jena mit aufgebaut. Gründungsmitglieder waren unter anderem Uwe Böhnhardt und Uwe Mundlos. Auch Beate Zschäpe gehörte bald dazu.

Im Zuge seiner Ermittlungen hatte Melzer häufig Kontakt mit dem zuständigen Staatsanwalt Gerd Michael Schultz in Gera. Melzer bemühte sich um ein Verfahren gegen Brandt und erinnert sich, dass Schultz ihm von einem Besuch des Verfassungsschutzes erzählt habe, die Beamten hätten gesagt, Melzer betreibe eine »Hexenjagd« auf Brandt. Er, Schultz, lasse sich aber nicht beirren und bringe das Verfahren wegen Landfriedensbruchs trotzdem zur Anklage. In erster Instanz wurde Brandt verurteilt, in zweiter Instanz wurde er freigesprochen. Melzer sagt, er habe seit 1996 aus Vernehmungen gewusst, dass Tino Brandt V-Mann des Thüringer Verfassungsschutzes war. Die Öffentlichkeit erfuhr davon erst 2001. Während Brandt als Spitzel arbeitete, liefen 35 Ermittlungsverfahren gegen ihn, unter anderem eines wegen des Verdachts der Bildung einer kriminellen Vereinigung, verurteilt wurde er nie. Ermittler wie

Melzer hatten den Eindruck, dass Brandt immer rechtzeitig vor Polizeimaßnahmen gewarnt wurde.

Der Staatsanwalt Schultz will heute nicht mit Journalisten über die Vergangenheit sprechen. »Ich habe keine Zeit«, sagt er am Telefon. In den Untersuchungsausschüssen redet er, dort sagt er, der Thüringer Verfassungsschutz habe damals alle paar Wochen bei der Geraer Staatsanwaltschaft vorbeigeschaut, Akten gelesen und Informationen abgefragt. Und einmal, das müsse 1996 oder 1997 gewesen sein, habe ein Verfassungsschützer Auskunft verlangt, warum er ausgerechnet Tino Brandt hinter Gitter bringen wolle. Brandt galt als der Kopf des Kameradschaftsnetzwerkes »Thüringer Heimatschutz«, als die Schlüsselfigur der rechten Szene in Thüringen. Mario Melzer fragt sich bis heute, ob es diese ohne Brandt und dessen finanzielle Unterstützung durch den Verfassungsschutz in der Form überhaupt gegeben hätte. Der Thüringer Verfassungsschutz wird in dieser Geschichte eine fragwürdige Rolle spielen. Nach dem Ende des Kalten Krieges musste sich der Verfassungsschutz neu definieren. Fast entsteht der Eindruck, als habe er sich in Thüringen seine Existenzberechtigung selbst mitgeschaffen.

In den Jahren von 1996 bis zur Durchsuchung 1998 kam es in Jena zu mehreren Vorfällen, die das Trio in Melzers Gedächtnis prägten, bei denen es seine Gefährlichkeit bereits erkennen ließ. Diese Vorfälle wirken wie eine Probe für das, was danach geschehen sollte. Das Vorspiel des Grauens.

Am 13. April 1996 hing eine Puppe mit einem Davidstern an einer Autobahnbrücke in der Nähe Jenas. Daneben standen ein Karton und ein Verkehrsschild mit der Aufschrift »Bombe«. Mario Melzer ermittelte damals in dem Fall. Auf dem Karton waren Uwe Böhnhardts Fingerabdrücke.

Am 6. Oktober 1996 wurde im Jenaer Ernst-Abbe-Stadion unter der Tribüne eine Kiste mit einem Hakenkreuz darauf und einer Bombenattrappe darin gefunden. Wieder ermittelte Melzer. Zum Jahreswechsel 1996/97 gingen Briefbombenattrappen bei der *Ostthüringischen Zeitung*, der Jenaer Polizei und dem

Ordnungsamt ein. Beigelegt war ein rechtsextremes Schreiben. Am 2. September 1997 schließlich stießen spielende Kinder vor dem Jenaer Theater auf einen Koffer mit einem Hakenkreuz darauf. Erst einen Tag später stellte sich heraus, dass in dem Koffer eine selbstgebaute Bombe lag, gefüllt mit zehn Gramm TNT. Melzer war damals zufällig in Jena, ihm fiel die Ähnlichkeit der Stilisierung der Hakenkreuzfahnen auf. Für Melzer deuteten alle Indizien auf die Kameradschaft Jena. Er hatte Böhnhardt einmal vernommen, fand ihn grobschlächtig, ein Mann, der gut Anordnungen befolgen konnte. Melzer wusste von der engen Verbindung zwischen Uwe Böhnhardt und Uwe Mundlos und dass sich Beate Zschäpe stets in ihrer Nähe aufhielt. Sie habe mit beiden Männern eine Beziehung geführt, sagt Melzer. »Die drei waren vollkommen verschworen.«

Aus dem rechtsextremen Umfeld bekam Melzer zusätzlich Hinweise, dass Böhnhardt Bomben bastle. »Für mich standen die Leute um Böhnhardt als Hauptverdächtige fest«, sagt er. Zugleich hatte Melzer im Kopf, dass das Kameradschaftsnetzwerk von einem V-Mann des Verfassungsschutzes angeleitet wurde.

Melzer erinnert sich an ein Treffen von LKA-Beamten 1997, an dem auch Thüringer Verfassungsschützer teilnahmen. Dort beschwerte er sich, dass er es nicht länger mittragen könne, dass spielende Kinder TNT fänden, und er davon ausgehen müsse, dass die Täter aus einer Szene stammten, die von Tino Brandt, einer Quelle des Verfassungsschutzes, geführt werde. Melzer sagt, die Verfassungsschützer hätten darauf empört reagiert und alles abgestritten.

Melzer bemühte sich damals sehr, Böhnhardt, Mundlos und Zschäpe zu stellen. »Ich wollte nur Straftaten aufklären. Ich bin Polizist. Wenn die drei wegen allem bestraft worden wären, was sie schon gemacht hatten, wäre Ruhe gewesen.« Zwei Monate vor der Durchsuchung der Garagen wurde Melzer nach Stadtroda zu einer anderen Bombenermittlung geschickt. So nah aber wie Thomas Matczak kam Melzer einer Festnahme von Uwe Böhnhardt nie.

Matczak steht am 26. Januar 1998 gegen halb acht mit seinen Kollegen vor der Tür der Böhnhardts. Er weiß nicht mehr genau, wer öffnet. Er ist sich sicher, dass Böhnhardts Eltern da waren, Uwe Böhnhardt ist nicht da. Damit weicht er vom Durchsuchungsbericht und von den Aussagen seiner Kollegen ab, die sagen, Uwe Böhnhardt sei in der Wohnung gewesen und habe die Garage aufgeschlossen. Matczak erinnert sich, dass Böhnhardts Mutter laut wird und immer wieder »Mein Uwe!« ruft. Er entsinnt sich, wie er in Uwe Böhnhardts Zimmer schaut und sein Blick auf eine blaue Tagesdecke auf dem Bett fällt. Es sieht nicht aus, als hätte Böhnhardt dort übernachtet. Böhnhardts Mutter weist den Vater an: »Geh mit runter, und guck genau hin, nicht dass die etwas finden, was vorher nicht da war!« Matczak denkt: »Was für eine Pute!« In seiner Erinnerung begleitet nicht Uwe Böhnhardt, sondern dessen Vater die Beamten hinab und schließt seine Garage auf der gegenüberliegenden Straßenseite auf. Die andere daneben wird kurz darauf von einem Schlüsseldienst aufgesperrt. Auf dem Durchsuchungsbeschluss sind alle drei Garagen untereinander aufgelistet, spätestens jetzt weiß Böhnhardt oder wissen dessen Eltern – je nach Version –, wo durchsucht werden soll.

Unterdessen versucht das zweite Team, die Garage an der Kläranlage zu öffnen. Diese Garage gehört, und das ist kein Scherz, einem Jenaer Polizeibeamten, der sie an Beate Zschäpe vermietet hat. Dort hängt ein Schloss vor dem Tor, die Polizei muss die Feuerwehr rufen, um ins Innere zu gelangen. Wertvolle Zeit verstreicht. Dann sieht Matczak, wie Uwe Böhnhardt heimkehrt und im Haus seiner Eltern verschwindet. »Ich möchte meinen, er ist mit dem Auto gekommen.« Er erinnert sich, dass, während er und seine Kollegen suchen, bekannt wird, dass die Kollegen in der anderen Garage »fündig geworden sind«, also wie vermutet Sprengstoff entdeckt haben. Matczak weiß nicht mehr genau, ob diese Nachricht seinen Teamleiter über Funk oder Handy erreicht hat. Er ist sich aber sicher, dass ihn sein Gedächtnis nicht trügt und der Teamleiter die Nachricht erfahren hat. Nach etwa zehn Minuten erscheint

Böhnhardt wieder auf der Straße und legt eine Reisetasche in den Kofferraum seines Wagens. Matczak sagt zu seinem Teamleiter: »Es sieht aus, als ob er packt.« Und fügt hinzu: »Er ist weg, wenn wir ihn jetzt fahren lassen.« Matczak wundert sich, es wird Sprengstoff gefunden, und der Beschuldigte kann vor seinen Augen, vor den Augen der Polizei, unbehelligt davonfahren.

Thomas Matczak und seine Kollegen finden in den Garagen nichts. Auf dem Rückweg halten sie an der Kläranlage. Es gibt Diskussionen mit dem Einsatzleiter Dieter Fahner vom LKA, dabei hört Matczak zum ersten Mal, dass der Hinweis über den Sprengstoff in der Garage auf Erkenntnissen des Thüringer Verfassungsschutzes beruhe und eine Festnahme nur nach Rücksprache mit dem zuständigen Staatsanwalt Gerd Michael Schultz möglich sei. Fahner versucht immer wieder, mit seinem Mobiltelefon den Staatsanwalt zu erreichen, es gelingt ihm aber nicht. Ein Kollege schlägt vor, rasch bei der Mieterin der Garage, Beate Zschäpe, vorbeizufahren, um zu schauen, ob Böhnhardt dort sei. Der Einsatzleiter besteht darauf, zuerst mit dem Staatsanwalt zu reden. Das ist Matczaks Version. Es ist die Version, bei der die Polizei am schlechtesten aussieht. Es ist die Version, bei der sie Böhnhardt flüchten lässt.

Diese Version hat Thomas Matczak im Kern mehrmals wiederholt, zuerst kurz nach der Entdeckung der Terrorzelle im Thüringer Innenministerium, dann vor der Schäfer-Kommission, jenem Gremium, das unter Vorsitz des ehemaligen BGH-Richters Gerhard Schäfer Behördenfehler im Umfeld der rechtsextremen Terrorgruppe NSU ermitteln soll, und zuletzt im Thüringer Untersuchungsausschuss. Inzwischen hat Matczak allerdings bemerkt, dass er der Einzige ist, der sich so erinnert. Mit jeder neuen Befragung wird er unsicherer.

Im Thüringer Untersuchungsausschuss in Erfurt sitzt Thomas Matczak am 15. April 2013 in einem beigefarbenen Anzug. Er zittert, knetet nervös seine Hände. Ein Polizist unter Druck. Auch hier wiederholt er seine Version, aber nun fügt er oft hinzu, er könne nicht beschwören, dass es tatsächlich so gewesen sei. Eine Abgeordnete fragt ihn, ob er Angst habe. »Wenn man der Einzige ist, der einen anderen Ablauf darstellt, dann fragt man sich doch: Mensch, ist das wirklich so, wie du es in Erinnerung hast, oder kann es auch anders gewesen sein?« Die Vorsitzende des Untersuchungsausschusses ermuntert Matczak: »Ich glaube Ihnen mehr als vielen anderen!«

Matczaks Kollegen können sich nicht erinnern oder sagen aus, Uwe Böhnhardt sei abgefahren, bevor die Bombenwerkstatt in der Garage an der Kläranlage gefunden wurde. So steht es auch in den Akten. Oft haben die Beamten ebendiese Akten kurz vor ihrer Befragung gelesen. Allerdings steht dort auch, dass die Feuerwehr gegen neun Uhr die Garage an der Kläranlage öffnet. Matczak und seine Kollegen durchsuchen ihre Objekte laut Bericht bis 10.15 Uhr. Zeitlich ist Matczaks Version möglich.

Vor dem Untersuchungsausschuss fühlt sich Thomas Matczak wie bei einem Tribunal. In dieser Umgebung wird ihm die ganze Tragweite seiner Aussage bewusst, er zieht sich zurück. »Viele bei der Polizei fragen sich, was damals schiefgegangen ist. Aber ob man das öffentlich wiederholt, ist die Frage.« Nun steht Matczak auf dem Gehweg vor den Garagen in Jena, die er damals durchsucht hat. Im Block der Böhnhardts hängt heute eine Reggae-Fahne im Fenster. »Letzten Endes ist klar, keiner wird sich hinstellen und sagen, das ist blöd gelaufen!«, sagt Matczak. Warum macht er es? Matczak schweigt lange, atmet schneller, wieder sagt er: »Ich bin zufrieden, dass so eine Geschichte im Nachhinein bekannt wird.« Sie habe ihm schwer im Magen gelegen.

Für Matczak ist der Einsatz am 26. Januar 1998 gegen 11 Uhr beendet, er fährt ins Präsidium. 15 Jahre später liest er im Durchsuchungsbericht, er habe von 11 Uhr an die Garage an der Kläranlage, die Bombenwerkstatt, durchsucht. Das Problem: Matczak kann sich nicht erinnern, sie jemals betreten zu haben. Er schaut sich die Lichtbildmappe an, überlegt, ob er sich irren könnte. Es hilft nichts. »Ich war nicht in dieser Garage.« In den vergangenen Monaten hat sich Matczak immer wieder gefragt, ob er vielleicht einem Trugschluss erliege. Aber er ist sich sicher, dass die Bombenwerkstatt schon gefunden worden war, als Uwe Böhnhardt wegfährt. Warum also lassen die Polizisten Böhnhardt an jenem Morgen laufen?

Was Thomas Matczak und Mario Melzer damals nicht wissen: Es gibt verhängnisvolle Absprachen zwischen der Polizei und dem Thüringer Verfassungsschutz und zwischen der Polizei und der Staatsanwaltschaft. Nach dem Sprengstofffund vor dem Jenaer Theater und den diversen Bombenattrappen 1996/97 will das LKA Thüringen Uwe Böhnhardt überwachen lassen. Das Mobile Einsatzkommando (MEK) des LKA soll dies in den Wochen vom 6. Oktober bis 3. November 1997 übernehmen, schafft es wegen Überlastung aber nur, Böhnhardt an drei nicht aufeinanderfolgenden Tagen für wenige Stunden zu beobachten. Mario Melzers früherer Chef, der damalige EG-Tex-Leiter Jürgen Dressler, sagt im Thüringer Untersuchungsausschuss, er sei mit den Ergebnissen des MEK unzufrieden gewesen. Was danach geschieht, dazu gibt es unterschiedliche Aussagen. Das LKA Thüringen lehnt ein Gespräch mit Jürgen Dressler ab.

Festzustehen scheint, dass Jürgen Dressler den Thüringer Verfassungsschutz um Hilfe bittet. Am Ende observiert ein Team des Thüringer Verfassungsschutzes Bönhardt vom 24. November bis 1. Dezember 1997. Warum nicht bei anderen Landeskriminalämtern Unterstützung gesucht wird, wie es üblich ist, hat bisher keiner der Beteiligten vor den Untersuchungsausschüssen erklären können. Normalerweise gilt das Trennungsgebot zwischen Polizei und Nachrichtendienst.

Das Team des Verfassungsschutzes beobachtet schon am zweiten Observationstag, wie Uwe Böhnhardt und Uwe Mundlos zwei Liter Brennspiritus und Gummiringe kaufen und in die Garage an der Kläranlage bringen, dabei blicken sie sich immer wieder auffällig um. In den darauffolgenden Tagen werden die beiden auch bei Beate Zschäpe gesehen. Der Verfassungsschutz schickt laut Akten am 8. Januar 1998, also mehr als einen Monat später, ein Schreiben mit den Observationsergebnissen ans LKA. Dieses Schreiben ist als »VS-vertraulich« eingestuft, damit ist es für das LKA nicht einfach verwertbar. Jürgen Dressler sagt vor dem Thüringer Untersuchungsausschuss aus, er habe auf einen »offenen« Bericht gedrungen, diesen aber vom Verfassungsschutz nicht bekommen. Die Ermittler bemühen sich bei Staatsanwalt Gerd Michael Schultz um einen Durchsuchungsbeschluss. Schultz stimmt zu, legt aber fest, dass eine Festnahme erst nach dem Auffinden von Beweismitteln und auch dann erst nach einer Rücksprache mit der Staatsanwaltschaft erfolgen soll. Das Schreiben des Verfassungsschutzes kennt er, aber Schultz ist der Ansicht, es sei nicht gerichtsverwertbar, demzufolge sieht die Beweislage schlecht aus. Ein paar Tage vor der Durchsuchung wird Schultz krank und muss ins Krankenhaus. Deshalb kann ihn der Einsatzleiter Dieter Fahner am 26. Januar 1998 nicht erreichen. Darüber ist Schultz heute sehr verwundert, im Thüringer Untersuchungsausschuss sagt er, die Polizei könne bei Gefahr im Verzug natürlich selbstständig handeln und festnehmen. »Das sind keine Dorfpolizisten.« Und dass es Stunden dauert, bis die Polizei seinen Vertreter erreicht, kann er nicht glauben. Ein Staatsanwalt habe immer Bereitschaft, eine »Nichterreichbarkeit« schließt er aus. Am 26. Januar um die Mittagszeit ordnet Schultz' Vertreter schließlich die vorläufige Festnahme des Trios an.

Die Durchsuchung stützt sich auf einen Bericht des Verfassungsschutzes, von dem alle der Meinung sind, dass er nicht verwendet werden kann. Einen Tag nachdem die Polizisten 1,4 Kilogramm TNT gefunden haben, am 27. Januar, nimmt Schultz' Vertreter die Anordnung zur vorläufigen Festnahme wieder zurück. Er sieht keinen dringenden Tatverdacht. Im Thüringer Untersuchungsausschuss erinnert er sich, warum: Er habe zu den LKA-Beamten gesagt, sie sollten Belege bringen, Spuren, damit er einen Bezug zwischen Böhnhardt, Mundlos und Zschäpe und dem, was in der Garage gefunden wurde, herstellen könne. »Das Hauptproblem war, dass auf dem Bericht vom Verfassungsschutz noch immer ›vertraulich‹ stand und ich ihn so nicht verwenden konnte. Wenn ich ihn nicht in die Akte hängen kann, hilft er mir nicht.« Es sieht aus, als bemühten sich alle Beteiligten aus Furcht oder Unsicherheit um höchste formale Korrektheit.

Der damalige Leiter des Referats Rechtsextremismus des Thüringer Verfassungsschutzes behauptet vor dem Untersuchungsausschuss, das Schreiben des Verfassungsschutzes sei schon früher freigegeben worden. Außerdem hätten Polizei und Staatsanwaltschaft den Bericht verwenden können, ihn nur nicht in die Akte nehmen dürfen. In den Akten trägt das Schreiben des Verfassungsschutzes an das LKA das Datum des 28. Januar 1998. Erst zwei Tage nachdem das Trio verschwunden ist, wird der Bericht herabgestuft – »nur für den Dienstgebrauch«. Und der Verfassungsschutz gibt den Ermittlern noch einen zusätzlichen Hinweis: Die drei wollten sich über Belgien in die USA absetzen. Danach werden eilig Haftbefehle erlassen. Nun sind Böhnhardt, Zschäpe und Mundlos fort, viele Fragen bleiben. Ist das eine unglaubliche Aneinanderreihung unglücklicher Umstände, Gerangel verschiedener Behörden – oder wollte man die drei gar nicht fassen?

»Diesen Verdacht kann man schon haben«, sagt Thomas Matczak. Auch er kommt mit seinen Fragen nicht weiter: Musste die Durchsuchung unbedingt an jenem Tag stattfinden, sollte sie gar diesen Verlauf nehmen? Warum war Jürgen Dressler nicht dabei? »So etwas ist das Salz in der Suppe für einen Ermittlungsführer, da muss er als Ansprechpartner für sein Team da sein.« Am 26. Januar 1998 geht Matczak nach seiner Rückkehr ins Präsidium zu seinem Chef und berichtet ihm vom Verlauf der Durchsuchung. Matczak sagt, sein Chef habe sich fürchterlich darüber aufgeregt, dass Böhnhardt weg sei, und habe gesagt, das sei an Dilettantismus nicht zu überbieten. Die Polizisten hätten Böhnhardt festnehmen können, auch ohne Rücksprache mit einem Staatsanwalt. »So ein heilloses Durcheinander habe ich nie wieder davor oder danach erlebt«, sagt Matczak. Gegen zwei Uhr nachmittags gibt es in Jena eine zweite Dienstbesprechung. Stunden nach der Durchsuchung fahndet Matczak nach Uwe Böhnhardt, der gerade vor ihm stand. Warum noch einmal so viel Zeit zwischen dem Bombenfund und dem Beginn der Suche vergeht, kann Matczak bis heute keiner erklären. »Das ist nicht der Normalfall«, sagt er.

Anfang November 2011 arbeitet Matczak in seinem Garten, als er im Radio die Meldung vom Tod Uwe Böhnhardts und Uwe Mundlos', von der Entdeckung des Trios, hört. All die Merkwürdigkeiten kommen ihm wieder in den Sinn. Seitdem herrscht in Matczaks Leben der Konjunktiv, seitdem fragt er sich, was gewesen wäre, wenn er sich damals anders verhalten, wenn er sich durchgesetzt hätte. Hätte er den NSU verhindern können?

Diese Frage stellt sich in gewisser Weise auch Mario Melzer. Er wird erst am Nachmittag des 26. Januar 1998, als alle Kräfte mobilisiert werden, nach Jena gerufen. »Als ich mitgekriegt habe, dass die drei weg sind, bin ich ausgerastet. Ich habe mich maßlos geärgert. Sie standen für mich immer als Täter fest.« Er streitet sich heftig mit seinem Chef, EG-Tex-Leiter Dressler, der inzwischen von seinem Computerkurs zurückgekehrt ist. Jede weitere Erinnerung an jenen Nachmittag habe er verloren, sagt Melzer. Der damalige Leiter der Zielfahndung, mit dem Melzer befreundet ist, bemüht sich, ihn als Kenner der Szene zur Unterstützung in sein Team zu holen. Drei Wochen kämpft er um Melzer. Schließlich wird seine Versetzung untersagt. Ohne Begründung. Eine weitere Merkwürdigkeit. Bald nach der Durchsuchung wird Mario Melzer in die Zentralstelle zur Bekämpfung der SED- und Funktionärskriminalität »abgeordnet«. Er widmet sich fortan Verbrechen aus den fünfziger und sechziger Jahren. Melzer ist raus.

Doch in seinem Inneren arbeitet der Fall weiter. Gemeinsam mit seinem Freund, dem Fahndungschef, fragt er sich in den folgenden Jahren stets: Wo sind die drei? Sie machen sich Sorgen darüber, was das Trio im Untergrund treibt, fürchten, dass es weitere Bombenanschläge plant. Das Schicksal von Böhnhardt, Zschäpe und Mundlos treibt den Fahndungschef bis zu dessen Tod 2006 um. Melzer muss dabei zusehen, wie sein Freund und dessen Zielfahndungsteam, die bis dahin fast alle Flüchtigen finden, an diesen drei jungen Leuten in ihren frühen Zwanzigern scheitern.

Im LKA Thüringen wird damals darüber diskutiert, ob der Thüringer Verfassungsschutz das Trio deckt, entsinnt sich Melzer. Niemand kann sich erklären, wie die drei es schaffen, innerhalb weniger Stunden vollkommen zu verschwinden. Das erscheint den Ermittlern und auch der Staatsanwaltschaft so außergewöhnlich, dass sie gemeinsam eine schriftliche Anfrage an den Thüringer Verfassungsschutz formulieren: ob die drei möglicherweise für den Verfassungsschutz arbeiteten, ob das Landesamt wisse, wo sie sich aufhielten, oder sie gar unterstütze, erinnert sich Staatsanwalt Schultz vor dem Untersuchungsausschuss des Bundestages. Der Verfassungsschutz beantwortet alle Fragen mit Nein.

Vielleicht gibt es eine andere Erklärung für das Agieren des Landesamtes: Ein Verfassungsschützer, der damals einen gewissen Einblick hatte, sagt, der Thüringer Verfassungsschutz habe zu dieser Zeit großen Wert darauf gelegt, dass niemand außerhalb der eigenen Behörde erfährt, dass er Tino Brandt als V-Mann führt. Er hält es zumindest für vorstellbar, dass der Schutz dieser brisanten Verbindung das Handeln der Verfassungsschützer auch in Zusammenhang mit dem Untertauchen des Trios mitbestimmt haben könnte.

Im Jahr 2009 hat Mario Melzer einen Unfall, im Krankenhaus hat er viel Zeit zum Nachdenken. Böhnhardt, Zschäpe und Mundlos kommen ihm wieder ins Gedächtnis. Er fasst den wahnwitzigen Plan, sich beim Verfassungsschutz zu bewerben, um eventuell auf diesem Weg herauszufinden, wo sie stecken. Der Verfassungsschutz hat kein Interesse an Melzer.

Von der Mordserie an Migranten hat Melzer gehört. »Dass das Trio Menschen umbringt, das wollte man sich nicht vorstellen.« Mario Melzer wäre niemals auf die Idee gekommen, dass eine Terrorzelle wie der NSU aus der Kameradschaft Jena entstehen könnte. Letztlich hat auch er das Trio unterschätzt.

Wie Thomas Matczak erfährt Melzer vom NSU 2011 aus dem Radio. »Ich bin bald umgefallen. Ich war fix und fertig.«

Sogleich ruft er seinen Chef an, will dem BKA erzählen, was er weiß, bekommt aber keine Genehmigung. Erst später darf er beim BKA aussagen. Er will die Ermittlungen der Besonderen Aufbauorganisation »BAO Trio«, einer Einheit, die sich mit den NSU-Morden befasst, unterstützen. Es heißt, als potenzieller Zeuge dürfe er nicht an den Ermittlungen teilnehmen. Andere Kollegen wirken dort trotzdem mit, und Melzers ehemaliger Chef Jürgen Dressler ist eine Zeit lang sogar in der »AG Kommission«, die den Untersuchungsausschüssen zuarbeitet und Akten zusammenstellt.

Melzer macht sich Vorwürfe, er hätte damals noch stärker auf Aufklärung drängen müssen. Der Konjunktiv herrscht nun auch in Melzers Leben. »Ich hätte mehr nachhaken müssen.« Deshalb sagt er heute stundenlang in den Untersuchungsausschüssen aus, einmal in Thüringen redet er bis kurz vor Mitternacht, da haben fast alle Zuhörer und Journalisten den Saal längst verlassen. Melzer will aufklären. Er will sich selbst erklären, was damals geschehen ist.

Zur Vorbereitung auf seine Aussage im Bundestagsuntersuchungsausschuss darf er Anfang dieses Jahres im Bundesjustizministerium Akten einsehen. Melzer blättert 34 Bände durch. Was er darin liest, entsetzt ihn. Zum ersten Mal erfährt er von den Vorabsprachen zwischen dem Staatsanwalt und den Ermittlern vor der Durchsuchung. Das gebe es sonst nicht, sagt Melzer. Der Durchsuchungsbeschluss sei auch »untypisch«. Gewöhnlich würden zeitgleich Autos und Wohnungen der Beschuldigten durchsucht. Am meisten irritiert ihn die Rolle, die der Thüringer Verfassungsschutz bei der Durchsuchung spielt, dass der Observationsbericht noch bis zum 28. Januar »vertraulich« bleibt. Anscheinend hätte Melzer diese Akten gar nicht sehen sollen. Seine Behördenleitung fordert dazu nun von ihm eine Stellungnahme. Melzer hat seinen Anwalt angerufen. Der Ermittler, der aufklären will, gerät jetzt selbst unter Druck.

Seit Melzer ausgesagt hat, ist es sehr still geworden in seinem Büro. Mails bekommt er kaum, Anrufe sind selten geworden. Melzer kommentiert dies mit den Worten: »Ist schon putzig.«

Er arbeitet heute im Bereich der Korruptionsbekämpfung des LKA. Kollegen fragen ihn, warum er nicht krankgeschrieben sei. »Die Wahrheit ist doch keine Krankheit«, antwortet er ihnen.

Thomas Matczak klingelt 15 Jahre nach der Durchsuchung nicht an der Tür der Böhnhardts. Durch Zufall treten Uwe Böhnhardts Eltern an diesem Tag im Mai aus dem Haus. Sie gehen gebeugt, als müssten sie sich ducken, laden ein paar Taschen in den Kofferraum ihres Wagens und fahren fort. Es wirkt wie eine Wiederholung der Szene vom 26. Januar 1998, nur mit anderem Personal. Wieder steht Matczak einige Meter entfernt und schaut zu. Er spricht die Böhnhardts nicht an. Es ist ihm unangenehm. Kurze Zeit später, am 6. Juni 2013, sagt Böhnhardts Mutter dann vor dem Thüringer Untersuchungsausschuss aus. Eine neue Version. Ihr Sohn sei keineswegs rasch nach Beginn der Razzia geflohen. Er habe die Beamten zu einer anderen Garage begleitet, sei »vorneweg gefahren«. Das jedenfalls habe ihr Sohn ihr später bei einem konspirativen Treffen erzählt. So viele Versionen, so viele Fragen, und im Prinzip hat Matczak die gleichen Fragen wie Melzer: Warum wurden nicht zeitgleich auch die Wohnungen durchsucht, und warum hat man sich sklavisch an die Rücksprache mit dem Staatsanwalt gehalten? Aber Matczak befürchtet, dass am Ende nur ein Kollege die ganze Verantwortung tragen muss: Dieter Fahner, der an jenem Januartag den Einsatz leitete. »Ich will im Kollegenkreis nicht als Nestbeschmutzer dastehen und niemanden an die Wand drängen.« Fahner kann sich nicht verteidigen, nicht im Untersuchungsausschuss aussagen. Er ist schwer krank.

Wie reagieren die Kollegen darauf, dass Matczak eine andere Version erzählt? Er wiegt den Kopf, es sei komisch, aber darüber werde innerhalb der Polizei nicht gesprochen. Er ist so enttäuscht von dem Einsatz, dass er sich versetzen lässt, erst in den Bereich Interne Ermittlungen, später dann zur Drogenfahndung. In den darauffolgenden Jahren denkt er nicht mehr an die drei Verschwundenen. Er hört von der Mordserie an den

Migranten. Ein rechtsextremer Hintergrund kommt ihm dabei »nicht ansatzweise« in den Sinn.

Die Frage bleibt, ob es etwas geändert hätte, wenn er damals gehandelt, wenn er Uwe Böhnhardt festgenommen hätte. Matczak steht auf dem Gehweg, in sich versunken. »Das muss man ausblenden«, sagt er. »Ich hatte an dem Tag keinen Handlungsspielraum. Als Zugeordneter kann ich nicht in die Ermittlungen hineinlangen. Das macht keiner. Das gehört sich nicht.« Er schweigt. Dann: »Ich bin mit mir im Reinen.«

Seit Januar dieses Jahres ist er zurück in seiner alten Abteilung, dem Staatsschutz. Matczak beschäftigt sich wieder mit Rechtsextremen. Hat sich etwas verändert? »Die Tatsache, dass es rechtsextremen Terror gibt, war eine Zäsur«, sagt er. Nun beobachtet Matczak, dass eine jüngere Generation die Führung der rechten Szene in Jena übernimmt. Er fragt sich, ob sie in der Lage ist, sich zu radikalisieren. Wie das Trio damals. Thomas Matczak beantwortet sich die Frage selbst mit Nein. Genauso hätte er damals bei Böhnhardt, Mundlos und Zschäpe geantwortet.

(Mitarbeit: Yassin Musharbash und Ute Zauft)

Wie es weiterging: Mario Melzer ist seit Anfang 2014 krankgeschrieben. Er musste wegen einer Vergiftung notoperiert werden. Die Ursache ist bis heute ungeklärt. Außerdem wurde ein Ermittlungsverfahren wegen Aussageerpressung gegen ihn geführt, das im Mai 2014 eingestellt wurde. Viele Freunde und Kollegen haben sich aus Angst von ihm abgewandt. Thomas Matczak arbeitet noch immer beim Staatsschutz in Jena.

DIE KANZLERIN

Wie Angela Merkel sich bemüht, kein Geräusch zu verursachen, und trotzdem den Ton angibt

Ein Sonntag Anfang Juli 2009. Kaum jemand hat sie kommen sehen. Sie nimmt den Seiteneingang, wie so oft. Sie ist Meisterin des lautlosen und überraschenden Erscheinens. Als die Kanzlerin schließlich die Bühne auf dem Tierparkfest in Stralsund betritt, ruft der Zoodirektor in die Menge: »Es wird wirklich wahr, ich begrüße Doktor Angela Merkel!«

In diesen Tagen löst die Kanzlerin überall, wo sie auftaucht, Erstaunen aus, wie ein Wesen, das man nur aus dem Fernsehen kennt, von dem man aber eigentlich nicht glaubt, dass es tatsächlich existiert. Als sich Merkel später auf der Bühne mit Frank Schöbel unterhält, filmen die Zuschauer ihre Begegnung mit den Handys. Das Mikro ist aus. Und so filmen die Zuschauer die stummen Lippenbewegungen eines DDR-Starsängers, den im Westen kaum jemand kennt, und einer Kanzlerin, von der manche nicht glauben, dass sie aus dem Osten stammt. Zu Hause werden sich die Menschen Merkels Auftritt auf den Bildschirmen noch einmal ansehen, und dann wird es wieder so sein wie im Fernsehen, unwirklich. So, als sei sie gar nicht da gewesen.

Wer ist die wirkliche Angela Merkel? Es ist nicht ganz einfach momentan, etwas über sie zu erfahren, ihre jüngere Schwester soll ihr nahestehen, aber die Familie will nicht über die Kanzlerin sprechen, ihr Mann schweigt so ausdauernd, dass ihn inzwischen viele dafür bewundern, und diejenigen, die jeden Tag mit ihr arbeiten, reden nur in Hintergrundgesprächen über sie. Je näher sie ihr sind, desto weniger sagen sie öffentlich. Wer in der Nähe der Kanzlerin bleiben möchte, ist besser still.

Ein Montag im August, Besuch bei Birgit Breuel. Sie hat sich erst nach mehreren Telefonaten bereit erklärt zu reden – über die Kanzlerin, die sie gut kennt. Nun empfängt sie in ihrem Haus in Hamburg mit Blick auf die Elbe und trägt eine Sonnenbrille. Sie sieht aus, als bereue sie ihre Zusage. Kaffee serviert sie nur für den Gast, sie selbst trinkt nichts. Gemütlich soll es nicht werden. Ist sie mit der Kanzlerin befreundet? Diese Frage ist Birgit Breuel zu privat. »Wir mochten und mögen uns.« Sie haben sich 1991 kennengelernt, damals war Breuel Präsidentin der Treuhand und »bestgehasste Politikerin Deutschlands«, wie sie selbst sagt. Die junge Frauenministerin Merkel schickte ihr einen Brief. »Es war das netteste Schreiben, das ich von einem Minister bekommen habe.« Was darin stand, sagt sie nicht. »Angela Merkel verstand das, was wir bei der Treuhand machten, und hat uns nicht nur in eine Ecke gestellt.« Dann zogen beide durch Zufall in zwei nebeneinanderliegende Wohnungen in der Berliner Wilhelmstraße. Dort haben sie sich öfter getroffen und geredet. »Sie hat mir geholfen, ostdeutsche Befindlichkeiten zu verstehen. Ich habe ihr das westdeutsche politische Männerdickicht erklärt. Sie kam ja völlig neu in die Partei, war bald schon stellvertretende CDU-Vorsitzende. Klar, dass ihr da Steine in den Weg gelegt wurden.«

Betrachtet man die Lebensläufe von Breuel und Merkel, finden sich einige Parallelen. Breuel war die erste Frau, die für die CDU ein »hartes Ressort« übernahm, das Finanzministerium in Niedersachsen. Als Treuhandchefin galt sie eine Zeit lang als mächtigste Frau Deutschlands. Sie hat ihre Privatsphäre stets streng geschützt, und auch ihren Mann hat man so gut wie nie in der Öffentlichkeit gesehen. »Sie brauchen ein Refugium, sonst ist dieser Job völlig undenkbar!«, sagt Breuel und verstummt wieder. Bis heute reden Breuel und Merkel öfter miteinander, wie oft, mag Breuel nicht sagen. Sie sagt, sie schätze Merkels bescheidene Art. Aber das reiche nun wirklich. Mehr habe sie nicht zu erzählen.

Angela Merkels Respekt vor dem Gesprochenen, dem Lauten, dem Nicht-wieder-Zurücknehmbaren dauert nun schon ihr ganzes Leben an. Als Pfarrerstochter in der DDR konnte jedes Wort eine Gefahr bedeuten, über die Zukunft entscheiden. Als Physikerin an der Akademie der Wissenschaften musste sie damit rechnen, dass um sie herum auch Spitzel arbeiteten. Als ostdeutsche Frau in der Bundespolitik hätten unachtsame Äußerungen ihrer Karriere ein jähes Ende bereiten können. Nun als Kanzlerin ist selbst ihr Schweigen von Belang. Wenn man Angela Merkel heute fragt, was ihr schönstes Erlebnis nach dem Mauerfall gewesen sei, antwortet sie: »Nicht davor Angst haben zu müssen, was unbedachte Worte auslösen könnten. Nicht davor Angst haben zu müssen, dass einer ins Gefängnis kommt, weil er seine Meinung gesagt hat. Das Schlimmste, was heute passieren kann, ist eine Schlagzeile morgen in der Zeitung.«

Vor neun Jahren hat sie in der *ZEIT* auf dieselbe Frage geantwortet: »Amerika sehen. Kalifornien. San Diego.« Das war vor dem 11. September und dem Krieg gegen den Terror. Ihre Begeisterung für die USA klänge heute anders als damals. Auch darauf muss sie achtgeben: wie die Mehrheit denkt. Sie darf eine Meinung möglichst erst dann äußern, wenn sie populär ist. Eine Mitarbeiterin aus dem Kanzleramt sagt, sie kenne keinen Politiker mit einem solchen Gespür für Timing wie Angela Merkel. Dafür, wann sie etwas sagt und wie laut.

Woher aber weiß sie, die Physikerin aus dem Osten, was die Deutschen gerade hören mögen und in welchem Ton?

Die Kanzlerin hegt eine tiefe Abneigung gegen alles, was Lärm macht, die Aufmerksamkeit auf sie lenkt. Sie mag kein Blaulicht, keine große Eskorte, keine überambitionierten Personenschützer. Niemals würde sie in einem TV-Duell ihrem Mann die Liebe erklären, so wie Gerhard Schröder das für seine Frau getan hat, niemals würde sie wie Helmut Kohl vor Publikum die eigenen Mitarbeiter niedermachen. Schröder und Kohl waren am Ende so laut, dass sie kaum noch jemanden hören konnten außer sich selbst. Dabei bekamen sie nicht mit, dass die meisten Deutschen längst den Ton abgedreht hatten. Merkel ist stiller, so hört sie mehr.

Wenn sie einmal ihre Stimme hebt, fällt das auf. Das weiß sie. Der Brief gegen Helmut Kohl, den sie im Dezember 1999, auf dem Höhepunkt der Parteispendenaffäre, in der *FAZ* veröffentlichte, war für ihre Verhältnisse ein Aufschrei. Ohne diese Veränderung der Lautstärke wäre sie vermutlich nie Kanzlerin geworden. Sie beherrscht das Spiel mit den Tönen perfekt, Töne sind ihre Instrumente der Macht.

Durch Briefe wie den an Breuel, durch ständiges Kommunizieren, hat sich Angela Merkel über die Jahre ein Netzwerk von Unterstützern aufgebaut. Lautlos im Hintergrund. Mit 40 bis 50 Menschen innerhalb und außerhalb der Partei schreibt sie sich regelmäßig SMS. Ein langjähriger Vertrauter bezeichnet diesen Kreis als das »Merkel'sche Sonnensystem«. Auch frühere Mitarbeiter, die nicht mehr in ihrer unmittelbaren Umgebung weilen, erzählen, dass es nie länger als drei Stunden dauere, bis die Kanzlerin auf ihre Kurzmitteilungen antwortet.

Angela Merkel hat sehr spät laufen gelernt, sprechen hingegen konnte sie sehr früh. »Wenn sie keine körperliche Kompetenz entwickeln können, entwickeln sie dafür kommunikative Kompetenz«, sagt der Bochumer Sozialwissenschaftler Ulrich Sollmann, der Wirtschaftsführer und Spitzenpolitiker berät.

Einer von Merkels frühen politischen Förderern war Lothar de Maizière. Er arbeitet nun als Anwalt in Berlin, von seinem Kanzleifenster blickt er auf einen Friedhof. Angela Merkel war seine Sprecherin, als er der letzte Ministerpräsident der DDR wurde. De Maizière war es, der Kohl Angela Merkel als Ministerin empfahl, damit die Ostler sich nicht blamierten, wie er sagt. In den folgenden Jahren konnte er ihr beim Aufstieg zusehen, während seine politische Karriere 1990 frühzeitig endete, als ihm vorgeworfen wurde, er sei IM der Staatssicherheit gewesen.

Lange befand sich seine Kanzlei in dem Haus am Kupfergraben, in dem Merkel bis heute wohnt. Nun ist de Maizière die Miete zu teuer geworden. Früher haben sich die beiden manchmal noch zufällig im Treppenhaus getroffen. Im Frühjahr 2000, nachdem Merkel mit 96 Prozent der Stimmen zur CDU-Vorsitzenden gewählt worden war, da hat de Maizière sie gewarnt: Das Ergebnis sei gefährlich, es heiße, ihre Feinde duckten sich weg. Er riet ihr: »Mach Menschen zu deinen Beratern, die nichts mehr werden wollen.« Damit meinte er wohl vor allem sich selbst. Merkel hat nicht auf ihn gehört. Sie sehen sich heute nicht mehr oft. Neulich war er mal bei ihr im Kanzleramt und brachte ein Papier mit, auf dem er gemeinsam mit Freunden ein paar Gedanken zum Wahlkampf notiert hatte. Merkel habe gesagt: »Gib mal her. Ich will sehen, was Leute aufschreiben, die nicht wissen, dass ich das lese.« Immer mehr Menschen in ihrer Nähe bemühen sich, sich in ihre Hirnwindungen hineinzudenken, und sie wird immer vorsichtiger. »Sie will alles kontrollieren«, sagt de Maizière. Einmal hat er sie eine »Westpolitikerin« genannt, weil sie sich nach den Umfragen richte. Das hat sie ihm übelgenommen. Jetzt sagt er: »Ich war ein Ostpolitiker. Sie ist gesamtdeutsch.«

Ein Dienstag im August, Kongress der Union zu 20 Jahren deutscher Einheit in Weimar. Die Kanzlerin beginnt ihre Rede mit einer »Rückbesinnung« auf den Mauerfall. Das klingt, als läge er nicht 20, sondern 100 Jahre zurück. Vielleicht fühlt es sich für sie tatsächlich so an. Dieses andere Leben in diesem komischen grauen Land, in dem sie Geschwindigkeitskonstanten von Elementarreaktionen am Beispiel einfacher Kohlenwasserstoffe berechnete, muss ihr heute vollkommen unwirklich vorkommen.

Es folgen Textbausteine, die Merkel im Augenblick in all ihren Vorträgen verwendet: die Wirtschaftskrise, dass Deutschland gestärkt aus ihr hervorgehen und dass es internationale Regeln für die Finanzmärkte geben müsse. Und dann ist es plötzlich vorbei. Das Publikum scheint einen Moment lang ratlos zu sein. Drei Männer erheben sich und klatschen, alle anderen bleiben sitzen. Es war keine emotionale Rede. Angela Merkel hat kaum »ich« gesagt, sondern über »die Menschen in der DDR« gesprochen, als gehöre sie nicht dazu. »Sie macht nichts, um einfach mal zu punkten«, sagt ihr Sprecher Ulrich Wilhelm. Merkel hat ihre Herkunft aus dem Osten nie verheimlicht, sie hat sie jahrelang, wie bei einem Handy, auf lautlos gestellt. Und nach einer Weile haben es die Deutschen irgendwie vergessen. Sie hat sich das System Bundesrepublik still angeeignet, ihr Lernvermögen ist enorm, davon erzählen alle, die einmal mit ihr gearbeitet haben.

»Helmut Kohl tat sich sehr schwer damit, einen einmal vertretenen Standpunkt zu verlassen. Angela Merkel kann sich auch einmal selbst korrigieren. Das macht das Regierungshandeln effizienter und fördert richtige Lösungen«, sagt Peter Hintze, Parlamentarischer Staatssekretär im Wirtschaftsministerium und einer von Merkels langjährigen Vertrauten. Er kennt sie beide gut – Kohl und Merkel. Unter Kohl war Hintze CDU-Generalsekretär, Merkel diente er schon 1991 als Staatssekretär im Frauenministerium. »Angela Merkel ist die erste gesamtdeutsche Kanzlerin«, sagt er.

Merkel wurde in Hamburg geboren und ist in Ostdeutschland aufgewachsen. Sie ist nicht Ost und nicht West. Sie stammt aus Templin, hat in Leipzig gelebt, in Bonn und nun in Berlin. Sie ist Mitglied der CDU, man könnte sie sich aber auch in einer anderen Partei vorstellen. Sie war Physikerin, jetzt ist sie Kanzlerin. Ihre Biografie suggeriert: Im Prinzip ist alles möglich. Wenn die Globalisierung in Deutschland Stellen ausschreiben würde, sie wäre ihre Traumkandidatin. Merkel scheint flexibel, umgänglich und unideologisch zu sein, aber auch ein wenig haltungs- und wurzellos. Sie ist von allem immer nur ein bisschen.

Wenn man Angela Merkel schließlich fragt, wofür sie steht, reagiert sie ein bisschen genervt: »Ich finde, dass man sehr gut erkennen kann, welche Sachen mir wichtig sind. Ich mache aber nicht so ein Gewese darum. Ich habe oft sehr klare und harte Verhandlungen geführt, zum Beispiel, als es um die Frage der Aufnahme von Georgien und der Ukraine in den Aktionsplan für eine Nato-Mitgliedschaft ging, da habe ich gesagt, so wird das nichts, und habe das auch durchgezogen. Dann ist mir der Klimaschutz ein wirkliches Anliegen, das zieht sich durch mein ganzes Leben. Und es kommt doch nicht von ungefähr, dass ich die Integrationsbeauftragte zu mir ins Kanzleramt geholt habe. Integration ist mir ein Herzensanliegen.« Merkel entwickelt keine Visionen, beschreibt nicht, was für ein Deutschland genau sie sich in der Zukunft vorstellt. »Ich habe noch keinen Politiker getroffen, der so weit gekommen ist wie sie und der keinen Gesellschaftsentwurf hat«, sagt Franz Müntefering. Wahrscheinlich hat die Kanzlerin gerade das mit den meisten Deutschen im Moment gemeinsam.

Einen klaren Gesellschaftsentwurf zu haben bedeutet, sich festlegen zu müssen. Aber um heute erfolgreich zu sein, ist es geschickter, beweglich zu bleiben. Alles kann sich ändern, ständig. Da halten viele es für besser, ihre Überzeugungen im Verborgenen zu halten, ja vielleicht gar keine klaren Überzeugungen zu haben, dann fällt es leichter, sie, wenn nötig, zu wechseln und an neue Gegebenheiten anzupassen. Genau diese Unbestimmtheit, diese Flexibilität, dieses Streben nach Harmonie werden auch der Kanzlerin immer nachgesagt. Angela Merkel ist so wie Deutschland im Augenblick. Deshalb gewinnt sie jede Beliebtheitsumfrage. Deshalb lachen die Deutschen nicht mehr über sie, wie der Kabarettist Reiner Kröhnert beobachtet hat, sondern mit ihr über andere. Deshalb will mehr als die Hälfte der Deutschen gern mit ihr Kaffee trinken gehen. Und deshalb gehen sie hin, wenn Merkel in ihren Städten auftritt.

Ein Mittwoch im September, Wahlkampf in Ludwigshafen. Die Landtagswahlen in Thüringen, Sachsen und im Saarland sind für die Union nicht so gut ausgegangen wie erhofft. Aber die Kanzlerin lobt vor 4000 Menschen auf dem Berliner Platz die Große Koalition: Sie habe gute Arbeit gemacht, auch wenn man gemeinsam mit der FDP sicher noch bessere Arbeit machen könne. Merkel ändert ihre Tonlage nicht, sie greift nicht an. Vielleicht ist das der Wahlkampf, der ihrem Wesen am meisten entspricht. Er ist so leise, dass ihn kaum einer bemerkt.

Als die Kanzlerin am Ende die Bühne verlässt, sieht man sie noch ein paar Minuten auf der Videoleinwand, sie schreibt Autogramme, dann erscheint plötzlich ihr Rücken. Das Bild wird schwarz. Sie ist verschwunden. Lautlos.

Wie es weiterging: Angela Merkel wurde Ende 2013 zum dritten Mal zur Bundeskanzlerin gewählt.

Battke
Kein deutsches Blut für fremde Interessen:
RAUS AUS AFGHANISTAN!
Die Amis kassieren
und unsere Jungs verrecken!
AKTION-WIDERSTAND.DE
Kampf
der Rotfront
ANTI-ANTIFA
ORGANISIEREN.
aktion-widerstand.de

ANGRIFF AUF NOAM

Wie ein jüdischer Junge in Sachsen-Anhalt verprügelt wird, aber die Kleinstadt zum Täter hält

Als Noam Kohen am 16. April 2010 mit dem Regionalzug aus Naumburg zurückkehrt, ist sein Leben in Deutschland noch in Ordnung. Es ist 18 Uhr, er kommt vom Friseur, alles sieht nach einem gewöhnlichen Abend aus. Ein paar seiner Schulfreunde sitzen an der Bushaltestelle vor dem Bahnhof in Laucha, Sachsen-Anhalt. Noam setzt sich zu ihnen. Kurz darauf kommt Alexander P. vorbei. Er ist 20 und trägt Glatze. Ohne Warnung schlägt er Noam ins Gesicht und brüllt: »Geh zurück, wo du hergekommen bist. Du Judenschwein!«

Noam versucht zu fliehen, rennt die Straße hinunter. Alexander P. verfolgt ihn, zerrt an der Jacke des Jungen, wirft ihn zu Boden, schlägt und tritt ihn. Sechs Zeugen sehen dabei zu, sie versuchen den Täter zu stoppen – »verbal«, wie es später im Polizeideutsch heißen wird. Sie greifen nicht ein. Bis ein Autofahrer anhält und Noam rettet.

Noam ist vor acht Jahren mit seiner Mutter und seinem Bruder aus Israel nach Laucha gezogen. Seine Mutter hatte sich während eines deutsch-israelischen Sportleraustausches in den Deutschen Olaf Osteroth verliebt. Noam ist nicht der richtige Name ihres Sohnes, den echten will sie nicht in der Zeitung lesen. Noam ist 17. Und seine Mutter hat Angst um ihn.

Olaf Osteroth, Noams Stiefvater, sitzt in seinem Jeep vor dem Bahnhof und zeigt auf den Tatort. Es regnet, graue Häuser säumen die Straße. Menschen sind nicht zu sehen. Laucha liegt an der Unstrut, mitten im Weinanbaugebiet, die Landschaft ist lieblich. Osteroth will gerade weiterfahren, als ein Auto vor seinem Jeep stoppt. Ein Mann in einem blauen Arbeitsanzug steigt aus. Der Elektromeister von Laucha. Der Mann kommt auf Osteroth zu und beginnt zu reden, klagt über zu wenig Arbeit, zu wenig Aufträge, zu wenig Geld. Den Angriff auf Osteroths Stiefsohn erwähnt er mit keinem Wort. »Hast du gehört, was passiert ist?«, fragt Osteroth ihn schließlich. »Ja«, sagt der Elektriker und schaut weg. Er kennt die Familie des mutmaßlichen Täters schon lange, einmal hatte er einen Auftrag von einer der Töchter. »Die hat die Rechnung sofort bezahlt, da kannste nicht meckern«, sagt er. Darauf wird geachtet in der Kleinstadt. Dass alles ordnungsgemäß läuft. Osteroth sieht irritiert aus. Für ihn hat sich alles verändert, für den Elektromeister ist alles gleich geblieben. Seit eine israelische Zeitung über den Angriff auf Noam berichtete, klingelt bei Osteroth zu Hause andauernd das Telefon. Verwandte seiner Frau aus Israel fragen, was in Deutschland los sei. Warum sie dort blieben.

Wie sollen Osteroth und seine Frau erklären, dass in Deutschland im Jahr 2010 ein Junge auf der Straße verprügelt wird, weil er Jude ist?

»Lutz Battke«, sagt Osteroth. Immer wieder fällt dieser Name in Laucha: Battke. Alexander P., der Name des mutmaßlichen Täters, rückt dabei fast in den Hintergrund. Für Osteroth ist Battke die heimliche Hauptfigur im Ort. Der Mann, der ein Klima geschaffen hat, in dem der Angriff auf Noam möglich wurde.

Lutz Battke ist Bezirksschornsteinfeger und sitzt als Parteiloser für die NPD im Stadtrat und im Kreistag. Die NPD kam bei den letzten Kommunalwahlen 2009 in Laucha auf 13,5 Prozent, das beste Ergebnis in ganz Sachsen-Anhalt.

Außerdem trainiert Battke die Fünf- bis Siebenjährigen beim Lauchaer Fußballklub BSC 99, auch Alexander P. spielte für den Verein. Osteroth zieht eine direkte Verbindung zu Battke: »Die Saat ist aufgegangen.«

Auf der Internetseite des Klubs halten mehrere Spieler eine Fahne in Rot, Weiß und Schwarz hoch. Es sind die Farben des Vereins – und der Reichskriegsflagge. Auf der Fahne steht das Wort *adorea*, lateinisch für Sieg. Zweimal pro Woche hat

Alexander P. bis vor kurzem im Klub trainiert, am Wochenende hatte er Spiele. Alexander P. gehörte gemeinsam mit Battkes Adoptivsohn zur ersten Mannschaft.

Landesweit bekannt wurde Battke, als das Landesverwaltungsamt versuchte, ihm aufgrund seiner politischen Einstellung den Kehrbezirk zu entziehen, damit aber vor Gericht scheiterte. Die Begründung: Battkes politische Überzeugungen hätten sich nicht auf seine Berufspflichten ausgewirkt. Jeder in Laucha kennt Battke, als Schornsteinfeger kommt er in jedes Haus. Viele sind durch den Fußballverein mit ihm verbunden. Auch der Elektromeister sagt: »Ich komme mit dem klar. Zum Geburtstag ruft er mich an.« Und seine rechtsradikalen Ansichten? »Von dem Scheiß will ich nichts wissen.« Den Angriff auf Noam könne man Battke nicht anlasten.

Ähnliche Sätze sagen jetzt viele in Laucha.

Als Olaf Osteroth vom Bahnhof aus weiterfährt, sieht er bestürzt aus. Von selbst spricht ihn niemand auf den Angriff an. Von selbst erkundigt sich auch kaum jemand, wie es seinem Stiefsohn geht. Er muss nachfragen, er muss daran erinnern. Meist beginnen seine Gesprächspartner, von ihren eigenen Problemen zu erzählen. Als sei dies eine Erklärung für das, was in Laucha geschehen ist.

Osteroth ist 47 Jahre alt, er stammt aus Hamburg, seit 1994 lebt er in Laucha. Damals war er Leiter der Deutschen Luftsportjugend. Er half mit, den alten Flugplatz wiederzubeleben. Inzwischen betreibt Osteroth eine Firma, die Heißluftballonfahrten organisiert. Bis zum Überfall hatte er den Eindruck, er sei gut integriert. Nun muss er der jüdischen Familie seiner Frau erklären, warum er sie mit ihren beiden Söhnen ausgerechnet in diese Kleinstadt im Osten geholt hat. Er muss sich für seinen Wohnort rechtfertigen. Osteroth sieht aus dem Wagenfenster, Regentropfen laufen die Scheibe herunter. »Das ist hier die Toskana Deutschlands«, sagt er.

Er hält vor einem kleinen hellblauen Haus hinter dem Gymnasium der Stadt. Seine Frau, Tsipi Lev, öffnet die Tür. Sie ist 50, groß, trägt ihre blonden Haare zu einem Pferdeschwanz gebunden. Im Wohnzimmer stehen antike Holzmöbel, an der Wand hängen Bilder, die sie selbst gemalt hat. Tsipi Lev hat das Haus und das Land dahinter gekauft, sie wollte in Laucha bleiben. Seit dem Angriff stellt sie sich selbst die Frage, die sie von ihren israelischen Verwandten am Telefon hört: Warum lebst du in Deutschland, im Land der Täter?

Der Angriff auf Noam erregt wegen ihrer Familiengeschichte besonders viel Aufmerksamkeit in Israel. Die Familie von Tsipi Levs Vater, Noams Großvater, wurde aus dem Warschauer Ghetto nach Auschwitz verschleppt und dort umgebracht. Nur der Vater konnte sich verstecken, überlebte als Einziger den Zweiten Weltkrieg und wanderte nach Palästina aus. Seiner Tochter hat er nie viel über seine Vergangenheit erzählt. Als ein amerikanisches Fernsehteam mit ihm über sein Leben sprechen wollte, bekam er einen Herzinfarkt, mit 47. Noams anderer Großvater war Trainer der israelischen Leichtathleten bei den Olympischen Spielen in München 1972. Er wurde bei der Geiselnahme von palästinensischen Terroristen getötet. Er starb auch, weil ein Versuch der deutschen Polizei scheiterte, die Geiseln zu befreien. Und nun der Angriff auf Noam. »Es war ein Schock«, sagt Tsipi Lev. »Ich wurde hysterisch. Es kann nicht sein, dass die dritte jüdische Generation nach dem Holocaust in Deutschland nicht frei auf der Straße herumlaufen kann.«

Bevor Tsipi Lev 2002 mit ihren beiden Söhnen nach Laucha kam, hatten sie und Olaf Osteroth lange darüber diskutiert, wo sie leben sollten. Am Ende entschieden sie sich für Deutschland, das Leben hier erschien ungefährlicher, friedlicher als in Israel. Anfangs pendelte Lev noch zwischen Tel Aviv und Laucha. Sie arbeitete als Chefchoreografin der Makkabiade, einer Art jüdischer Olympischer Spiele in Israel. Jetzt entwirft Tsipi Lev Schmuck und verkauft ihn auf Märkten überall in Deutschland. In der ersten Zeit in Laucha, sagt Tsipi Lev, habe sie sich gefühlt wie in einem »Röntgeninstitut«: Wo sie auch hinging, stets folgten ihr die Blicke der Einheimischen. In Laucha hatte sich herumgesprochen, dass sie aus Israel kam.

Bis zu dem Überfall auf Noam habe sie aber nie offenen Antisemitismus erlebt. Jetzt redet Tsipi Lev öfter von »den Lauchaern«, von »den Deutschen« in der Pluralform, dann unterbricht sie Olaf Osteroth. Sie fallen sich oft ins Wort, ihre Stimmen werden laut, überschlagen sich. Sie klagt an, er beschwichtigt. Eine Familie im Ausnahmezustand. Einig sind sie sich in ihrer Meinung zu Lutz Battke. »Das Konzept, diese Leute zu integrieren, ist gescheitert«, sagt Osteroth. Er selbst hat Battke vor Jahren einmal im Stadtrat erlebt. »Sie als Westdeutscher wollen uns hier ja erklären, was wir machen sollen …«, ging Battke Osteroth an, die Stimme theatralisch gehoben. Osteroth hat ihn nicht ernstgenommen. Damals.

Vielleicht haben sie deshalb auch Noams älteren Bruder fünf Jahre lang beim BSC 99 Fußball spielen lassen. Er war zusammen mit Alexander P. in einer Mannschaft. Von anderen hörte der Bruder manchmal Sprüche wie: »Wenn du schlecht spielst, schicken wir dich nach Buchenwald.« Zu Hause erzählte er davon nichts. Nach dem Abitur zog er schnell in die Großstadt, nach Berlin. Auch Noam spielte kurz im Verein. Mit Battke hatten beide kaum Kontakt, er trainiert die Kleinen. Jetzt denken Tsipi Lev und Olaf Osteroth darüber nach, ob sie zu lange gewartet, ob sie Battkes Macht unterschätzt haben. »Er gehört aus dem Verein geworfen«, sagt Osteroth.

Der Präsident des BSC 99, Klaus Wege, will nicht mehr über Lutz Battke sprechen und redet dann doch über ihn. Wege und Battke kennen sich seit langem. »Ich sehe menschlich und sportlich keinen Grund, ihn zu entlassen. Er hat die Gewalttat nicht begangen.« Alexander P. wurde als Spieler suspendiert. »Wenn er verurteilt wird, wird er aus dem Verein ausgeschlossen«, sagt Wege und fügt hinzu, dass es von Battke nie rechtsradikale politische Äußerungen auf dem Fußballplatz gegeben habe. Wie kann er das wissen? Wege fragt zurück, ob man den Verein vernichten wolle. Es klingt, als sei Battke der Verein. »Er ist unser bester Trainer. Wir haben keine große Auswahl, und er hat Erfolg«, sagt Wege. Außerdem sei die NPD eine legale Partei. »Das muss die Bundesregierung regeln, nicht der

BSC Laucha.« Wie geht es nun weiter? Klaus Wege schweigt, dann fragt er: »Ja, soll ich jetzt zurücktreten?« Eher würde der Präsident des BSC 99 Laucha sein Amt niederlegen, als einen Trainer zu entlassen?

Was ist geschehen in Laucha? Wie konnte ein NPD-Mitglied sich unentbehrlich machen in diesem Fußballklub? Wie konnte Lutz Battke ins Herz dieser Kleinstadt, in die Mitte der Gesellschaft, gelangen?

An der Haustür von Noams Familie klingelt es, ein junger Mann tritt ein – wuchtiger Oberkörper, kurze blonde Haare, mächtige Arme: Mario Träbert, Noams Retter. Wenn er an jenem 16. April nicht gewesen wäre – Noams Mutter mag diesen Satz nicht zu Ende sprechen, nicht zu Ende denken. Träbert wollte an jenem Freitagabend noch etwas einkaufen. Als er in die Straße einbog, die zum Bahnhof führt, sah er, wie Alexander P. auf Noam einschlug. »Das war keine Kabbelei«, sagt Träbert. Er bremste und schrie P. an. Der war so erstaunt, dass er für einen Augenblick von Noam abließ. So konnte Noam in Träberts Wagen flüchten. Er hatte Schwellungen, einen Fußabdruck auf seinem T-Shirt, aber keine offenen Wunden.

Warum hat Mario Träbert eingegriffen? Träbert schaut auf seinen Körper, grinst und sagt: »Ich bin ein bisschen besser bepackt als andere.« Eigentlich versteht er auch die Frage nicht ganz, was an seiner Hilfe besonders sein soll. Träbert ist 28, gerade Vater geworden, wohnt in einem Nachbarort und macht eine Umschulung zum Kaufmann. Im Rathaus gab es kürzlich eine Feierstunde zu Ehren des Retters von Noam. Träbert stand neben dem Innenstaatssekretär von Sachsen-Anhalt, Rüdiger Erben, und kam sich komisch vor. »Ich habe mich schon gefreut, aber ich habe etwas getan, was für mich normal ist.« Auf den Fotos von der Feierstunde steht Träbert in einen grauen Anzug gepresst, drückt einen Strauß Blumen an seine Brust und schaut verlegen nach unten. Träbert bekam einen Gutschein über 50 Euro für das Einkaufscenter »Schöne Aussicht« im benachbarten Leißling. Niemand aus seinem Umfeld hat ihn bislang auf seinen Einsatz angesprochen. Es gab weder

Zuspruch noch Ablehnung. Nichts. Die Kleinstadt schweigt laut.

Träbert verabschiedet sich gerade von Tsipi Lev, als Noam aus der Schule heimkehrt. Er ist groß, kräftig, trägt ein weites rotes T-Shirt und setzt sich neben seine Mutter auf das Sofa. Er erzählt nicht gern von dem Angriff, er möchte kein Vorzeigeopfer sein. Seine Mutter und sein Stiefvater sprechen für ihn, manchmal werden sie dabei laut, dann sieht er sie an, als sei ihm alles ein wenig peinlich. Als gehe es gar nicht um ihn. Noam hat sich kaum gegen Alexander P. gewehrt, alles ging so schnell, er wurde noch nie angegriffen. Hat sich nun etwas verändert? Hat er Angst? »Nee«, sagt Noam.

Er wird Alexander P. und dessen Familie wiederbegegnen – am Bahnhof, im Supermarkt, irgendwo auf der Straße. Die Wege in einer Kleinstadt führen immer wieder zueinander. Und der Fußballplatz liegt ganz in der Nähe von Noams Haus.

Noams Familie hat einen Monat gewartet, bis sie sich an die Öffentlichkeit wandte. Die Polizei hatte dazu geraten, damit in Ruhe die Zeugen vernommen werden konnten. Damit es nachher nicht hieße, die Familie habe Druck ausgeübt. In Laucha hat das Vorgehen trotzdem zu Irritationen geführt. Nun heißt es: Warum haben die so lange gewartet? Kann das überhaupt alles so stimmen?

Nach den ersten Meldungen in den Medien bekam die Familie viele Anrufe, Mails, Briefe aus ganz Deutschland. Unbekannte nahmen Anteil, sprachen Mut zu. Aus Laucha meldeten sich nur drei Menschen. Einer von ihnen war Wilhelm Ebbinghaus, ein ehemaliger Bürgermeister. Er schrieb: »Ich verurteile diese Lauchaer Fußballer, die es ermöglichten und guthießen, dass sich dieser Nazi der Jugend annehmen durfte.«

Die Polizei hat die Ermittlungen inzwischen abgeschlossen, Noam, Träbert und sechs Zeugen wurden befragt. »Im Wesentlichen wurden die Ausgangsinformationen bestätigt«, sagt Jörg Bethmann, Sprecher der Polizei im Burgenlandkreis. Der Fall liegt jetzt bei der Staatsanwaltschaft in Halle, sie wird gegen Alexander P. Anklage wegen Körperverletzung und Beleidigung erheben. Zweimal wurde er bereits wegen Körperverletzung verurteilt, zweimal wurde gegen ihn auch wegen der Verwendung von Kennzeichen verfassungswidriger Organisationen ermittelt. Diese Verfahren wurden aber eingestellt. Alexander P. hat zum Angriff auf Noam bisher nicht ausgesagt, er hat sich einen Anwalt genommen, Thomas Jauch aus Weißenfels. Mit einer Zeitung in der Hand hatte er die Kanzlei betreten, auf einen Bericht über seinen Angriff gedeutet und gesagt, er habe ein Problem. Jauch sagt, das Gespräch mit seinem Mandanten sei bisher »wenig ergiebig« gewesen, er warte auf Akteneinsicht. Für ein Interview mit seinem Mandanten sei es noch zu früh.

Normalerweise landen die Akten auf dem Tisch der Staatsanwaltschaft im nahen Naumburg, aber weil diesmal ein politischer Hintergrund vermutet wird, wurden sie nach Halle weitergegeben. Hans-Jürgen Neufang, Staatsanwalt in Naumburg, ist Alexander P. gut bekannt: »Wir sind eine kleine Behörde. Es gibt Namen, die tauchen immer wieder auf. Und das ist so ein Fall.« Er schaut in seinem Computer nach, findet dort mehrere alte Vermerke: gefährliche Körperverletzung, Sachbeschädigung, Bedrohung. Auch den Fußballtrainer Battke kennt der Staatsanwalt. »Wer kennt den hier nicht?«, fragt er. Einmal habe er bei einem Fußballspiel neben ihm gestanden. »Es hat mir gereicht, was ich da gehört habe.« Battke habe mit Blick auf einen schwarzen Spieler gerufen: »Hau den Nigger um.«

Es gibt in Naumburg und Umgebung viele solcher Geschichten über Battke. Der Innenstaatssekretär von Sachsen-Anhalt, Rüdiger Erben, erinnert sich noch daran, als er das erste Mal von Battke hörte. Es muss vor vier Jahren gewesen sein, als ihm ein Sportfunktionär erzählte, dass es einen Trainer beim BSC 99 gebe, den die Kinder »unseren Führer« nennen. Persönlich begegnete Erben Battke am Volkstrauertag auf dem Weißenfelser Friedhof, wo Erben eine Rede hielt und Battke mit seinen Mitstreitern versuchte, ihn zu stören. Auch auf Veranstaltungen, bei denen die Mörder des liberalen Politikers und Reichsaußenministers Walther Rathenau verherrlicht wurden, sei Battke aufgetreten, sagt Erben. Wenn der Innenstaatssekretär in Laucha nachfragte, hörte er immer nur: »Der kümmert sich um unsere Kinder.«

Diesen Satz hat auch Jana Grandi oft gehört. Sie sitzt im Rathaus von Freyburg, einem Nachbarort Lauchas, blickt auf den sanierten Marktplatz, neben ihr an der Wand hängt die Karte des Burgenlandkreises. Grandi ist Bürgermeisterin der Region Unstruttal, zu der auch Laucha gehört. Sie kennt Battke schon aus dem Stadtrat, da hat sie ihn noch belächelt. »Inzwischen bin ich sensibilisiert«, sagt sie. Seit 2007 erlebt sie Battke und die NPD im Kreistag, der Fraktionsführer der Partei trete äußerst aggressiv auf, sagt sie. Battke hingegen habe in den drei Jahren dort nur einmal etwas gesagt, meist grinse er einfach. Und dann sagt Grandi: »Ich bin selbst erstaunt, wie lange der Fußballverein Battke schon gewähren lässt.«

Hätte sie nicht auch etwas unternehmen können? »Wenn der Staat es nicht fertigbringt, ihm die Kehrerlaubnis zu entziehen und die NPD zu verbieten, was sollen wir hier unten dann machen?«, fragt Grandi. Dann erzählt sie, wie die Region ausblute: Alle Jungen und Hochgebildeten zögen weg, auch ihr eigener Freundeskreis sei dezimiert. Und die Kinder von Laucha werden von Lutz Battke trainiert.

Battke wohnt an einer der Hauptstraßen von Laucha, im Hof parkt sein Motorroller, eine braune Schwalbe, darauf kleben Sticker: *Ein Herz für Kinder, Ein Herz für Deutschland* und *Unsere Soldaten sind keine Verbrecher. Die beste Truppe der Welt*. Vor der Wohnungstür im ersten Stock stehen Turnschuhe, ordentlich aufgereiht. Battke öffnet die Tür, er ist groß, Anfang 50, trägt schwarze Jogginghosen, eine Vokuhila-Frisur und Hitlerbärtchen. Er grinst, wird schnell sehr laut und sagt nur, dass er nichts sagen werde. Dabei grinst er noch immer, als trete er in einer Theaterkomödie auf. Was sagt er zu dem Vorfall mit dem jüdischen Jugendlichen? Battke knallt die Tür zu, macht sie wieder auf, ruft: »Was für ein Vorfall? Was gerade in Palästina passiert, das ist ein Vorfall.«

Als der Fotograf der *ZEIT* den Fußballplatz des BSC 99 fotografieren will, übt Battke dort gerade mit den Kindern.

Er verweist den Fotografen des Platzes. Zuvor holt er sich Hilfe, er ruft den amtierenden Bürgermeister der Kleinstadt an. Der ist auch Vizepräsident des Klubs. Zur Bestätigung reicht Battke sein Handy an den Fotografen weiter. Als der das Gespräch beendet, erscheint auf dem Display als Bildschirmschoner: ein Porträt von Adolf Hitler.

Wer ist dieser Lutz Battke, und warum wird er in Laucha nach wie vor geschätzt?

Helmut Schmidt kennt Battke noch aus DDR-Zeiten. Schmidt ist heute bei der Stadtverwaltung angestellt, früher spielte er mit Battke zusammen Fußball beim Vorgängerverein des BSC 99. »Er war ein sehr guter Spieler, überall einsetzbar«, sagt Schmidt. Sie waren befreundet. Nach dem Mauerfall verlor Schmidt seinen Job, wurde Platzwart und trainierte eine Zeit lang gemeinsam mit Battke die Kinder. »Er ist ein sehr strenger Trainer. Die Kinder stehen wie eine Eins vor ihm.« Bis zum Mauerfall hatte Schmidt nie rechtsextreme Äußerungen von seinem Freund gehört, auf dem Fußballplatz sei das auch danach so geblieben. Doch abends, wenn Battke getrunken hatte, habe er rechtsradikale Geschichten erzählt. Schmidt sagt, er habe Battke dann einfach nicht mehr zugehört. »Der hat die Geschichte verschlafen.« Einmal fuhr er Battke zu einer Kneipe in einen Nachbarort und fand sich auf einer NPD-Versammlung wieder. Um ihn herum schrien Männer: »Sieg Heil!« Danach hat er Battke nie wieder gefahren. Ein anderes Mal wollte Schmidt ein Kind aus einem Nachbarort in ihre Mannschaft holen. Es war sehr talentiert, ein Kind mit dunkler Haut. Battkes Reaktion: »Schwarze spielen bei mir nicht.«

Schmidt kannte auch Battkes Vater Günter. Der war Gründungsmitglied der NPD im Burgenlandkreis und starb vor zwei Jahren. Auf der Homepage des Kreisverbandes der Partei ist ihm eine »Ehrenseite« gewidmet.

Schmidt und Lutz Battke entzweiten sich 1994. Battke hatte Schmidts Sohn nicht gut behandelt, und die Schmidts wechselten den Verein. Kurz darauf verlor Helmut Schmidt auch seinen Job als Platzwart.

Schmidt beschreibt Battke als Mann mit zwei Gesichtern. Im vergangenen Jahr trafen sich die beiden zufällig im Wahllokal. Da habe Battke ihm zugezischt: »Du kriegst deine Strafe auch noch! Dich mache ich fertig in der Stadt!« Schmidt hatte die Geschichte mit dem schwarzen Spieler der Polizei erzählt, und Battke hatte es erfahren.

Zu den Eltern der Spieler aus dem Fußballverein ist Battke stets freundlich. Für sie ist er der ehrenamtliche Helfer, der sich rührend um ihre Kinder kümmert. Battke kennt die Großeltern, die Eltern und die Kinder von Laucha. Zu Ostern oder Weihnachten kann er in der Gaststätte von Tisch zu Tisch gehen und jede Familie begrüßen. So hat er sich in die Herzen vieler Lauchaer gegraben.

Lutz Battke handelt getreu der Strategie der NPD, in Sportvereine, in die Kommunalpolitik, in »die Mitte des Volkes« vorzudringen. In einer Broschüre der Partei mit dem Titel *Hautnah am Volk* steht: »Für die NPD gibt es keine bessere Außenwerbung als den ordentlichen, freundlichen und kompetenten Aktivisten, der als Sympathieträger unserer Sache auftritt. (…) Uns allen muß bewußt sein, daß Erfolge auf Landes- und Bundesebene eine solide Graswurzelarbeit in den Gemeinden und Städten voraussetzen. Ohne kommunale Verankerung lassen sich keine dauerhaften politischen Geländegewinne erzielen.«

Nicht weit von Battke entfernt wohnt der mutmaßliche Täter Alexander P. bei seinen Eltern. Niemand öffnet die Tür, ein Hund bellt. P. macht eine Ausbildung zum Koch in Naumburg. Die P.s sind eine alteingesessene Familie in Laucha. Am Ortsrand lebt ein weiterer Zweig der Familie in einem grauen Haus. Vergilbte Gardinen hängen vor den Fenstern, drinnen läuft ein Fernseher. Wieder öffnet niemand. Kurz darauf trifft Lutz Battke in einem weißen Citroën-Kastenwagen ein. Am Steuer sitzt ein älterer Mann, Battke selbst hat keinen Führerschein. Er schaut, was vor sich geht. Und folgt von nun an der Reporterin der *ZEIT*. Anscheinend will er Macht demonstrieren, einschüchtern. Battke und sein Fahrer folgen der Reporterin bis zum Gymnasium. Als sie aussteigt, warten sie, dann fahren sie weiter. Später steht der Citroën vor dem Haus von Alexander P.

Vor der Schule warten ein paar Jugendliche auf den Bus. Einer von ihnen trägt eine schwarze Bomberjacke und hält schon am frühen Nachmittag eine Dose Bier in der Hand. Er sagt: »Der Alexander P. ist ein Kamerad von mir.« Und das »mit dem Juden« finde er gut. Die anderen Jugendlichen um ihn herum lachen.

Ein Junge sagt, er kenne Noam. Der sei früher aggressiv gewesen und deshalb vom Gymnasium geflogen. In vielen Gesprächen in Laucha tauchen jetzt Gerüchte über Noam auf, werden abgewandelt, Neues wird hinzugefügt. Die mobile Beratung für Opfer rechtsextremer Gewalt in Halle hatte Noams Familie gewarnt, dies gehöre zur Taktik der Rechten, im Nachhinein das Opfer zu diffamieren. Der Direktor des Gymnasiums von Laucha bestätigt zwar, dass Noam tatsächlich das Gymnasium gewechselt habe, allerdings wegen Lernschwierigkeiten und auf Wunsch seiner Eltern.

Der Fußballplatz und das Vereinsheim liegen gleich neben dem Gymnasium. An der Bande des Feldes hängen ein paar Werbeplakate. Eins fehlt seit wenigen Wochen: das der Rotkäppchen-Mumm-Sektkellerei. Seit 1999 unterstützte die Sektkellerei aus dem nahen Freyburg den BSC 99 mit jährlich etwa 600 Euro. Als ein Journalist der israelischen Zeitung *Ha'aretz* nach dem Angriff auf Noam bei der Sektkellerei anrief und nach Alexander P. und Lutz Battke fragte, wurde am darauffolgenden Tag die Unterstützung eingestellt und die Bandenwerbung entfernt. Die Reklame der Heizungs- und Sanitäranlagenfirma Pleitz hängt noch am Fußballfeld. Die Pleitz GmbH ist ein weiterer Sponsor des Vereins und einer der größten Arbeitgeber von Laucha. Ihr Geschäftsführer Olaf Pleitz sagt, er wolle erst die Ermittlungen der Staatsanwälte abwarten und dann entsprechend reagieren. Was heißt das genau? »Mensch, das sind Jugendliche. Auf jedem Fußballplatz kloppt man sich.« Schon Pleitz' Großvater und Vater spielten im Verein. Die Familie ist dem Fußballklub seit 100 Jahren verbunden. So etwas zählt in Laucha. In dem dichten Geflecht aus gewachsenen Freundschaften spielt Noams Familie keine Rolle. Sie ist zugezogen. Natürlich kennt Pleitz auch Lutz Battke. »Er opfert sich für den Fußball auf. Er hat viele Sympathien in der Stadt. Und seine politische Meinung lässt er auf dem Platz außen vor«, sagt Pleitz. Zumindest habe er das gehört. Im Augenblick hat Pleitz ein anderes Problem. Für den Herbst bereitet er ein Fußballturnier vor und weiß nicht, wie er sich verhalten soll. Nun hat er entschieden: Er lädt Battke nicht ein, aber auch nicht aus.

Es ist diese Ambivalenz gegenüber Battke, die das Verhalten der Verantwortlichen in Laucha prägt. Sie fürchten die Reaktion ihrer Nachbarn.

In der Feierstunde für Noams Retter Mario Träbert hatte der Bürgermeister von Laucha, Michael Bilstein, noch klare Worte gefunden. Bilstein sitzt als Vizepräsident des Fußballklubs im Stadtrat – in Kleinstädten wie Laucha können auch Vereine und die Feuerwehr für das Gremium kandidieren. »Wir haben den Fußball als neutrale Zone betrachtet, das funktioniert nicht«, hatte Bilstein damals öffentlich gesagt. Wenige Tage später steht Bilstein im Rathaus und will die *ZEIT* nicht in seinem Büro empfangen. Er läuft auf dem Flur hin und her und fühlt sich unwohl. Inzwischen erinnert er sich nicht mehr so gern an das, was er bei der Feierstunde gesagt hat. Er sei nicht richtig verstanden worden. »Dieser Vorfall ist nicht gut für die Stadt Laucha«, sagt er. Der Bürgermeister meint den Angriff auf Noam. Es klingt, als sorge er sich vor allem um den Ruf seiner Stadt. Was ist mit Lutz Battke? »Fragen Sie doch mal die Leute auf der Straße, was die über Battke denken. Die halten ihn für einen Schornsteinfeger, der ordentlich seinen Job macht und sich als Trainer nichts zuschulden kommen lässt.« Bilsteins eigener Sohn spielt auch in diesem Verein. Dann hat der Bürgermeister genug von dem Gespräch, dreht sich um und eilt davon.

Eines fällt auf während dieser Recherche: In keinem der Gespräche fällt das Wort Antisemitismus. Als würden alle hoffen, dass es sich durch Schweigen auflöse.

Einen Mann gibt es in Laucha, der immer wieder vor Lutz Battke warnte. Wilhelm Ebbinghaus ist 67, sitzt in seinem Wohnzimmer und blickt auf eine riesige dunkelbraune Schrankwand. Ebbinghaus war elf Jahre lang Bürgermeister, von 1990 bis 2001. Damals gab es NPD-Versammlungen im Klubhaus, Ebbinghaus hat sie verboten. Immer wieder ermahnte er die Leitung des Fußballvereins: »Ihr könnt doch nicht so einen Mann auf die Jugendlichen loslassen.« Und immer wieder reagierte die Vereinsleitung grantig und unternahm nichts. Nach dem Überfall auf Noam sieht Ebbinghaus sich bestätigt. »Dass einer wie Battke mit einer solchen Gesinnung nicht bei der Abseitsregel aufhört, geht denen nicht in den Schädel.« Ebbinghaus ist nicht sehr vorsichtig in seiner Wortwahl, er war es nie. Am Ende hatte er viele Feinde in Laucha und wurde nicht wiedergewählt. Nun sitzt er in seinem Wohnzimmer und wartet darauf, dass etwas geschieht in seiner alten Stadt, dass der Verein reagiert.

Darauf warten auch Noam und seine Familie. Im Prozess gegen Alexander P. werden sie als Nebenkläger auftreten. Sie wollen kämpfen, und sie wollen in Laucha bleiben. Vorerst. Auch wenn Noam seine Mutter neulich fragte, woher dieser Hass komme. Und sie keine Antwort darauf fand.

Wie es weiterging: Alexander P. wurde wegen Körperverletzung und Beleidigung im September 2010 zu acht Monaten Haft auf Bewährung verurteilt. Außerdem musste er ein Jahr lang 30 Euro im Monat an die Gedenkstätte des ehemaligen KZ Buchenwald zahlen. Lutz Battke verlor seinen Job als Trainer beim BSC Laucha. Im November 2012 bestätigte das Bundesverwaltungsgericht den Entzug von Battkes Kehrerlaubnis durch das Land Sachsen-Anhalt. Tsipi Lev und Olaf Osteroth wohnen noch immer in Laucha. Noam macht eine Ausbildung zum Hotelfachmann in Weimar.

MISS WORLD

Wie sich das sibirische Model Uliana Galdina bemüht, die Globalisierung zu verstehen und in Indien schön auszusehen

Vor jeder Reise denkt Uliana Galdina, dieses Mal ist alles anders. Diesmal wird sie nicht an ihren Freund denken, nicht zu viel an die Mutter und nur manchmal an bevorstehende Universitätsprüfungen. Sie wird sich auf ihr Äußeres konzentrieren. Liebreizend lächeln, wenn es verlangt wird, sexy ihre Hüften wiegen und, wenn es sein muss, hungern. Nur ihr Körper wird darüber bestimmen, ob sie Geld verdient, ob sie die richtigen Bilder bekommt, die, die sie unwiderstehlich erscheinen lassen. Nach deren Ansicht sie jeder in seinen Kleidern, mit seiner Eiscreme oder seinem Parfum fotografieren mag.

Uliana streicht ihre langen, dunkelblonden Haare aus dem Gesicht, legt damit ein paar kleine Leberflecke frei. Früher hat sie sich über der oberen Lippe links noch einen braunen Punkt gemalt, damit sie aussieht wie Cindy Crawford, das Supermodel. Die fand sie schön. Uliana ist 18, trinkt Tee in ihrem Lieblingscafé »Holländische Tasse« in Omsk, Sibirien. Wenn sie aus dem Fenster sieht, schaut sie auf Straßen, vom Schnee begraben. Wenige Menschen kämpfen sich durch den eisigen Wind. Ihr Blick fällt auf eine Kunstpalme, die einsam in den blassbläulichen Nachthimmel blinkt. Wie eine letzte Illusion des fernen Sommers. Draußen sind minus 25 Grad, warm für diese Jahreszeit.

Neben Uliana sitzt ihr Freund Boris, er ist fünf Jahre älter als sie und sagt selten etwas. Schweigend zieht er einen Taschenkalender aus seinem Portemonnaie, Uliana lächelt von der Vorderseite. Sie studieren zusammen Jura. Seit neun Monaten sind sie ein Paar. Boris sonnt sich in der Schönheit seiner Freundin, aber sie soll ihren Beruf bitte in seiner Nähe ausüben. Nur in seiner Nähe gibt es keine Arbeit, für einheimische Modelfotos bekommt Uliana 500 Rubel, 16 Euro am Tag. Sie lacht, da kann sie gleich kostenlos posieren. Im Kommunismus herrschte Funktion über Schönheit. Kleider sollten warm halten, bedecken, nicht unbedingt gut aussehen. Das Erbe wiegt schwer. Russland produziert keine Röcke, Mäntel oder Jeansmarken, die überall getragen werden, keine Schönheitscremes, die auf den Gesichtern in Paris oder London schimmern. Deshalb wird Uliana in ein paar Tagen wieder fortgehen. Nach Indien. Ihr Gesicht verkaufen. Und Boris hat sich entschieden, die letzten Tage bis zu ihrem Abschied still zu leiden.

Sein Lada wartet vor dem Café. Uliana trägt Stiefel, wie kleine Eispickel bohren sich ihre Hacken in den festgefrorenen Schnee. Niemals würde eine russische Frau ungeschminkt oder nachlässig gekleidet die Straße betreten. Das geht nicht, sagt Uliana. Dafür sind die Russinnen bekannt, dass sie sich auch bei widrigen Umweltbedingungen anziehen, als wollten sie gerade einen Spaziergang auf der Fifth Avenue unternehmen. Sie werden auf der Welt nicht nur für ihre Schönheit, sondern auch für ihre Leidensfähigkeit dem Äußeren zuliebe geschätzt.

Schweigend fahren Uliana und Boris durch die dunkle Stadt. Straßenlaternen werfen orangefarbenes Licht. Menschen tauchen in ihren Lichtkegeln auf und verschwinden wieder im dunklen Nichts. Sie halten die Köpfe gesenkt, tasten sich vorwärts in ständiger Furcht vor glatten Flächen. Der immerwährende Kampf gegen die Kälte hat graue Linien in die Gesichter gezogen und tiefe Risse in die Fassaden der Häuser getrieben. Eine Gegend, nicht für Menschen gemacht. Am Ufer des mächtigen Stromes Irtysch erscheinen ein paar neue Bürotürme. Auf der anderen Seite des Flusses liegen endlose Weiten grauer Neubaublöcke. Behausungen für die Arbeiter des »militärisch-industriellen Komplexes«. Im Zweiten Weltkrieg verlegten die Sowjets ihre Rüstungsbetriebe zum Schutz vor den Deutschen hierher, hinter den Ural. Bis 1990 konnte kein Ausländer Omsk besuchen, es war eine »geschlossene

Stadt«. Die Bewohner durften nicht ins westliche Ausland. Damals wäre Indien ein Traum geblieben. Wie stellt sich Uliana Mumbai vor? Sie reiht ein paar Substantive aneinander: Elefanten, Bollywood-Filme, Menschen in bunten Saris. Armut? Ja, auch. Sie hat den Ural noch nie überwunden, war noch nie in Europa, im Westen. Sibirien gehört zu Asien. Für Uliana liegt Asien anderswo. Sibirien treibt wie eine große Eisscholle auf der Landkarte, im Niemandsland zwischen den Kontinenten.

Am nächsten Morgen muss Uliana packen. Freund Boris ist immer an ihrer Seite, ganz nah, hält ihre Hände, begleitet sie nach Hause. Die große Kälte kündigt sich an, treibt Schauer über die Haut, hinterlässt ein Gefühl von Schwere im Bauch. In ein paar Tagen sollen die Temperaturen auf minus 40 Grad sinken. Die Menschen werden in ihren Wohnungen ausharren in der Hoffnung, dass es irgendwann einmal wieder besser wird.

Boris' Lada hält am Stadtrand mitten in einem Neubaugebiet vor einem fünfstöckigen Haus aus den siebziger Jahren. Die Eingangstür hängt schief, im Treppenflur riecht es nach Katzenpisse. Nichts ist so, wie es sein soll. Es sieht aus, als hätte ein großer Sturm gewütet und alle Dinge ein wenig verschoben – die Rohre, die Wände, das Geländer. Seit zwei Jahren lebt Uliana hier mit ihrer Mutter in einer winzigen Zweiraumwohnung bei den Großeltern. Sie blickt auf die Stufen, es ist ihr peinlich, noch nie hat sie ihren Freund hinaufgebeten.

Im vierten Stock öffnet Ulianas Mutter die Tür, Margarita Galdina, sie ist 44, ihre Haare schimmern platinblond. Im Wohnzimmer regieren Ulianas Kuscheltiere, sie grinsen vom Sofa, von den Sesseln, von den Schränken. An der Wand hängt ein plüschiger Teppich, darauf klebt ein großes Bild von Uliana, ein Werbeplakat. In die braune Schrankwand ist die Welt in Form von Mitbringseln der Enkelin eingezogen: eine japanische Zeichnung ruht neben Uralska-Porzellan und einem Wandteppich mit der Aufschrift »*I love Hongkong*«. Der Fernseher läuft, überall stapeln sich Kartons und Koffer. Es sieht aus, als seien ein paar Gäste zu lange geblieben. In der Nacht teilt sich Uliana das Sofa mit ihrer Mutter.

Ulianas Großvater Boris Sedow schenkt allen Wodka ein, die Großmutter macht sich ein wenig Sorgen. Es gibt Blinis mit saurer Sahne und Pelmeni. Uliana isst nichts. Margarita, wann haben Sie gemerkt, dass ihre Tochter schön ist? »Ich habe das nie gedacht.« Einmal hat eine Freundin Uliana schlafend gesehen: »Schau nur«, hat sie zu Margarita gesagt, »sie sieht aus wie Barbie.« In der Schule riefen die Kinder Uliana »Storch« wegen ihrer langen Beine. Sie ist 1,78 Meter. Großvater Boris will wieder anstoßen. »Was ist das für ein Beruf, Model?«, brummt er. »Sie soll etwas Ordentliches lernen!« Uliana konzentriert sich auf ihren leeren Teller. Als sie mit 16 das erste Mal nach Japan reiste, drohte ihr Großvater, das Flugticket zu zerreißen. Er hatte zu viele Berichte im Fernsehen gesehen, wo Models als Prostituierte endeten. Finden Sie Ihre Enkelin schön, Boris? »Mhm, aber sie muss mehr essen.« Er schwärmt für die alten russischen Stars wie Alla Pugatschowa, die Sängerin. Mit den Händen formt er ihre üppigen Kurven nach. Das gefällt ihm.

Die Welt der Enkelin und die des Großvaters haben kaum noch etwas gemeinsam. Boris findet westliche Filme langweilig, schimpft, wenn die Nachrichten laufen. Uliana hat in Japan gelebt, in Hongkong, in China, ihr Großvater war zweimal in Bulgarien. Sie hat mit 18 schon mehr gesehen als er mit 68. Zwischen ihnen herrscht Schweigen. Gesellschaftliche Gesetzmäßigkeiten geraten aus den Fugen: Die Älteren verlieren die Deutungshoheit. Großvater Boris versinkt in der Vergangenheit, erzählt von hohen Renten, erschwinglichen Preisen und reichlich Arbeit. Er war in der Kommunistischen Partei, sogar einmal Abgeordneter, und er fuhr Lkw. Geld satt habe er verdient. »Borja«, mahnt die Großmutter. Er soll nicht so viel trinken. Uliana verdreht die Augen. Mutter Margarita erzählt, Uliana habe als kleines Mädchen so schön getanzt. Sie habe sich gewünscht, dass Uliana Tänzerin werde. Die Mutter tätschelt ihrer Tochter den Arm. Nun ja. Margarita Galdina ist Sportlehrerin, verdient 200 Euro im Monat.

Die Mutter erinnert sich noch genau an den Tag. Mit 15 wurde Uliana in einem Textilgeschäft von einer jungen Dame angesprochen: Sie sei wunderschön, ob sie nicht Model werden wolle. Die Mutter war dagegen, schlimme Geschichten hatte sie gehört. Uliana rief von sich aus bei der Agentur *Eskimo* an. Sie weiß nicht mehr, warum. Hoffnung auf ein wenig Freiheit vielleicht. Die Agenturfrauen und Uliana redeten drei Wochen auf die Mutter ein, dann unterschrieb sie den Vertrag. Und Uliana flog nach Japan, das erste Mal allein, ohne ein Wort Englisch.

Uliana hat immer gespürt, dass etwas an ihr anders ist, sie hervorhebt. Sie hat die Blicke bemerkt von Mitschülern, Lehrern, Dozenten. Sie verweilen immer ein wenig zu lange auf ihrem Gesicht. Männer suchen ihre Nähe, bemüht, ein Gespräch anzufangen. Das Gefühl beachtet, begehrt zu werden, schmeichelt ihr. Der Großvater schenkt Wodka nach, ungelenk, ein Teddybär fällt auf ihn. »Sie ist 18 und spielt noch mit Kuscheltieren«, sagt er zu seiner Enkelin. »Ich spiele nicht, ich sammle sie«, antwortet Uliana. Später wird sie erzählen, wie schwer es ist, mit den Großeltern zu leben, nie einen Platz für sich zu haben, keine Minute Ruhe. Noch ein Tag bis zur Abreise.

Die Vermittlerin ihrer Agentur *Eskimo* ist in der Stadt, sie hat Uliana das Angebot aus Indien verschafft. Natalia Golz empfängt im Fast-Food-Restaurant Friday's, Uliana nähert sich ihr ein wenig vorsichtig. Sie fürchtet, Golz könnte sie zu dick finden. »Gut siehst du aus«, sagt die. Uliana entspannt sich etwas. Ihr ganzes Denken kreist um ihre Körperformen. »Wir haben die Maße unserer Mädchen immer im Kopf«, sagt Golz. Sie arbeitet seit fünf Jahren bei *Eskimo*. Die Agentur hat Tochterbüros auf der ganzen Welt, ist eine globale Schönheitsvermittlung. Golz betrachtet Ulianas Hüften, 92 cm, zu breit. Damit wird sie nie in die Riege der Stars aufsteigen. Westliche Designer fordern 86 bis 88 Zentimeter Hüftumfang. Uliana kann hungern, unter 90 kommt sie nicht. Ihre Knochen. »In Asien kann sie arbeiten«, sagt Natalia. Es klingt hart. Die Asiaten finden etwas rundere Formen schön, der Fitness- und Schlankheitswahn des Westens hat Asien noch nicht mit ganzer Macht erreicht. Die Mädchen, die es in die »achtziger Länder« schaffen, zu den »Big Five« nach New York, Paris, London, Mailand, Tokyo, reisen nicht mehr in die »neunziger Länder« nach China, Indien oder Thailand. Sie können woanders bequemer Geld verdienen. Nach Asien geht man für Geld, nach Europa für Prestige.

Mit Indien arbeitet Natalia Golz seit anderthalb Jahren zusammen. Neue Schönheitsmärkte öffnen sich, vor kurzem bekam sie die erste Mail aus Vietnam. Die Welt wird sich immer ähnlicher, alle sehen dieselben Filme, dieselben Serien, lesen dieselben Magazine. Die Frauen darin werden zum Ideal. So soll man aussehen. »Die Inder mögen süße kommerzielle Gesichter«, sagt Golz. Das heißt ebenmäßige Gesichtszüge, wie eine Puppe, darin nichts störendes Eigenartiges. »Ulianas Gesicht ist kommerziell«, sagt sie. Es ist schwer zu sagen, ob das ein Kompliment ist. Schönheit ist ein kompliziertes Geschäft. Noch vor ein paar Jahren waren seltsame, starke Typen gefragt, nun eben süße. Schönheit ist, was der Markt gerade verlangt.

Es fällt auf, dass besonders viele Russinnen über die Laufstege dieser Welt schreiten, russische Tennisspielerinnen werden als Schönheitsköniginnen verehrt. Sie scheinen besonders gut in das globale Schönheitsideal zu passen: groß, hellhäutig, hohe Wangenknochen, große Augen. Natalia Golz lacht. Die Russinnen seien auch deshalb allgegenwärtig, weil das Leben in Russland schwierig sei und sie woanders Geld verdienen müssten. Und sie hat einen neuen Trend entdeckt: Frauen, in deren Gesichtern sich asiatische und europäische Züge vereinen. In deren Gesichtern sich sowohl Asiaten als auch Westler erkennen können. Gesichter, wie geschaffen für zwei riesige Wirtschaftsmärkte.

Natalia Golz schaut zu Uliana. Uliana hat nicht viel gesagt, hat Distanz gehalten. Golz betont, dass *Eskimo* seriös agiere, nicht wie viele andere Agenturen in Moskau, wo die Mädchen am Tag als Models arbeiten und in der Nacht als Begleitdamen. Am Ende überreicht sie Uliana einen Hefter mit Dokumenten für Moskau, für die Botschaft, das Visum. Keine Globalisierung ohne Papiere.

Uliana eilt zurück in die Wohnung der Großeltern. Großvater Boris Sedow sitzt in Jogginghosen vor dem Fernseher, seine Füße stecken in Filzpantoffeln. Im Schlafzimmer scheinen die Schränke unter der Last der Kleider nachzugeben. Uliana verzichtet auf Miniröcke, sie hat gehört, die trage man in Indien nicht. Sie hockt sich auf den Boden im Wohnzimmer, legt ihre Kleider in den Koffer, ihr Großvater schaut zu. »Früher konnte man mit ihr reden. Jetzt ist sie immer für sich«, sagt er. »Dabei ist sie doch noch eine *duratschka.*« Ein Dummerchen. Uliana sendet ihm einen kurzen Blick. Vernichtend. Sie blättert durch das Buch mit ihren Fotos, das sie jedem zeigt, der ihr einen Job geben könnte. Auf manchen Bildern hat sie sehr wenig an, ihr Großvater schaut ein wenig verunsichert. Er weiß nicht, was er davon halten soll. »Wie lange bleibst du weg?«, fragt er Uliana. Anderthalb Monate. »Wann sind die nächsten Prüfungen?« Im März. »Nimm Lehrbücher mit!« Ja! Uliana sieht aus, als wünsche sie sich weit fort.

Morgens um sechs steht Uliana dann in der Abflughalle von Omsk. Sie hat nicht geschlafen, ihre Augen sind gerötet. Sie trägt kein Make-up, sie wusste, sie würde weinen. Freund Boris hält ihre Hand, drückt sie fest. Die Mutter lächelt. Uliana schluchzt leise. Boris rührt sich nicht. Irgendwann geht Uliana. Noch im Warteraum ruft ihr Freund das erste Mal an.

Vielleicht gibt es ihn, den globalen Menschen – frei von persönlichen Bindungen, immer bereit, sich auf neue Situationen, Menschen, Länder einzulassen. Nie zufrieden an dem Ort, wo er gerade weilt. Wissenschaftler nennen ihn das »mobile Subjekt«. Uliana vermisst ihr Zuhause, sobald sie es verlässt, und sehnt sich fort, sobald sie heimkehrt. Noch auf der Rollbahn ruft ihre Mutter an. Uliana hat nun das Gefühl, dass sie nie wieder wegfahren sollte. Dann schläft sie ein. Kurz vor der Landung legt sie Rouge auf die Wangen, malt ihre Augenlider hellblau, färbt ihre Lippen dunkelrot. Dabei hat sie diesen Ausdruck im Gesicht, den Menschen haben, die wissen, dass andere sie gern anschauen. Uliana scheint sich ständig selbst zu beobachten, als lebe sie mit einem Spiegel. Jede Bewegung ein Genuss.

In Moskau sind minus 35 Grad. Kalt wie seit fünfzig Jahren nicht mehr. Weißer Dampf strömt aus Autos und Bussen. Die Härchen im Naseninneren gefrieren, das Atmen fällt schwer. Uliana muss zur indischen Botschaft, sie braucht noch ein Visum. Alle Botschaften, alle Fluggesellschaften sind in der Hauptstadt. Moskau, ein Warteraum der Globalisierung.

Die Botschaft öffnet um zehn. In einem kargen Raum warten 50 Menschen. Heizungsrohre führen in die oberen Etagen. Irgendwo muss es warm sein. Zwei Botschaftsangestellte kommen und gehen, telefonieren mit ihren Handys. Nach zwei Stunden hat es Uliana zum Schalter geschafft. Der Beamte sagt, in zehn Tagen könne sie ihr Visum abholen. Uliana sieht aus, als würde sie gleich weinen. Ihr Flug geht in drei Tagen. Sie telefoniert mit ihrer Agentur in Sibirien, der Agentur in Mumbai, am Ende noch mit ihrer Tante in Moskau. Sie raten zu warten. Nach sechs Stunden empfängt sie der Konsul, er lächelt. Ulianas Tante arbeitet beim russischen Kulturminister, jemand hat angerufen. Der Konsul sagt, am nächsten Tag könne sie ihr Visum abholen. Draußen zieht Uliana ihren Schal vor die Nase, die Augen tränen vom Wind. Es ist, als würden die Augäpfel gefrieren. Uliana flüchtet in ein Café. An der Wand hängen Monitore, es läuft *Fashion TV*. Die Models ähneln sich alle: lange Haare, sehr dünn, sehr groß, sehr jung. Uliana setzt sich auf ein Sofa, bestellt Cappuccino ohne Zucker. Die Sorgen um ihr Gewicht, sie hören nie auf. »Wenn ich normal esse, nehme ich zu.« Dann wird der Druck unerträglich. Uliana holt einen Riegel aus ihrer Tasche – Gematogenka, eine Mischung aus Fruchtwürfel und Müsliriegel aus der Apotheke. Davon isst sie ein paar am Tag.

Uliana ist ein Kind des Militärs, geboren in einer Kaserne in Kasachstan, wo ihr Vater als Major diente. Es war ein geschütztes Gelände, hinein und hinaus gelangte man nur mit Passierschein. Die Ehe der Eltern währte nicht lange, als Uliana vier war, zog der Vater aus. Später heiratete die Mutter Ulianas Vater zum zweiten Mal. Kurz darauf wurde er aus dem Militär entlassen, saß zu Hause, begann zu trinken. Es dauerte nicht lange, bis sie sich wieder trennten.

Die Mädchen in der Schule mochten Uliana nicht, die Jungs interessierten sich zu sehr für sie. Aber wenn sie Hilfe brauchte, war da immer einer, der gern vorbeischaute. Mit 16 reiste sie zum ersten Mal ins Ausland, nach Japan. Für eine Missoni-Show bekam sie 1000 Dollar am Tag. Alles schien so einfach. »Die Japaner mögen junge lächelnde Mädchen.« Sie nahm ab, so viel, dass ihre Periode ausblieb. Dann musste sie Hormone nehmen, nun war es noch schwerer, das Gewicht zu halten. Sie beißt in ihren Müsliriegel. »In Europa kann ich nur arbeiten, wenn ich gar nichts esse.« Sie lacht. Ihr Gewicht bestimmt ihr Wohlbefinden.

Ein Jahr später in Hongkong bekam sie Depressionen, als nach einem Monat plötzlich die Jobangebote ausblieben. Vergangenen Winter in Peking war es noch schlimmer. Alle Kleider waren ihr zu klein, und bei Castings sollte sie es vermeiden, Russisch zu sprechen. Die Chinesen mögen die Russen nicht besonders. Uliana hockte in der Wohnung und mailte stundenlang mit ihrem Freund. Sie hatte keine Lust hinauszugehen, die immergleichen Fragen zu beantworten. Zu immer neuen Bekannten immer nett zu sein. Man kann sagen, dass sie gar nicht richtig in Peking war, sie weilte in einer Art virtueller Zwischenwelt. Sie hat oft kaum Erinnerungen an die verschiedenen Orte, entsinnt sich nur, was sie dort nicht gegessen hat.

Indien ist für sie der letzte Test, ob sie sich die Anstrengungen des globalen Lebens weiter antun mag. »Wenn ich in Indien gut verdiene, mache ich weiter. Wenn nicht, höre ich auf.« Und dann? Ein Freund der Mutter ist Rechtsanwalt, vielleicht könnte sie bei ihm anfangen.

Im Flugzeug nach Mumbai wird Uliana melancholisch. Sie fürchtet, die Beziehungen zu ihren Freunden zu verlieren, wenn sie zu oft zu lange fort bleibt. Zu viele neue Erfahrungen, die sie nicht mit ihnen teilen kann. Warum tut sie sich das an, warum macht sie das? Sie brauche das Geld, sagt sie. Sie bezahlt die Universitätsgebühren davon. Und sie mag es, angeschaut zu werden. Wenn sie über den Laufsteg schreitet und alle Blicke auf ihr liegen. In diesem kurzen Augenblick ist sie ganz bei sich. Der Höhepunkt aller Narzisse. Sie sagt, im Russischen gebe es ein Sprichwort. Es heißt: Die Schönen führen ein unglückliches Leben. Sie lacht kurz auf. Es gibt aber auch noch ein anderes. »Krasota spaset mir.« Schönheit rettet die Welt.

Ein Fahrer holt Uliana vom Flughafen in Mumbai ab. Draußen ist es noch dunkel, Menschen tauchen am Straßenrand auf und verschwinden wieder in die Nacht. Es ist sechs Uhr morgens, 25 Grad plus. Im Wagen bläst die Klimaanlage, Uliana fröstelt. Sie wird jetzt erst mal schlafen.

Ankit Mehta wartet in dem winzigen Büro von *Inega Model Management*. Drei kleine Schreibtische drängen sich hintereinander, sie reichen fast von einer Wand zur anderen. Mehta hat Uliana gebucht, ihr Ticket bezahlt, die Papiere für ihr Visum geschickt. Er ist 22 und redet so schnell, dass er zwischen den Sätzen um Atem ringen muss. Das Telefon und sein Handy klingeln abwechselnd. Seit einem Jahr arbeiten in Indien so viele ausländische Models wie noch nie zuvor. Mehta erklärt das so: Multinationale Unternehmen drängen auf den Riesenmarkt Indien, sie fordern internationale Models für ein internationales Image. Gleichzeitig wollen indischen Firmen global agieren. Da wirken internationale Models weltgewandter. Mädchen wie Uliana sind die Vorboten des westlichen Schönheitsideals: große Augen, großer Mund, schlank und vor allem hellhäutig. Indiens Markt für Kosmetikprodukte, die die Haut aufhellen sollen, ist in den letzten fünf Jahren um zwei Drittel gewachsen.

Noch sind blonde Haare für indische Werbeanzeigen nicht sehr gefragt, sagt Mehta. Zu exotisch wirken diese Frauen. Dunkelhaarige, die im Zweifel wie Inderinnen aussehen, bekommen mehr Arbeit. Bis jetzt. Gerade ist in Mumbais Kinos ein neuer Bollywood-Film angelaufen, in dem eine blonde Engländerin eine Hauptrolle spielt. Und Bollywood-Filme setzen die Trends. Außerdem lassen sich die ausländischen Models in Unterwäsche fotografieren, für Inderinnen undenkbar. Zu viel Haut, das ist gegen die Tradition. Bis vor ein paar Jahren gab es religiöse Proteste bei Miss-World-Wahlen in Indien. So etwas würde heute nicht mehr geschehen, meint Ankit Mehta.

Das Schönheitsideal wandelt sich, wird westlicher. »Wir rücken näher«, sagt Mehta. Überall in Mumbai verdrängen große Shoppingcenter die kleinen Läden. McDonald's und Pepsi sind schon da, Starbucks kommt bestimmt bald.

Uliana betritt das Büro, den Blick auf den Boden gerichtet, die Lippen schmal gepresst. Mehta begrüßt sie freundlich, Uliana schweigt. Ihre Mitbewohnerin aus Köln wartet neben ihr. Uliana ist unzufrieden, sie muss Zimmer und Bett mit der Deutschen teilen. Ihr Wohnungsschlüssel und das Telefon funktionieren nicht, und einen Computer gibt es auch nicht in ihrem Zimmer.

»Indien ist der Markt der Zukunft«, mit diesem Satz beginnt Mehta seine Mails. Er deutet auf ein paar Blätter, auf denen die Namen der Models eingetragen sind und ihre Jobs für die nächsten Wochen. Am Tag verdienen sie zwischen 500 und 800 Euro. Da beginnt Uliana plötzlich zu schluchzen. Ihr Oberkörper bebt. Sie hat das Gefühl, den Überblick zu verlieren, weiß nicht, wo sie sich befindet in diesem Monster von Stadt und wie sie ihre Mutter und ihren Freund erreichen kann. Mehta beobachtet sie aus den Augenwinkeln. »Magst du die Inder nicht?«, fragt er. Uliana schluchzt laut auf, tupft ihre Augen ab. Am nächsten Tag hat sie den ersten Fototermin. Mehta überlässt ihr das Handy einer Mitarbeiterin.

Der Fahrer bringt sie zur Modelwohnung. Jede Fahrt dauert Stunden. Auf den viel zu engen Straßen drängeln sich Autos, Motorräder, Menschen. Es ist dunkel, Neonröhren leuchten. Menschen leben in Behausungen aus Pappe, Blech, Holz, offene Feuer brennen. Es riecht nach einer Mischung aus Petroleum und Fäkalien. »Wie kann man so leben?«, fragt Uliana. Das Modelapartment liegt in einem besseren Viertel Mumbais. Es ist modern eingerichtet, moderner als Ulianas Wohnung in Omsk. Auf ihrer Seite des Bettes schmiegen sich die Kuscheltiere aneinander. Von den Fotos auf dem Nachttisch grinst Freund Boris. Draußen kreischen laut die Krähen.

Am nächsten Morgen liegen graue Schatten unter Ulianas Augen. Ihre Mitbewohnerin sagt, sie habe die ganze Nacht geweint. Am vergangenen Abend hat Ulianas Freund angerufen und gefragt, ob sie nicht einmal verrückt sein und gleich nach Omsk zurückkehren wolle. Er war keine große Hilfe. Uliana konnte nicht einschlafen, nicht aufhören zu denken. Sollte das ihre Zukunft sein? Immer allein, immer unterwegs mit Menschen, die sie nicht richtig kennt. »Ich bin nicht so flexibel«, sagt sie.

Im Fotostudio ist noch niemand, Uliana setzt sich auf ein Sofa. Ihre Laune ist mies. Der Fotograf, Vikram Bawa, kommt zu spät, entschuldigt sich, er habe vorige Nacht lange gefeiert. Er ist 36 und sagt, er habe letztes Jahr fast nur mit ausländischen Models gearbeitet, sie seien professioneller. Und sie zeigten mehr Haut. Für das erste Foto soll sich Uliana gleich ausziehen. »Das hat mir keiner gesagt«, sagt sie. Bawa beruhigt sie. Die Bilder sind für einen Artikel über die neue Besessenheit der indischen Frauen von ihren Körperformen. Die westlichen Maße gelten nun auch in Indien als die erstrebenswerten. Uliana soll nur mit Maßbändern bedeckt auf den Fotos erscheinen.

»Ich will, dass sie sehr heiß und sexy aussieht«, sagt Bawa zum Maskenbildner. Er hat beobachtet, dass im Westen jetzt viele Yoga praktizieren und ayurvedisch essen. In Indien dagegen wollen viele leben wie im Westen. Er ruft dem Maskenbildner zu: »Ich will sie noch heißer!« Uliana bleibt stumm. Sie soll sich jetzt ausziehen. Es ist ihr peinlich. Bawa schickt alle Männer hinaus. Eine Frau und er wickeln die Maßbänder um ihren nackten Oberkörper und kleben sie an ihrem Rücken fest. »Willst du Wodka oder Bier?«, fragt Bawa. Uliana lehnt ab, sie denkt an ihren Freund. Sie sagt, er werde sie umbringen, wenn er das erfahre. Eine Frau schmiert sie mit Babyöl ein, damit sie schön glänzt. Das erste Bild. Uliana lächelt, dreht ihren Kopf mal zur einen, dann zur anderen Seite. »Lovely«, sagt der Fotograf. Vor der Kamera ziehen sich Ulianas heimwehgekrümmte Mundwinkel nach oben. Es ist das erste Mal seit Omsk, dass sich ihre Schultern senken. Sie entspannt im Scheinwerferlicht. Am Abend kehren die Sorgen zurück. Es ist schon spät, sie kann ihren Freund nicht mehr erreichen.

Ulianas Laune verschlechtert sich von Tag zu Tag. Sie soll zu Castings, sich bei Agenturen vorstellen. Aber Uliana redet nicht mehr, und wenn, dann hat ihre Stimme einen fordernden Klang. Sie trinkt nichts, sie isst nichts. Alle bemühen sich. Sie verweigert sich. Bei den Kunden lächelt sie nicht mehr. Sie weiß, dass das schlecht ist fürs Geschäft, sie kann es nicht ändern. In ihrem Vertrag steht, sie solle alle übertragenen Aufgaben mit »absoluter Hingabe« ausführen. Der Agenturchef bemüht sich, sie aufzumuntern, lädt sie zu einer Hochzeit von Freunden ein. Das Brautpaar nimmt am Pool des Taj, des teuersten Hotels von Mumbai, die Glückwünsche entgegen. Ein riesiges Büfett ist aufgebaut. Uliana knabbert an ein paar Salatblättern. Der Agenturchef will noch weiter in einen Klub.

Im Poison wird er mit den Mädchen sofort in den VIP-Bereich geführt. Es läuft Bollywood-Musik. Der Besitzer bittet in seine Privatlounge. Von dort kann man durch eine Glasscheibe die Tanzfläche beobachten. »Wir sind die glücklich Geborenen«, sagt er. Die Söhne und Töchter von Industriellen. Ein Mann spricht Uliana an, will sie auf einen Drink einladen. Sie trinkt keinen Alkohol. »Schlecht fürs Geschäft«, sagt er. Um halb zwei muss der Klub schließen. Uliana will ins Bett, sie hat morgen wieder Castings. Die anderen ziehen ins Marriott-Hotel, weiterfeiern.

Vor Uliana liegen noch fast sechs Wochen bis zu ihrer Heimkehr. Sie sitzt in einem Café am Ufer des Arabischen Meeres. Der Verkehr dröhnt. Es ist laut. Diese Stadt gibt keine Ruhe, niemals. Uliana kann das Mosaik aus Elend und Pracht Mumbais in ihrem Hirn nicht zusammensetzen. Vielleicht ist das Globalisierung: ein diffuses Gefühl von Verwirrung. Dass immer weniger Menschen wissen, wohin sie gehören, weil das Glück immer woanders zu warten scheint. Sei nicht zu emotional, hat eine Frau von der Agentur Uliana geraten. Alles könnte so schön sein. Uliana muss nur aufhören zu denken.

Wie es weiterging: Uliana Galdina hat aufgehört zu modeln. Sie wohnt heute in Moskau und arbeitet bei einer Bank.

ZELLE 221

Wie drei junge Männer versuchen, dem Jugendgefängnis zu entkommen

Wie die Zelle eingerichtet wird, ist festgeschrieben und überall im Gefängnis gleich. Aus Sicherheitsgründen. Zelle Nummer 221, erster Stock, Haus 2, »Mord- und Totschlagsstation« in der Jugendstrafanstalt Berlin-Plötzensee ist neun Quadratmeter groß: grauer Bodenbelag, an der Wand ein Bett, darauf eine Decke mit der Aufschrift »Land Berlin«, gegenüber ein Tisch, daneben ein Schrank aus Kunstholz.

Zelle 221 erzählt von Verbrechen, von Schuld, von Scham, vielleicht auch von Sühne. Zelle 221 erzählt von Mehmet Kemal, Gavin Jones und Daniel Koch (Namen der Häftlinge geändert). Alle drei haben Zelle 221 gepflegt und gehasst. Alle drei blickten durch ihr vergittertes Fenster auf den Hof mit den stacheldrahtumhüllten Bäumen in der Mitte – Mehmet Kemal von Dezember 1998 bis November 2001, Gavin Jones vom Frühjahr 2007 bis Mai 2008 und Daniel Koch von da an bis heute. Alle drei haben sehr jung schon sehr schwere Straftaten begangen. Was sie verbindet, ist diese Zelle.

Zelle 221, Frühjahr 2008. Über Daniel Koch sagen die anderen Häftlinge, er habe aus der Zelle eine »Kuschelhöhle« gemacht. Koch ist 21 und seit drei Jahren in Plötzensee. Er trägt ein Unterhemd, das seine Armmuskeln freilegt. In seiner Zelle regieren die Frauen, sie schauen auf sein Bett, von seiner Pinnwand, von der Schranktür. Sie haben alle sehr wenig an. Die Bilder kleben an einer Leiste, man muss darunterschauen können, mindestens einmal in der Woche wird Zelle 221 kontrolliert. Nach Paragraf 19 Absatz 2 des Strafvollzugsgesetzes dürfen die

Gefangenen ihre Zelle in »angemessenem Umfang ausstatten«, aber es können »Gegenstände ausgeschlossen werden«, wenn sie die »Übersichtlichkeit des Haftraumes behindern«. Neben den Nackten hängen Fotos von den Malediven, Kochs Mutter war dort im Urlaub. Koch hat die beiden größten Sehnsüchte der Häftlinge an einer Wand vereint: Sex und Freiheit.

Jeden Tag um sechs wird Daniel Koch geweckt, um sieben geht er zur Arbeit, er macht in der Anstalt eine Tischlerlehre. Gegen 15 Uhr kehrt er zurück, meist bleiben die Zellentüren nur noch ein, zwei Stunden geöffnet. Ab 16 oder 17 Uhr ist er dann allein in Zelle 221, Stunden des Nichtstuns, in der die Konjunktive in seinem Kopf lärmen, Gedanken daran, wie das Leben ohne sein Verbrechen hätte aussehen können. Das Eingeschlossensein sei am Anfang richtig beklemmend gewesen. Diese Eintönigkeit, die den Körper schlaff werden und die Gedanken taumeln lässt und das Nachdenken darüber, was er getan hat. Ein Makel, nie mehr aus dem Lebenslauf zu tilgen. Wenn Daniel Koch die Spannung nicht aushält, putzt er seine Zelle. Koch findet, kleine Räume machen viel mehr Dreck als große. Im Schrank liegen seine Jeans und T-Shirts auf Kante. Ordnung ist ihm wichtig. Auch, weil er sie draußen vor der Tür oft nicht finden kann.

Vorraum der Zelle, Frühjahr 2008. Auf dem Flur regt sich Kochs Zellennachbar Shapi, ein Kosovo-Albaner, der einen Lehrer umgebracht hat, über die Haftbedingungen auf: keine Fernseher in den Zellen, Schikane der Beamten und zu wenig Aufschluss! Nur selten sind vier Vollzugsbeamte da, damit die Zellentüren in Haus 2 bis 21 Uhr offen bleiben können. Zu wenig Personal, zu viele Krankmeldungen. Daniel Koch verhält sich still, wenn andere erzählen. Nur wenn ihn etwas stresst, erscheint quer auf seiner Stirn eine Falte. Über seine Tat mag er jetzt nicht reden. Die Häftlinge fragen einander nie, warum sie hier sind. Jeder hört irgendwas von irgendwem. Daniel Koch hat noch vier Jahre vor sich.

Büro des Gefängnisleiters, Sommer 2008. Nicht weit entfernt von Zelle 221 im Verwaltungsgebäude der Haftanstalt sitzt Marius Fiedler hinter einem überdimensionierten Schreibtisch. Seit 19 Jahren leitet er das Gefängnis Plötzensee, regiert eine kleine Stadt mit Werkstätten, Zellen, Sportplatz und momentan 485 Gefangenen, die in drei Schichten von 300 Vollzugsbeamten bewacht werden. Vor knapp 30 Jahren ist Fiedler zufällig ins »Gefängnis-Business« geraten, wie er es nennt. Er hatte Soziologie, Erziehungswissenschaften und Psychologie studiert. Danach wollte er kurz in der Psychiatrie arbeiten, um psychische Krankheiten besser zu verstehen, und fand nur einen Platz im Krankenhaus der Haftanstalt Berlin-Tegel. Damals war Fiedler 32 und davon überzeugt, die Häftlinge seien in Tegel doppelt eingesperrt – sowohl im Gefängnis als auch in der Psychiatrie. Bis er den Chefarzt des Gefängnisses kennenlernte, einen »Weltbürger« aus einer alten italienischen Familie. Der vertrat die Ansicht, die Gefangenen sollten nicht nur büßen, sondern die Zeit in Haft nutzen, um sich zu entwickeln. Der Arzt wurde Fiedlers Mentor, und Fiedler blieb zehn Jahre als Psychologe dort.

Marius Fiedler ist jetzt 61, er kann sich noch erinnern, dass, als er in Tegel anfing, der Erziehungsgedanke im Jugendstrafvollzug im Vordergrund stand. Wenn er jetzt bei Treffen mit anderen Gefängnisdirektoren über »Erziehung« redet, verdrehen die meist nur die Augen. »Das Sicherheitsbedürfnis ist größer geworden, und das Verhältnis der Öffentlichkeit zu den Straftätern hat sich verändert. Früher wurden sie noch als Bestandteil der Gesellschaft angesehen, die resozialisiert und integriert werden sollten. Heute ist der Straftäter der Feind, der bekämpft werden muss.«

Vor zwei Jahren stand Fiedlers Jugendstrafanstalt oft in den Zeitungen. An das Gefängnis grenzt eine Kleingartensiedlung, von dort warfen Bekannte der Insassen regelmäßig Handys und Drogen über die Mauer in die Anstalt. Einmal filmte ein Fernsehsender live mit, und Fiedler bekam Ärger. Vor die Zellenfenster mit Blick auf die Kolonie wurde jetzt »Tegeler

Masche«, eine Art Fliegengitter, gesetzt. Und bald soll ein innerer Sicherheitszaun hinzukommen.

Die Statistiken zeigen, dass die Jugendkriminalität nicht gestiegen ist, aber die Körperverletzungsdelikte jugendlicher Täter zugenommen haben. Die meisten Kriminologen sind der Meinung, das liege daran, dass diese Taten öfter angezeigt würden. Kaum etwas hat in den vergangenen Jahren die deutsche Öffentlichkeit mehr erregt als der Umgang mit jungen Gewalttätern. In einer Zeit, in der große Banken ihr Geld verspielen und angesehene Firmen untergehen, in der nichts mehr gewiss zu sein scheint, bildet die scharfe Verurteilung von Kriminellen eine Art kleinsten gemeinsamen Nenner, auf den man sich noch einigen kann. Je verunsicherter der Einzelne, desto größer das allgemeine Verlangen nach Sicherheit.

Der hessische Ministerpräsident Koch und Bundeskanzlerin Merkel forderten schon vor Jahren härtere Strafen für kriminelle Jugendliche und lösten eine Diskussion aus. »Als ob die doppelte Strafe zu doppelt so guten Ergebnissen führen würde. Das ist eine sehr naive Sichtweise«, sagt Fiedler. Druck erzeuge nur Gegendruck. Stattdessen müsse man klare Grenzen setzen.

Marius Fiedler sitzt in seinem Büro und sammelt Argumente, damit »die Wirklichkeit wahrgenommen wird«. Er zitiert den Prorektor der Berliner Fachhochschule für Soziale Arbeit, der an einem Stichtag im Jahr 2007 untersuchte, wie viele der etwa 7500 Insassen deutscher Jugendstrafanstalten jünger als 16 Jahre alt waren, und dabei nur auf 52 Häftlinge kam. Aber die Auseinandersetzungen sind heftiger geworden. Da ist zum Beispiel Fiedlers Gegner Hans-Jörg Albrecht, der Direktor des Max-Planck-Instituts für ausländisches und internationales Strafrecht in Freiburg. Albrecht meint, dass die meisten Häftlinge im Jugendstrafvollzug über 18 seien und nicht mehr erzogen werden wollten. Albrecht fordert, das Erziehungsziel im Jugendstrafrecht aufzugeben. Fiedler antwortet ihm mit Kant: »Der Mensch kann nur Mensch werden durch Erziehung. Er ist nichts, als was die Erziehung aus ihm macht.«

Seit Jahren sagt Marius Fiedler seine Meinung jedem, der sie hören mag: seiner »vorgesetzten Behörde«, der Senatsverwaltung für Justiz, den 1200 Fachbesuchern, die sich jährlich das Gefängnis Plötzensee anschauen, und seinen Kollegen. Er ist Sprecher der Arbeitsgemeinschaft Jugendstrafanstalten und Mitglied des deutsch-russischen Jugendrates. Er reist oft nach Russland, da hat Fiedler auch die riesigen Säle gesehen, in denen die russischen Häftlinge schlafen. In Plötzensee hat jeder Insasse seine eigene Zelle. Der Schutz der Intimsphäre wird wichtiggenommen. »Besonders seit Siegburg«, sagt Fiedler. Dort wurde 2006 ein junger Mann von seinen Mithäftlingen gequält und schließlich getötet. In einer Gemeinschaftszelle.

Aufenthaltsraum des Gefängnisses, Sommer 2008. Zelle 221 ist für Gespräche zu klein, deshalb wartet Daniel Koch im Aufenthaltsraum. Von draußen dringen laut die Stimmen der Häftlinge, die sich durch die geöffneten Fenster ihrer Zellen unterhalten.

Koch ist im Süden von Berlin aufgewachsen, in einer Neubausiedlung. Seine Welt bekam einen Riss, als sich seine Eltern trennten. »Von einem Tag auf den anderen war er weg«, sagt Koch über seinen Vater. Daniel Koch war damals in der neunten Klasse. Zur Schule ging er nur noch selten, er schlief jeden Tag bis zehn, rauchte Haschisch, nahm auf der Straße anderen Jugendlichen ihre Schuhe oder Handys ab. »Aus Langeweile«, sagt er. Er selbst wurde auch überfallen, einmal musste er auf Socken nach Hause laufen. Danach kaufte er sich ein Messer. »Ihr Wichser zieht mich nicht mehr ab«, dachte er. Nie mehr Opfer sein. »Opfer« ist eines von Kochs liebsten Worten, er benutzt es oft, immer klingt es nach Schwäche.

Einmal raubte Koch wieder einen Jungen aus und wurde erwischt. Zur Strafe sollte er 90 Sozialstunden in einem Jugendklub leisten. Dort ist er nie hingegangen. Dafür kam er drei Wochen in den Jugendarrest. »Nachher habe ich mächtig Schläge von meinen Vater bekommen.« Das hatte er auch früher schon. »Aber ich hatte eine gute Erziehung«, sagt Koch. Es ist ihm wichtig, dass er nicht aus einem asozialen Elternhaus stammt. Schläge klingen für ihn nach Ordnung, nach Normalität.

Wenn Koch und die anderen Häftlinge in Plötzensee gegen eine Regel verstoßen, stellen sie sich manchmal gemeinsam vor, wie viel Prügel sie dafür wohl von ihren Vätern bezogen hätten. Es ist ein grausames Spiel, Gürtel und Stöcke spielen darin eine große Rolle.

An die Tat, die ihn in Zelle 221 führte, kann sich Koch nur schemenhaft erinnern: Ein Dezemberabend 2005, er stieg zusammen mit Freunden in einen Bus. Er war damals 18. Einer seiner Freunde begann einen Streit mit einem Mädchen. Koch hatte getrunken und Ecstasy genommen. Der Freund des Mädchens mischte sich ein. Daniel Koch fühlte sich »unter Druck«, seinem Freund zu helfen. Er zog sein Messer und stach zu. Dann flüchtete er aus dem Bus.

Am nächsten Morgen sah er in den Fernsehnachrichten, dass es an der Bushaltestelle einen Toten gegeben hatte. Er stellte sich nicht der Polizei, aber seine Freunde redeten. Als die Kripo kam, um ihn abzuholen, schaute er gerade Fußball. Koch gestand und kam sechs Monate in Untersuchungshaft. »Das war eine harte Zeit«, sagt er. Er träumte viel von seinem Opfer und wachte mit dessen Schrei auf. »Es ist nicht so ein schönes Gefühl, ein Menschenleben auf dem Gewissen zu haben.«

Im Gerichtssaal saßen die Eltern des Opfers, die Geschwister, dessen ganze Schulklasse, und alle schauten ihn an. Daniel Koch war mit seinem Anwalt allein, er wollte nicht, dass jemand Bilder von der »Familie des Totschlägers« machte. Er wurde zu sechs Jahren Haft verurteilt. »Ich hätte mir selbst zehn gegeben«, sagt er. Die Höchststrafe im Jugendstrafrecht. Die meisten in Plötzensee würden sich selbst härter bestrafen, meint Koch. »Vielleicht wollen wir auch mal Richter spielen.« Aber über die Jahre werde die Tat immer mehr vom Knastalltag verdrängt. Viele lernen sich erst im Gefängnis kennen, viele werden erst im Gefängnis Berufskriminelle. »Man bekommt immer mehr Input«, sagt Koch. Trotzdem bleibe jeder für sich allein. »Hier gibt's keine Freunde.«

Koch läuft den leeren Gang entlang zu Zelle 221, die anderen Häftlinge sind schon lange eingeschlossen. Er hat Brote aufgehoben, die wird er am Abend essen, und vielleicht putzt er noch ein bisschen. Die Zelle ist das Gesicht des Gefangenen. Wenn sie dreckig ist, zeigt er Schwäche, macht sich angreifbar für Mitinsassen und Beamte.

Daniel Koch ist noch einmal rückfällig geworden, in Haft. Das kostet ihn ein weiteres Jahr seines Lebens.

Zimmer des Psychologen, Sommer 2008. Die Akte des Insassen Daniel Koch liegt bei Jörg Abram, dem Psychologen und Leiter der Wohngruppe von Haus 2, im Schrank. Da liegen auch die Ordner »Gavin Jones« und »Mehmet Kemal«. Abrams Büro ist nur zwei Türen von Zelle 221 entfernt. Abram nennt sie einen der »privilegierten Hafträume«. Dort sitzen meist ältere Häftlinge, die keine Drogen nehmen, nicht illegal telefonieren, eine Ausbildung machen oder zur Schule gehen. Bäume spenden diesen Zellen Schatten, und kein Haus steht in der Nähe, so dass die Häftlinge nicht durch die Gespräche der anderen Insassen bis in die Morgenstunden wach gehalten werden. »Für viele Gefangene ist die Zelle das erste eigene Zimmer ihres Lebens. Sie ist ein ganz intimer Raum«, sagt Abram. Manche schlafen darin bis zu 15 Stunden am Tag. So müssen sie nichts denken, nichts hören, nichts fühlen. Abram hat beobachtet, dass viele, auch wenn die Türen offen stehen, ihre Zelle nicht verlassen, weil sie nicht wissen, was sie draußen mit sich anfangen sollen.

Jörg Abram ist 57, seit 27 Jahren arbeitet er als Psychologe in der Jugendstrafanstalt. Er ist ein wichtiger Mann in Plötzensee, das Tor zur Freiheit. Abram schreibt Einschätzungen, entscheidet mit darüber, ob ein Gefangener Hafterleichterung bekommt oder nicht. Über Daniel Koch sagt er: »Er ist ein furchtbarer Mitläufer, kann nie nein sagen. Wenn er das nicht lernt, wird er wieder auffällig werden.« Einmal in der Woche spricht Abram mit den 17 Häftlingen seiner Wohngruppe allein, freitags treffen sich alle zusammen. Die Gefangenen erleben ihn über Jahre fast jeden Tag, viele bemühen sich, in seine Hirnwindungen zu dringen. Deshalb klingen ihre Sätze manchmal nach ihm, die Häftlinge sprechen dann von »Verarbeitung« und »Verdrängung«. »Das halten sie aber nicht jahrelang durch«, sagt Abram und lacht.

Er blättert in einem Hefter auf seinem Schreibtisch und zählt auf: Russlanddeutsche, Kosovo-Albaner, Libanesen, Palästinenser, Türken, Polen, Angolaner und Deutsche leben in seiner Wohngruppe. In Plötzensee sind 70 Prozent der Gefangenen nichtdeutscher Herkunft – im westdeutschen Durchschnitt sind es rund 50 Prozent. Abram sieht dafür vor allem soziale Gründe: kaum Bildung und »belastende Faktoren« wie Armut, Alkohol, Arbeitslosigkeit.

Es klingt wie ein Klischee, aber die meisten Studien zu diesem Thema kommen zum selben Schluss: »Kriminalität steht fast immer im Zusammenhang mit Armut, und davon sind Migranten mehr betroffen.« Viele Häftlinge haben die Schule nur selten besucht. »Wir haben hier keine Abiturienten, sondern viele, die als Analphabeten aus der Hauptschule kommen«, sagt Abram und fügt hinzu, »das Problem sind auch die schwachen Väter.« Entweder seien sie gar nicht da oder kümmerten sich nicht um die Erziehung. Und Väter, die autoritäre Familienstrukturen gewohnt seien, fühlten sich oft durch die Emanzipation der Frauen verunsichert, sähen ihre Rolle in der Familie in Gefahr. Sie reagierten mit Schlägen, um sich Autorität zu verschaffen. Sie werden von ihren Söhnen nicht als Vorbilder erlebt, sondern als Verlierer.

Manchmal sieht Jörg Abram auch die Erfolge der Haft, wenn die Gefangenen »drinnen« eine Lehre oder die Schule abschließen, was sie »draußen« nie durchgehalten hätten. »Ich verlange von den Häftlingen, dass sie einen Plan machen, wie sie ihr Leben ordnen wollen«, sagt er. In seiner Wohngruppe gibt es nicht viele Rückfälle, deutschlandweit liegt die Quote aber zwischen 70 und 80 Prozent.

Wie die Häftlinge teilt auch Jörg Abram die Welt in »drinnen« und »draußen«. Draußen, in seinem Privatleben, spricht er nicht über das Gefängnis. Wenn ihm auf der Straße ein ehemaliger Insasse begegnet, wartet er, bis der ihn zuerst grüßt. Manche rufen ihn Jahre später an, aber nur, wenn sie etwas Schönes zu erzählen, wenn sie etwas erreicht haben.

Offener Vollzug, Sommer 2008. Gavin Jones blickt, etwa 100 Meter von Daniel Koch und Jörg Abram entfernt, auf die andere Seite der Gefängnismauer. Seine alte Zelle 221 kann er von dort nicht mehr sehen. Jones sitzt im offenen Vollzug, er ist schon einen Schritt weiter als Daniel Koch. Er darf jeden Tag für ein paar Stunden nach draußen und macht an einem Kolleg seinen Realschulabschluss nach. Dort wissen nur die Lehrer, wohin er abends zum Schlafen zurückkehrt. Gavin Jones ist 23, das Kind eines schwarzen US-Soldaten und einer Deutschen. Er trägt weite kurze Hosen und ein Basketball-T-Shirt, beim Reden lächelt er viel.

Seine neue Zelle im offenen Vollzug mag er nicht mehr einrichten, die Leere soll signalisieren, dass er auf dem Absprung ist. Er hofft, bald entlassen zu werden. In seiner alten Zelle 221 habe er sich noch richtig Mühe gegeben, sagt er. Dort lag ein weißes Deckchen über dem Tisch, und an der Wand hing ein Bild von betenden Pilgern in Mekka. Jones ist im Gefängnis zum Islam übergetreten. Er sagt, der Islam habe ihn überzeugt – wovon genau, kann er nicht erklären. Er hat einige Suren auf Arabisch gelernt, den Koranunterricht besucht. Jones ist auf der Suche nach einem Sinn. »Ich habe so krasse Gedanken: Wann kommt man in den Himmel und wann in die Hölle? Was mache ich im Gefängnis?«

Gavin Jones redet leise, seine Sätze klingen sanft. In Plötzensee konnte er im Rahmen eines Musikprojektes mit vier anderen Häftlingen eine Hip-Hop-Gruppe gründen: Gitta Spitta, ihr Video lief auf YouTube im Internet, draußen haben ihn schon Mitschüler erkannt. Einer seiner Freunde aus der Band wurde nun nach Uganda abgeschoben. Ab und zu ruft er Jones auf dem Handy an und erzählt ihm, wie verzweifelt er ist. Manchmal hebt Jones nicht mehr ab, wenn er wieder diese

Nummer auf dem Display sieht. Er weiß nicht, was er sagen soll.

Jones' Eltern haben sich getrennt, als er sechs war. Der Vater kehrte in die USA zurück. Jones hat keine guten Erinnerungen an ihn, der Vater trank, und er schlug Gavins Mutter. Ein Thema, bei dem Jones fast völlig verstummt. Im Knast gibt es zwei Tabus: die Kindheit und die Straftat. Weil das nie schöne Geschichten sind, die die Häftlinge erzählen könnten.

Gavin Jones begann mit 14 zu kiffen, sprühte Graffiti, hatte eine Gang. Sie nannten sich die Terminators, trugen Carlo-Colucci-Pullover, fanden sich sehr cool und brauchten immer Geld. Jones fing an zu dealen, raubte andere aus, prügelte sich. »Immer wenn ich eine Kleinigkeit gemacht habe, ist gleich etwas Krasses daraus geworden.« Mehrmals kam er in Untersuchungshaft, am Ende hatte er zwei Einzelfallhelfer, einen Sachbearbeiter bei der Kripo und einen Bewährungshelfer. Die rieten ihm: »Geh doch mal schwimmen«, oder »Mach doch eine Ausbildung«. Er fand sie alle lächerlich. Gavin Jones ist Intensivtäter, er weiß nicht mehr, wie viele Taten er begangen hat und wie oft er Bewährungsstrafen bekam. Ihm wurden zahllose Hilfsmaßnahmen angeboten, keine davon hat er angenommen. Was hätte der Staat machen können, um ihn von seinem kriminellen Weg abzubringen? Jones schweigt. »Nichts«, sagt er. »Ich hätte auf nichts gehört.«

Als er 15 war, setzten die Sozialarbeiter ihr letztes Mittel ein: Sie schickten Jones in ein Jugendheim in der Nähe von Frankfurt am Main, weit weg von seiner Familie und seinen Freunden. Jones lächelt. Dem Betreuer dort habe er sofort eine geknallt, dessen Strenge habe ihm nicht behagt. Bald verabschiedete sich Jones abends in die Dorfdisko, er blieb nicht lange im Heim.

»Wenn ich früher härter bestraft worden wäre, wäre die eigentliche Tat nicht passiert«, glaubt er. Aber er bekam immer Bewährung.

Es geschah an einem Septemberabend 2004. Jones war in einer Cocktailbar, hatte getrunken, eine Mischung aus Speed und Ecstasy im Blut und fühlte sich von einem anderen Gast beleidigt. Es kam zur Schlägerei mit mehreren Männern. Einen von ihnen verletzte er mit dem Messer so schwer, dass er im Koma lag und notoperiert werden musste. Gavin Jones wurde wegen schwerer Körperverletzung zu fünf Jahren und sechs Monaten Haft verurteilt.

In den ersten Wochen in Plötzensee hatte er einen »Blackout«, wie er es nennt. Er konnte nicht arbeiten, nicht schlafen, brach seine Ausbildung zum Koch ab. Jones ist dann zu Jörg Abram, dem Psychologen, gegangen und hat geredet. Das erste Mal, vielleicht. »Draußen hätte ich nie eine Therapie gemacht«, sagt Jones. Im Mai 2008 kam er in den offenen Vollzug. »Ich bin resozialisiert«, sagt er jetzt. Zelle 221 scheint weit hinter ihm zu liegen.

Bistro Piccolo Romantica, Frühjahr 2008. Mehmet Kemal hat in Zelle 221 nie Familienfotos aufgehängt. »Männer sind Schweine«, sagt er. Kemal wollte vermeiden, dass seine Mutter oder seine Schwester zu Sehnsuchtszielen seiner Mitinsassen würden. An seinen Wänden klebten Poster des kurdischen Schauspielers Yilmaz Güney. »Das ist mein Reich«, sagt er. Kemal redet von Zelle 221, als lebe er noch immer dort. Dabei ist er seit sieben Jahren draußen, in Freiheit.

Als Treffpunkt hat er einen Imbiss in Berlin-Kreuzberg gewählt. Nur ein paar hundert Meter von dem Ort entfernt, wo er die Tat beging, die sein Leben veränderte. Kemal ist 28 und ringt mit seinen Worten. Er will nichts Falsches sagen oder zu viel von sich preisgeben. Erst vor kurzem hat er sich wieder bei dem Psychologen Abram gemeldet, um ihm zu sagen, dass er nun eine ABM-Stelle als Sozialarbeiter in einem Jugendzentrum habe. Mehmet Kemals Geschichte könnte eine Erfolgsgeschichte werden.

Kemals Eltern sind vor mehr als 30 Jahren von Anatolien nach Deutschland ausgewandert. Mehmet wuchs in Kreuzberg auf. »Einer meiner Cousins war eine große Nummer im Viertel. Ich wollte nicht in seinem Schatten stehen. Ich wollte, dass mit meinem Namen Taten verbunden werden.«

Kemal hat immer zu seinem Vater aufgeblickt, einem Taekwondo-Meister. Kemals Eltern waren bemüht, ihn unter Kontrolle zu halten, aber der entzog sich. Nach der Grundschule kam er auf eine Gesamtschule im vornehmen Berliner Süden. Aber Mehmet Kemal fand diese Welt gefährlich fremd. Er bewaffnete sich, kaufte ein Klappmesser. Er weiß das Datum noch genau: der 3. Februar 1997. Er war damals 17 und ging mit zwei Freunden die Oranienstraße entlang. Ein Mann kam ihnen entgegen und lief einfach zwischen ihnen hindurch. Kemal fühlte sich provoziert. Fünfmal habe er zugestochen, sagte ihm später die Polizei. Fünf Stiche, ausgeführt mit großer Wucht.

Kemal schweigt einen Augenblick. »In unserer Familie passiert so was nicht«, sagt er. In der Untersuchungshaft zertrümmerte er einen Spiegel, er konnte sich selbst nicht mehr sehen.

Kemal wurde zu sieben Jahren Haft wegen Totschlags verurteilt. Im Knast habe er lernen müssen, sich neu durchzusetzen. »Wenn du dich einmal bückst, stehen zehn hinter dir.« Bücken bedeutet, sich zu unterwerfen. Er war jetzt Nummer 130 987. »Drinnen ist alles monoton. Immer dieselben Farben, nie ein freier Blick. Aber das Schlimmste ist, dass ständig jemand neben dir steht, der bestimmt.« Aus dem Gefängnis habe er an die Mutter des Opfers geschrieben, sie habe ihm nicht geantwortet.

Nachdem Kemal zwei Drittel seiner Haft abgesessen hatte, wurde er vorzeitig entlassen. Der Psychologe Abram hatte eine gute Prognose abgegeben, die er so zusammenfasst: »Er ist im falschen Viertel groß geworden, hat aber eine stabile Familie.« Draußen bemühte sich Mehmet Kemal um Arbeit, in Haft hatte er eine Ausbildung zum Zweiradmechaniker abgeschlossen. Er stellte sich in verschiedenen Werkstätten vor, aber irgendwann kam immer die Frage: »Und wo haben Sie gelernt?« Wenn Kemal darauf antwortete, konnte er sehen, wie das Interesse im Gesicht des Gegenübers erlosch. Er schlug sich mit Gelegenheitsjobs durch bis zu seiner jetzigen ABM-Stelle. Sie endet bald. Dann wird er wieder um Vertrauen bitten müssen.

Zelle 221, Spätsommer 2008. Daniel Koch und Gavin Jones sitzen auf dem Bett in Zelle 221, gemeinsam zählen sie die »Toten«: wie viele Menschen von den Insassen ihrer Wohngruppe »draußen« umgebracht wurden. Sie kommen auf sieben oder acht, so genau können sie das nicht feststellen. Jones sieht sich in seiner alten Zelle um, sein Blick fällt auf ein Gedicht, das Koch an seinen Schrank geklebt hat: *Krank* von Erich Fried. Koch kennt es noch aus der Schule: »Wer gegen die Gesetze dieser Gesellschaft/nie verstoßen hat und nie verstößt/und nie verstoßen will/der ist krank«.

Eigentlich sollte dieses Treffen mit Gavin Jones draußen sein, in der Freiheit. Aber Jones ist zurück im geschlossenen Vollzug, zurück in Haus 2, allerdings nicht in seiner alten Zelle. Jones hat jetzt einen Haftraum auf der »schlechten« Seite, dort, wo die Gebäude dicht nebeneinander stehen und sie kein Baum vor der Sonne schützt. Eine gute Zelle, schattig und leise, muss er sich erst wieder verdienen. Welche Zelle ein Gefangener bekommt, zeigt auch seinen Status an: wie weit seine »Erziehung« vorangeschritten ist.

In einer Juninacht hat Gavin Jones seine Freiheit verwirkt, wieder einmal. Freunde boten ihm in einer Bar Kokain an. Schon am darauffolgenden Tag wurde er in Handschellen wieder in den geschlossenen Vollzug gebracht, eine Urinprobe hatte ihn überführt. Auch zur Schule darf Jones jetzt nicht mehr hinaus. Er sitzt in seiner Zelle, liest Krimis und fühlt sich unfair behandelt. »Ich habe nur eine Nase gezogen, und gleich wird mir alles weggenommen.« Die Einschätzung des Psychologen Abram klingt nicht gut: »Nach diesem Rückfall sehe ich keine gute Prognose für ihn.«

Gavin Jones hat noch anderthalb Jahre vor sich. Er hofft, dass seine Freundin draußen weiter zu ihm hält. Und er träumt viel vom Jenseits, so wie es der Koran beschreibt. Es gebe da eine Stelle, wo einer sage, er möge nicht zurückkehren in die öde Welt. »Dann weiß ich, wie schön es dort ist.«

Zelle 221, Herbst 2008. Daniel Koch schwingt einen Stuhl über die Badtür, hängt sich daran und macht Klimmzüge. Er hat noch ein Jahr »Nachschlag« bekommen, wie er sagt, ein Jahr mehr wegen der »Unterdrückungsgeschichte«. Gemeinsam mit vier anderen Häftlingen quälte er zwei Mitinsassen. Sie mussten Kochs Essenschüsseln putzen und die Zelle sauber machen. Wenn sie sich wehrten, wurden sie verprügelt. Warum? »Die haben es zugelassen«, sagt Koch. Es ist ein ständiges Machtspiel, jeder muss beweisen, dass er kein Opfer ist. Als Beamte die beiden Häftlinge unter der Dusche mit blauen Flecken entdeckten, kam alles heraus.

Daniel Koch fürchtet sich davor, wieder die Kontrolle zu verlieren. »Man muss sich hier hart durchsetzen.« Wenn zum Beispiel jemand zu ihm sage: »Fick deine Mutter«, raste er noch immer aus. »Wer sich nicht wehrt, zeigt den anderen, dass er keine Ehre hat.« Also hält sich Koch lieber abseits, versucht, nicht aufzufallen.

Demnächst wird seine Mutter ihn besuchen. Sie darf zwei Stunden bleiben. Sie werden im Besuchsraum der Haftanstalt sitzen, und Koch wird nach Worten suchen. Er findet, zwei Stunden seien zu lang. Es passiert ja nichts im Knast, vor allem nichts Schönes. Sein Vater kommt nie, er schreibt ihm auch nicht. Er ist aus seinem Leben verschwunden.

Die Gedanken an draußen, sie kommen nun öfter. »Der Knast hat mich verändert. Ich werde mein Leben anders aufbauen«, sagt Koch. Nach seiner Entlassung hat er vor, Berlin zu verlassen und nach Bayern zu ziehen. Er träumt davon, sich mit einer Tischlerei selbstständig zu machen. Den Kontakt zu seinen Mitinsassen will er abbrechen. Zu viele schlechte Einflüsse. An Jörg Abram, den Psychologen, wird er vielleicht eine Karte schreiben. Aber nur, wenn er es geschafft hat.

Büro des Gefängnisleiters, Winter 2009. Marius Fiedler sagt, es sei sehr schwer, Prognosen für die Zukunft von jugendlichen Häftlingen abzugeben. »Sie entwickeln sich sprunghaft.« Einmal habe er einem Insassen eine schlechte Einschätzung geschrieben, und der sei nie wieder auffällig geworden. »Man muss das richtige Strafmaß finden – nicht zu hart und nicht zu mild. Aber das Gefängnis ist mitnichten der beste Ort für die Entwicklung von Jugendlichen.« Fiedler ist froh, wenn ein paar Häftlinge in Plötzensee einen Abschluss schaffen, und manchmal ist er auch schon froh, wenn sie wenigstens zum Zahnarzt gehen, bevor sie entlassen werden. Die Rückfallquote bleibt hoch. Was hilft? »Bildung, Bildung, Bildung.«

Daniela Hosser vom Kriminologischen Forschungsinstitut Niedersachsen, Projektleiterin der Studie *Entwicklungsfolgen der Jugendstrafe,* hat sich seit 1997 mit insgesamt 2400 Häftlingen beschäftigt und kommt zu dem Schluss: »Entgegen gesellschaftlichen Erwartungen und Hoffnungen ist die Jugendstrafe selbst für das Gros junger Männer kein Anlass für einen tiefgreifenden Einstellungs- und Verhaltenswandel.« Fiedler reagiert auf diese Aussage verstimmt: »Was heißt tiefgreifend? Welche Hoffnungen hatte man da? Wir können die Jugendlichen nicht umkrempeln. Mein Hauptziel ist es, dass sie nicht mehr straffällig werden.«

Es gibt oft Augenblicke, in denen Marius Fiedler verzweifeln könnte, meist dann, wenn seine »übergeordnete Behörde« oder Politiker nach einer grausigen Geschichte in den Boulevardzeitungen schärfere Maßnahmen gegen kriminelle Jugendliche fordern. In diesen Momenten versucht er, an Fälle zu denken, die gut ausgegangen sind, an den Häftling, der jetzt im Nachwuchskader der Fußballbundesliga spielt, oder an jenen, der inzwischen eine große polnische Zulieferfirma für die Automobilindustrie leitet. Fiedler weiß, das sind Ausnahmen. Er bemüht sich, bescheiden zu sein. Ihm würde reichen, wenn der »Resozialisierungsgedanke« wieder mehr Akzeptanz fände. Bisher gibt es keine Alternative zum Strafvollzug, um jugendliche Kriminelle zu bestrafen. »Aber alle Gefangenen sind früher oder später wieder unsere Nachbarn. Und wir müssen versuchen, sie zu halbwegs verträglichen Nachbarn zu machen.«

Fiedler hat ein Stehpult vors Fenster geschoben und eine Couch gekauft, von seinem eigenen Geld. Nun sieht sein Büro aus wie ein Wohnzimmer. Die meiste Zeit verbringt Fiedler im Gefängnis, auch Weihnachten feiert er im Knast. Mit 65 muss er in Pension gehen, er fürchtet sich schon etwas davor. Die verordnete Untätigkeit erscheint ihm wie eine Strafe.

Café im Kino Alhambra, Winter 2009. Mehmet Kemal muss gleich auf seinen fünfjährigen Sohn aufpassen. Er teilt sich das Sorgerecht mit seiner früheren Freundin. Wenn er mit seinem Sohn zusammen ist, dann nimmt er sich vor, den Verlockungen nicht zu erliegen, die Verbindungen von früher ruhen zu lassen. Seine ABM-Stelle gefällt ihm. Da ist er nicht nur der »Exknacki«, nicht der »Totschläger«, den alle argwöhnisch beobachten. »Im Inneren bin ich kein schlechter Mensch«, sagt Kemal.

Vor kurzem hat er zehn »Problem-Jugendlichen« sein erstes Antiaggressionstraining gegeben. Er hat zwei Stunden über sich geredet: dass man mit 17 zu jung ist, um ein Messer zu tragen. Dass er damals keine sinnvolle Beschäftigung hatte, keine Ziele. »Ich wollte nur Respekt, so schnell wie möglich.«

Vor den Augenblicken innerer Aufruhr graut ihm noch immer. Kemal lebt in steter Furcht, einen Fehler zu begehen. Schon eine rote Fußgängerampel, die er nicht beachtet, kann eine Gefahr sein. »Eine Anzeige, und ich bin wieder weg.« Nach sieben Jahren in Freiheit wirkt Mehmet Kemal oft wie ein Mann am Abgrund, der sich doch immer wieder gegen den letzten Schritt entscheidet.

Manchmal überlegt er, wie sein Leben verlaufen wäre ohne diese Tat, ohne das Gefängnis: »Wo wäre ich jetzt? Hätte ich einen Sohn?« Er kann die Fragen nicht beantworten. Hat die Haft etwas bei ihm bewirkt? »Es tut mir leid, dass ein Mensch gestorben ist, aber man kann diesen Tod nicht sühnen.« Er sieht das Gefängnis als letzte »Sozialmaßnahme« für eine Tat, die er nicht wiedergutmachen kann.

Beim Abschied sagt Mehmet Kemal, dass er sich ab und zu nach dem Gefängnis sehne, nach seiner alten Zelle 221. Nach dieser Ruhe. Man gebe alle Verantwortung ab, habe dann auch

»keine Kopfschmerzen mehr«. Es ist, als übernähmen andere das Leben für einen. »Manchmal denkst du gar nicht mehr an draußen«, sagt Mehmet Kemal.

Frühjahr 2009. Daniel Koch wird in diesem Jahr das Gefängnis wahrscheinlich zum ersten Mal für ein paar Stunden verlassen dürfen. Gavin Jones besucht nun die Schule in der JVA Tegel, Deutschlands größtem Männerknast. »Er hat sich gefangen«, sagt der Psychologe Abram. Seit Januar hat er wieder Haftlockerung und darf an den Wochenenden für zehn Stunden raus. Mehmet Kemal ist wieder arbeitslos geworden und will demnächst eine Ausbildung zum Erzieher beginnen. Wenn das Arbeitsamt es ihm erlaubt.

Wie es weiterging: Marius Fiedler, der ehemalige Leiter der JVA, ist mittlerweile in Pension und berät die EU beim Aufbau eines Strafvollzugsgesetzes in Montenegro. Auch der Psychologe Jörg Abram ist nun im Ruhestand. Gavin Jones wurde 2010 entlassen. Er hat eine Freundin und eine Lehre zum Koch abgeschlossen. Momentan macht er in einer Klinik einen Kokain- und Alkoholentzug. Mehmet Kemal ist heute Trainer bei einem Berliner Sportverein. Daniel Koch hat die JVA 2011 verlassen, bis zur Abgabe dieses Buchmanuskriptes hat er sich nicht gemeldet.

IHR LETZTES URTEIL

Wie die Jugendrichterin Kirsten Heisig sich selbst verlor

Dieses Lächeln. Da ist immer dieses Lächeln. Auf fast jedem Foto – egal ob sie auf einem Segelboot steht, durch den Berliner Stadtbezirk Neukölln spaziert oder in ihrem Büro sitzt. Stets sieht Kirsten Heisig aus, als müsse sie beweisen, wie gut es ihr gerade geht. Auch wenn ihr übriges Gesicht etwas anderes erzählt, tiefe Ringe haben sich unter ihre Augen gegraben, der Blick ist verschleiert, als habe sie schon lange keine Nacht mehr durchgeschlafen. Es ist dieses Lächeln – fröhlich und gequält zugleich –, das einen verfolgt, wenn man sich mit ihr beschäftigt.

Jugendrichterin Kirsten Heisig, 48 Jahre alt, Erfinderin des »Neuköllner Modells« zur Bekämpfung von Jugendkriminalität, Buchautorin, Mutter von zwei Töchtern, hat sich Ende Juni in Berlin das Leben genommen. Die Polizei fand ihre Leiche nach tagelanger Suche am 3. Juli 2010 im Tegeler Forst, Heisig hatte sich erhängt. Nach ihrem Tod stand ihr Buch *Das Ende der Geduld. Konsequent gegen jugendliche Gewalttäter* zeitweise auf Platz eins der Bestsellerlisten. Inzwischen hat es sich 320 000 Mal verkauft und ist zum Instrument einer politischen Debatte geworden. Heisigs Thesen über die Integration von Muslimen und Migranten und den richtigen Umgang mit kriminellen Jugendlichen haben durch ihren selbstgewählten Tod eine zusätzliche Wucht bekommen. In Heisigs Namen wird Politik gemacht. Es scheint, als habe ihre Selbsttötung ihren Ruhm gesteigert. Ihre Ideen werden in zahlreichen Foren diskutiert, zu Gedenkveranstaltungen erscheinen auch Monate nach ihrem Tod noch 200 Menschen. Worin liegt Kirsten

Heisigs Strahlkraft? Woran ist sie gescheitert? Und was wird von ihr bleiben?

Wie er ihre Arbeit fortführen kann, fragt sich Andreas Müller, seitdem Heisig fort ist, jeden Tag. In ihrem Buch erwähnt sie Müller mehrmals, am Ende dankt sie ihm. Er ist Jugendrichter in Bernau und war mit Heisig befreundet. »Wir hatten das gleiche Ticken.« Müller steht im Wohnzimmer seines Einfamilienhauses in Glienicke am nördlichen Rand Berlins und sieht aus, als würde er jeden Moment zusammenklappen. An diesem Tag war schon das Fernsehen da, er raucht Kette und läuft ruhelos auf und ab. In gewisser Hinsicht stand er auf der anderen Seite, bekannt geworden ist er für seine harten Urteile gegen Rechtsradikale. »Ich hatte die Gnade der Political Correctness«, sagt er. Heisig dagegen schrieb in ihrem am meisten zitierten Kapitel über typische Intensivtäterkarrieren: »Schwerkriminelle, die häufig 30 und mehr erhebliche Straftaten aufweisen, haben zu etwa 90 Prozent einen Migrationshintergrund.« Und: »Die Araber stellen also gemessen an ihrem Bevölkerungsanteil mit weitem Abstand die Mehrheit der Intensivtäter.« Sätze wie Schläge. Laut, hart, provokant. Sätze, für die sie viel Aufmerksamkeit bekam, viel Beifall, aber auch viel Kritik.

Vor etwa drei Jahren begannen sich Heisig und Müller öfter zu sehen, er wurde ihr Berater bei »Pressegeschichten«, wie er das nennt. Weil er Rechtsradikalen als Bewährungsauflage erteilte, keine Springerstiefel mehr zu tragen, und sie zu hohen Haftstrafen verurteilte, wählten Journalisten aus der ganzen Republik seine Nummer. »Ich war völlig überfordert«, sagt er. Auch Kirsten Heisig bekam immer häufiger Besuch von Reportern, nachdem im Januar 2008 ihr Neuköllner Modell eingeführt worden war, in dessen Mittelpunkt das beschleunigte vereinfachte Jugendverfahren für kleinere Delikte steht: Der Täter soll sich möglichst innerhalb von drei bis fünf Wochen nach der Tat vor Gericht verantworten. Manchmal saßen die beiden in Müllers Wohnzimmer und redeten darüber, wie schwer es ist, als Richter in der Öffentlichkeit zu stehen. Müller sagt: »Du kriegst Sprüche von den Kollegen wie: Hast du nichts anderes zu tun?« Das kannte Kirsten Heisig. »Da kommt wieder der Filmstar«, hieß es manchmal, wenn sie die Kantine ihres Amtsgerichts in Tiergarten betrat.

Und es wäre so weitergegangen nach der Veröffentlichung ihres Buches. Ihr Lektor beim Herder-Verlag sagt, sie sei bis weit ins nächste Jahr hinein ausgebucht gewesen: Talkshows, Interviews, große Magazinberichte. Sie hatte ihr Leben nach außen gekehrt. Kirsten Heisig ging morgens noch vor dem Dienst joggen, zweimal in der Woche hatte sie Verhandlungen, die sie vorbereiten musste. Abends eilte sie in ihren Bezirk Neukölln zu Gesprächen mit Eltern, Sozialarbeitern, Lehrern, Migrantenvereinen. Bei Weihnachtsfeiern der zuständigen Polizeidirektion war sie der letzte Gast. Es gab wohl kaum eine Veranstaltung zum Thema Integration und Jugendkriminalität in Neukölln der letzten Jahre, die sie nicht besucht hat. Nebenher schrieb sie ihr Buch. Ihr Mann und sie hatten sich getrennt, sie kümmerten sich abwechselnd um ihre beiden pubertierenden Töchter.

Scheinbar rastlos eilte Heisig durch ihren Bezirk, durch ihr Leben. Viele aus ihrem Umfeld fragen sich noch heute, wann sie geschlafen, wann sie gegessen hat. Sie war in den letzten Monaten so schmal geworden, dass manche sie für magersüchtig hielten. Trotzdem forschte kaum einer intensiver nach, trotzdem nahmen die meisten vor allem ihr Lächeln wahr. Dieses Lächeln ließ jede Sorge töricht erscheinen. Man kann nur ahnen, was es sie für eine Kraft gekostet haben muss, die innere Verzweiflung zu verbergen. Am Ende hatte ihr Leben wohl nur noch zwei Lautstärken: nach außen laut, nach innen fast stumm.

Mit zunehmender Bekanntheit widersprach Kirsten Heisig immer mehr dem traditionellen Bild eines Richters. Er soll unabhängig sein, eine neutrale Instanz, die möglichst keine festgefügten Überzeugungen äußert, um sich nicht angreifbar zu machen. Davon hatte sich Kirsten Heisig zum Schluss schon ziemlich weit entfernt.

Andreas Müller deutet auf eine Ausgabe der Zeitschrift *Cicero,* die auf seinem Wohnzimmertisch liegt. Er schlägt sie auf und sagt: »Christian Pfeiffer ist der Einzige, der es gewagt hat, nach Kirstens Selbstmord gegen sie zu sprechen.« Vielleicht ist das ein Teil des Problems: dass es nach einem Selbstmord fast unmöglich wird, sich mit demjenigen, der sich getötet hat, ehrlich auseinanderzusetzen. Jeder Widerspruch wirkt pietätlos. Auch das Schreiben darüber ist eine Gratwanderung. Viele, die Kirsten Heisig kannten und nicht ihre Meinungen teilten, möchten nicht zitiert oder namentlich erwähnt werden. Manche fürchten sogar, ansonsten ihren Job zu verlieren.

Christian Pfeiffer, der Leiter des Kriminologischen Forschungsinstitutes Niedersachsen, widerlegt Heisigs Thesen im *Cicero* unter der Überschrift »Nicht alle Buben sind so böse«. Zuvor hatte Heisig in ihrem Buch seine Forschungsergebnisse angegriffen. Pfeiffer hält ihr entgegen, dass die Jugendkriminalität deutschlandweit zurückgehe, und zwar auch bei schweren Körperverletzungen, dass also von einer zunehmenden Brutalisierung keine Rede sein könne. Außerdem stellt er fest, dass junge Migranten nicht mehr Gewalttaten begingen, wenn man sie mit deutschen Jugendlichen aus ähnlichen sozialen Verhältnissen vergleiche. Er legt nahe, dass Heisig unter einem massiven Burn-out-Effekt gelitten habe: »Frau Heisigs Buch vermittelt den Eindruck, dass sie in eine derartige persönliche Sackgasse geraten sein könnte, die auch ihre kriminologischen Bewertungen erheblich beeinflusst haben dürfte.« Müller liest die Zeilen vor, die letzte schreit er heraus.

In diesem Augenblick wird klar, es geht nicht nur um Kirsten Heisig. Es herrscht ein Glaubenskampf, in dem sich Juristen, die an die Macht der Strafe glauben, und Juristen, die eher von der Kraft der Erziehung und der Geduld überzeugt sind, unversöhnlich gegenüberstehen. »Christian Pfeiffer verkörpert die alte Garde von Theoretikern, denen Freiheitsentzug grundsätzlich suspekt ist«, sagt Müller, »Generalprävention ist ein Feindbild für sie. Sie verfolgen immer noch den Gedanken, Kriminalität wächst sich aus, bis die Jugendlichen 21 sind. Aber bis sie 21 sind, haben sie diverse Opfer hinterlassen.« Er wirft die Zeitschrift mit Wucht zurück auf den Tisch.

Ist Pfeiffer nur ein mächtiger Gegenspieler, der sich gern in der Öffentlichkeit zeigt? Oder nahm Heisig, die so unerschrocken unliebsame Wahrheiten aussprach, am Ende selbst etwas für sie Unliebsames nicht mehr wahr: dass die Zahlen dem widersprachen, was sie im Alltag zu erleben glaubte?

Was macht es mit einem, wenn man täglich die Opfer jugendlicher Verbrecher vor sich hat? Wenn 17-Jährige 14-Jährige vergewaltigen, zusammenschlagen, halb tottreten und man über die Strafe für die Tat bestimmen, aber sie nicht ungeschehen machen kann?

Die Vergewaltigungsfälle haben Kirsten Heisig hart getroffen, erzählen ihre Freunde. Manchmal saßen Kirsten Heisig und Andreas Müller zusammen und sagten: »Wir können es nicht mehr ertragen. Wir gehen jetzt gemeinsam in die Politik.« Richter Müller vermeidet es, in Berlin am Wochenende nachts S-Bahn zu fahren. Er sagt, er könne sofort das Gewaltpotenzial einer Gruppe Jugendlicher einschätzen. Der Beruf prägt. Vielleicht ist es manchmal einfach zu viel.

Müller wütet, dann wieder schweigt er minutenlang. Er hat sich wund geredet. Heisig und er standen sich nahe. Ein paar Tage vor ihrem Tod haben sie sich noch gesehen. Im Juni auf der Fanmeile. Gemeinsam tanzten sie bis in die Nacht zum Sieg Deutschlands gegen Ghana bei der Fußball-WM. Sie sprachen auch über Heisigs Buch, das gerade fertig geworden war. Müller wollte auch mal ein Buch schreiben: *Springerstiefel, Cannabis, Depression.* Er hat es dann gelassen. Vor einiger Zeit hatten er und Heisig über Suizid geredet, sie hatte schon einmal versucht, sich das Leben zu nehmen. Das Wort Depression spricht Müller nie im Zusammenhang mit Heisig aus, keiner ihrer Freunde tut es. Ihr Zustand am Ende bleibt stets im Vagen, als habe etwas Unaussprechliches sie gequält. Müller nennt es »die gesammelte Traurigkeit«.

In jener letzten Nacht auf der Fanmeile sagte Andreas Müller zu Kirsten Heisig, dass er keine Lust mehr habe, in der Öffentlichkeit zu stehen, und nicht wisse, ob er sich für ihr Buch einsetzen könne. Er beruhigte sie, was sie geschrieben habe, sei vernünftig, es werde nicht übermäßig viel Kritik geben. »Du wirst viel mehr machen müssen, als du glaubst«, antwortete Heisig. Dieser Satz ist Müller in die Glieder gefahren, damals, auch wenn er ihn zunächst nicht genau zu deuten wusste. Seitdem bekommt er ihn nicht aus dem Kopf.

Kirsten Heisig hat sich auf dem Höhepunkt ihres Erfolges entschieden, ihrem Leben ein Ende zu setzen. Das von ihr initiierte Neuköllner Modell war im Juni auf ganz Berlin ausgeweitet worden, sie sollte den Preis des Bundes Deutscher Kriminalbeamter bekommen, und nach zwei Jahren Arbeit hatte sie ihr Buch beendet. Am Tag ihres Verschwindens hatte sie ihrem Verlag die letzten Korrekturen durchgegeben. Sie hatte es geschafft.

Vielleicht erscheint ihr Selbstmord deshalb vielen so unglaublich. Im Internet gibt es Foren, die sich ausschließlich mit angeblichen Ungereimtheiten ihres Todes beschäftigen – von politisch motiviertem Mord bis Racheaktion der arabischen Clans reichen die Verschwörungstheorien. Und all das soll von den deutschen Behörden vertuscht worden sein. Anscheinend hat eine ganze Reihe von Heisigs Anhängern jegliches Vertrauen in diesen Staat verloren. Gerade darin sah aber Heisig die Lösung: mehr Staat im Kampf gegen Jugendkriminalität. Kinder aus gefährdeten Familien sollten früher in die Kita, schwer kriminelle Jugendliche als letzte Maßnahme in geschlossenen Heimen untergebracht und die staatlichen Behörden – Polizei, Jugendamt, Jugendgerichtshilfe, Richter und Staatsanwaltschaft – enger vernetzt werden. Die Justiz sollte schneller und härter reagieren.

Einer, der oft mit Kirsten Heisig gemeinsam auftrat, ist Arnold Mengelkoch, der Migrationsbeauftragte von Neukölln. Er steht in seinem Büro im Neuköllner Rathaus. Es ist neun Uhr morgens, und Mengelkoch ist völlig aufgelöst. Gerade hat er auf einem U-Bahnhof ein paar arabischstämmige Jugendliche beim Verteilen von Drogen beobachtet. Mengelkoch zückte seine Kamera und machte Fotos. Daraufhin wurde er von den Jugendlichen verfolgt und mit dem Messer bedroht. Nun will er Anzeige erstatten. »Ich ertrage es einfach nicht«, sagt er. Ein wenig scheint es, als lebten alle, die sich mit Neukölln, Migration und Jugendkriminalität beschäftigen, in einem permanenten Ausnahmezustand. »Da ist so eine Unruhe, wenn man sich da hineinbegibt«, sagt Mengelkoch. Dieses Atemlose findet sich auch in Heisigs Buch. Viele Sätze klingen, als kämen sie eigentlich schon zu spät, als sei die Lawine nicht mehr aufzuhalten.

Jede Tat ist eine zu viel, jedes Opfer eines zu viel. Aber ist die Situation tatsächlich furchteinflößend, oder ist Überspitzung notwendig, um überhaupt Gehör zu finden?

Ein Montagabend im September. Im Heimathafen Neukölln sitzen 200 Menschen, der Herder-Verlag hat zu einer Heisig-Gedenkveranstaltung eingeladen. Neuköllns SPD-Bürgermeister Heinz Buschkowsky gibt vor dem Saal die ersten Interviews. Er ist der unumstrittene Star des Abends. Neben ihm auf dem Podium sitzen die Schriftstellerin Monika Maron, der Staatsanwalt Andreas Behm, Jugendrichter Günter Räcke und ein junger Migrant, Hauptdarsteller des Stückes *Arabboy.* »Es soll darum gehen, wie wir damit umgehen, was Kirsten Heisig uns aufgeschrieben hat«, sagt Buschkowsky zur Eröffnung. Er sagt, dass drei von vier Kindern in Neukölln Hartz IV empfingen, dass die Probleme immer größer würden und man in den vergangenen Jahren nicht wirklich weitergekommen sei. Er redet sich in Rage, die anderen kommen kaum zu Wort. Auch Heinz Buschkowsky ist ein Glaubenskämpfer.

»Jugendrichter stehen häufig im Ruf von Allesverstehern. Verständnis und Ermahnung stehen im Vordergrund, manchmal auch über dem Leid des Opfers. ›Du Armer, wie ist dir denn das passiert, dass du den anderen zusammengeschlagen hast, warst du schlecht drauf?‹ Das war nicht Heisigs Welt«, sagt er ein paar Wochen später in seinem Büro. »Heisig war auch eine Quelle der Inspiration für mich. Sie war ein Teil meiner Politik, ohne dass sie es wusste. Ein Stück unersetzlich.«

Im Jahr 2008 stellte er ihr den größten Saal des Rathauses zur Verfügung, für zwei Abende mit türkisch- und arabischstämmigen Eltern. Von den Abenden gibt es Fernsehaufnahmen, darin sagt Kirsten Heisig zu den Eltern: »Bitte sorgen Sie dafür, dass Ihre Kinder in die Kita gehen, damit sie die Sprache lernen.« Wenn es Probleme gebe: »Dann sagen Sie mir bitte Bescheid, dann kümmere ich mich darum.« Im Saal saßen vielleicht 300 Menschen. Heisig vermittelte den Eindruck, dass sie sich um jeden Einzelnen kümmern wolle. Eine Aufgabe, die sie nicht schaffen konnte. »Sie war ein Mensch ohne Ausschalter«, sagt Buschkowsky. »Ich habe sie nie mutlos erlebt, nie depressiv. Sie ist ein Beispiel dafür, wie wenig man Menschen in Wahrheit kennt.«

Kirsten Heisig war nicht einsam. Es gab viele, die sich mit ihr trafen, die sie mochten und unterstützten. Aber es fällt auf, dass nur sehr wenige über ihren privaten Hintergrund Bescheid wussten. Heisig wurde in Krefeld geboren. Die Ehe der Eltern war nicht immer glücklich, sie trennten sich zeitweise, als Heisig acht war, und schickten das Kind zur Großmutter nach Berlin. In dieser Zeit lief im Fernsehen die Serie *Ehen vor Gericht.* Der Richter, der die zerstrittenen Paare beruhigen konnte und dessen Entscheidungen sie zu akzeptieren hatten, beeindruckte Heisig, erzählte sie kurz vor ihrem Tod der Zeitschrift *Emma.* Der Richter als allmächtiger Heiler – dieses Bild muss sich ihr eingeprägt haben.

Nach zwei Jahren kehrte Heisig wieder zu ihren Eltern zurück. Später studierte sie an der Freien Universität Berlin, 1993 wurde sie Jugendrichterin, zunächst in Pankow und Friedrichshain, bis sie 2008 Neukölln übernahm. Sie hatte einen Staatsanwalt geheiratet und zwei Töchter bekommen. Sie lebte im bürgerlich-reichen Steglitz im Süden Berlins, dem Gegenentwurf zu Neukölln mit seiner hohen Hartz-IV-Empfänger- und Ausländerquote. Als die Ehe zerbrach, zog sie aus der gemeinsamen Wohnung aus. »Davor waren die Heisigs das strahlende Paar des Steglitzer Bürgertums«, sagt eine Freundin.

Beim Thema Jugendgewalt und Integration geht es auch um den Schock der bürgerlichen Mitte, zu der Kirsten Heisig gehörte, dass sich ihre Wirklichkeit verändert hat. Dass Deutschland tatsächlich ein Einwanderungsland ist, dass viele Muslime hier leben, sie nicht mehr weggehen und dass sie oft auch mehr Kinder bekommen als Deutsche.

Die meisten erfuhren erst nach Kirsten Heisigs Tod, dass sie nicht mehr mit ihrer Familie zusammengelebt hatte. Nach außen sollte der Schein gewahrt werden. Die Kirsten Heisig, die in der Öffentlichkeit auftrat, wirkte stark, resolut und entschieden. Jemand, der sein Leben unter Kontrolle hatte, Zweifel erschienen unangebracht. Wie es wirklich um Kirsten Heisig stand, wusste am Ende wohl keiner genau.

»Es gibt immer Menschen mit zwei Gesichtern, die auch ihr nächstes Umfeld nicht an allen Gedanken teilhaben lassen, und ich habe keine Anzeichen bemerkt«, sagt Stephan Kuperion, Heisigs engster Freund. Er sitzt im sechsten Stock des Amtsgerichts Tiergarten, des größten deutschen Amtsgerichts. 200 Richter arbeiten hier, 40 davon als Jugendrichter. Auch Kuperion ist Jugendrichter und zuständig für die Ostberliner Neubaustadtteile Marzahn und Hellersdorf. Kirsten Heisig saß drei Stockwerke unter ihm in Raum E 302, dem Fahrstuhlzimmer. Manchmal konnte sie das Rattern des Lifts hören. Auf Fotos hockt sie in ihrem Büro, lächelt, vor ihr auf dem Schreibtisch türmen sich die Akten.

Neben seinem Beruf setzt Kuperion sich für blinde Kinder ein. Er hat etwas gesucht, das nicht mit seinem Richteralltag zu tun hat. »Es besteht ansonsten die Gefahr, dass Sie die, die vor Ihnen sitzen, für das Gesamtbild dieser Altersgruppe halten. Manchmal tut es gut, mit netten Jugendlichen zu tun zu haben.« Dafür blieb Kirsten Heisig keine Zeit. Am Ende konnte sie nicht mehr abschalten, entspannen, sagen diejenigen, die mit ihr gearbeitet haben. Überall schienen die Probleme immer nur größer und drängender zu werden.

Kuperion hat sie unterstützt bei der Entwicklung des Neuköllner Modells. Zuletzt haben sie sich fast jeden Tag gesehen.

Bei Kuperion rufen jetzt die Verlagsmitarbeiter an, wenn sie Lesungen oder Veranstaltungen über Heisig planen. Er ist der Hüter ihres Vermächtnisses.

Zusammen mit ihrem Exmann gab er die Vermisstenanzeige auf, als sie am Dienstag, dem 29. Juni, nicht zum Dienst gekommen war. Wie die meisten ihrer Freunde dachte er nicht an Selbstmord, sondern befürchtete eine Entführung oder Racheaktion arabischer Clans.

Kirsten Heisig wollte unbedingt nach Neukölln, in das härteste Viertel, den Rollbergkiez, einen der größten sozialen Brennpunkte Berlins. Dafür musste ein Kollege, der dieses Gebiet 25 Jahre lang bearbeitet hatte, weichen. Freunde und Gegner erzählen das mit jeweils unterschiedlicher Betonung. Für die einen ist sie aufgrund ihres Engagements eine Idealistin, eine Heldin, für die anderen eine Frau, die genau wusste, dass sie nur dort genügend Fälle und Aufmerksamkeit für ihr Projekt, ihre Ziele bekommen würde.

Kirsten Heisig entwickelte bei der Durchsetzung ihres Modells große Energie, und sie nahm keine Rücksicht auf Hierarchien. Sie war anscheinend die erste Jugendrichterin Berlins, die tatsächlich einmal im Quartiersmanagement, bei der Polizei, bei den Migrantenvereinen vorbeischaute und sich für deren Arbeit interessierte. Sie fragte in Schulen und bei Sozialarbeitern nach, ob ihre Weisungen befolgt wurden. Dafür erntete sie Respekt. Außerdem war sie Teamleiterin innerhalb der Jugendrichterschaft, eine von vier und lange die einzige Frau. Das bedeutete noch mehr Verwaltungsarbeit und noch weniger Zeit. Heisig engagierte sich bis zur totalen Erschöpfung. Vielleicht muss man so sein, wenn man etwas verändern will.

Andererseits konnte sie in der Kantine des Amtsgerichts zur Furie werden, wenn arabische Jugendliche auf dem Balkon rauchten. Sie konnte türenknallend Besprechungen mit Kollegen verlassen, von denen sie erfolglos verlangt hatte, ihr Arbeit abzunehmen, damit sie mehr Zeit für ihr Projekt hätte. Sie konnte Angeklagte mit extremer Verbissenheit verfolgen, wenn diese sich nicht nach ihren Vorstellungen verhielten. Auf manche Kollegen, die sie im Gerichtssaal erlebten, wirkte sie ab und zu wie eine Getriebene auf einem Feldzug.

Einer, den sie dabei hinter sich gelassen hat, ist Günter Räcke, der bei der Gedenkveranstaltung des Verlags mit auf dem Podium saß. Auch er arbeitet als Jugendrichter in Neukölln. Gemeinsam mit Heisig gab er im November 2006 dem Berliner *Tagesspiegel* ein Interview, das großes Aufsehen erregte. Darin warnten sie vor einer neuen Dimension der Gewalt besonders bei arabisch- und türkischstämmigen Jugendlichen. Als Heisig 2008 von Friedrichshain nach Neukölln wechselte, zogen sie gemeinsam durch die Hauptschulen, forderten Lehrer und Schüler auf, wenn etwas passierte, die Tat auch anzuzeigen. »Wir wollten praktisch vorgehen. Wir hatten kein Papier, nur die Idee.« Bis 2008 sahen sie sich sehr oft, viele Termine nahmen sie zusammen wahr. Bis Räcke bemerkte, dass er keine Luft mehr für anderes hatte. »Sie hatte eine andere Schlagzahl. Ich habe dieses Tempo nicht mithalten können.« Die zweite und dritte Runde durch die Schulen machte er nicht mehr mit. Nun, nach dem Tod seiner Kollegin, denkt Räcke darüber nach, warum sie sich am Ende kaum noch trafen. Er hat Stephan Kuperion gefragt, Heisigs Vertrauten. Der antwortete, es sei nichts Besonderes gewesen. Sie habe ihn einfach abgehängt. In ihrem Buch heißt Räcke »ein Richterkollege«.

Je näher die Veröffentlichung ihres Buches rückte, desto drängender wurde die Frage, ob Heisig danach noch als Richterin würde arbeiten können. Das Interesse an ihr als Person hätte zugenommen, so sind die Regeln der Mediengesellschaft. Zu ihrem Lektor sagte sie einmal im Scherz: »Sie sind schuld, wenn ich nicht mehr Richterin sein kann.« Sie muss unsicher gewesen sein, wie Kollegen und Vorgesetzte reagieren würden. Heisigs rechtspolitische Auffassungen wurden von vielen ihrer Berufsgenossen in Tiergarten nicht geteilt. Dass die beschleunigten und vereinfachten Verfahren sinnvoll sind, stellte zwar niemand infrage, aber dass sich die Analyse der Neuköllner Zustände auf ganz Berlin oder sogar ganz Deutschland übertragen ließe, bezweifelten die meisten. Vielleicht hatte auch ihr Eifer sie abgeschreckt, vielleicht war Neid dabei. Manche, die mit ihr gearbeitet haben, erzählen, dass Heisig am Ende kaum mehr für Kritik oder andere Meinungen zugänglich war. Sie schien nicht mehr erreichbar.

Das Berufliche drohte das Private vollkommen zu durchdringen. Ihre Ehe zerbrach, ihr Arbeitspensum wirkte immer exzessiver, ihre Mission immer bedeutsamer. Es kam vor, dass sie nachts befreundeten Journalisten aus Akten vorlas. Das faszinierte sie an ihrem Beruf: Sie konnte direkt Einfluss nehmen auf die Entwicklung von Biografien. Das ist es, sagt ihr Freund Stephan Kuperion, was den Beruf des Jugendrichters ausmacht, man kann etwas bewegen, Jugendliche sind noch formbar.

Richter dürfen niemals ratlos erscheinen, müssen fortwährend Entscheidungen treffen. Das setzt ein bestimmtes Selbstbild voraus, vielleicht sogar eine gewisse Hybris: Man muss sich selbst hoch genug schätzen, um über andere richten zu können. Zugleich soll das Außenbild perfekt wirken, für eigene Schwächen und Unsicherheit ist im Amt kein Platz. Erst recht nicht, wenn die Außenwelt einen unter dem Namen »Richterin Gnadenlos« kennt. Für jemanden, dessen Seele so verletzt ist, der so verzweifelt ist wie Kirsten Heisig kurz vor ihrem Tod, muss dieser Beruf die Hölle sein.

An einem Donnerstagabend im Oktober lädt die Fraktion der Grünen im Berliner Abgeordnetenhaus zu einer Diskussion über Heisigs Buch ein. Der Saal ist wieder voll, und der rechtspolitische Sprecher der Grünen fragt: »Stimmt Heisigs These, dass alles immer schlimmer wird?« Neben ihm sitzt Hans-Jürgen Miller, Jugendrichter in Kreuzberg, Landesvorsitzender der Deutschen Vereinigung für Jugendgerichte und Jugendgerichtshilfen und stellvertretender Leiter der Berliner Jugendarrestanstalt. Er richtet sich auf, man sieht ihm an, dass er auf diese Frage gewartet hat. Miller erzählt von einem geplanten Treffen der Jugendrichter im Amtsgericht vor wenigen Tagen, bei dem über die Arbeitsaufteilung fürs kommende Jahr gesprochen werden sollte. Es wurde kurzfristig abgesagt, weil die Eingangszahlen in diesem Jahr dramatisch gesunken sind. Auch in Neukölln. Es sieht danach aus, als würden im Januar 2011 vier Abteilungen geschlossen werden, weil die Jugendrichter unterbelastet sind.

Auch Kirsten Heisig stellt in ihrem Buch fest, dass die Zahlen sinken. Sie begründet es mit Verzerrungen der Statistik, die nicht mit der Lebenswirklichkeit im Land übereinstimmten. »Kirsten Heisig glaubte den Zahlen nicht. Ich kenne keinen Grund, warum ich diesen Zahlen nicht trauen sollte. Und einfach nur zu sagen: Mein Gefühl ist ein anderes, finde ich erstaunlich«, sagt Miller.

Laut Berliner Polizeistatistik gab es 2008 31861 Tatverdächtige unter 21 Jahren, 2009 waren es 31167. Zum Vergleich: Im Jahr 2000 waren es noch 41525. Die Zahlen der beiden vergangenen Jahre sind die niedrigsten seit Einführung der Gesamtberliner Polizeistatistik 1991. Die Jugendgruppengewalt sank 2009 ebenfalls und die Zahl der Rohheitsdelikte und Körperverletzungen auch. Genau kann sich keiner erklären, warum, ob es demografische Gründe hat oder weil viele Intensivtäter inhaftiert sind.

In Heisigs ehemaligem Zimmer E302 sitzt nun ein junger Proberichter, der nicht auf Lebenszeit angestellt ist. Wahrscheinlich werden im nächsten Jahr nur noch vier Jugendrichter statt sechs in Neukölln arbeiten. Kirsten Heisigs Abteilung wird aufgelöst, ihr Gebiet neu aufgeteilt.

Wie es weiterging: Der Jugendrichter Andreas Müller stellt sich 2013 in seinem Buch »Schluss mit der Sozialromantik« als Heisig Nachfolger dar. 2014 wird Heisigs Buch »Das Ende der Geduld« verfilmt, darin spielt Martina Gedeck die Richterin.

EINE UNMÖGLICHE FREUNDSCHAFT

Wie Phyllis Rodriguez, Mutter eines 9/11-Opfers, und Aicha El-Wafi, Mutter eines Terroristen, darum ringen, sich nicht zu hassen

Es gibt dieses Foto, das Phyllis und Aicha für immer miteinander verbindet. Es hätte sie zu Feindinnen machen können. Auf dem Bild blickt Zacarias Moussaoui traurig und ein wenig trotzig in die Kamera. Er ist 33 Jahre alt, trägt einen orangefarbenen Pullover, den Kopf fast kahl geschoren, ein dünner Bart umrahmt sein Kinn. Es ist das Bild vom Tag seiner Festnahme. Phyllis Rodriguez sah es kurze Zeit nach dem 11. September 2001 in der Zeitung in ihrem Haus in White Plains, New Jersey, USA. Moussaoui, stand dort, hätte der zwanzigste Flugzeugentführer werden sollen, ein potenzieller Mörder ihres Sohnes. Es war eine der wenigen Nachrichten, die Phyllis Rodriguez damals las, in den ersten Tagen nach dem Tod ihres Sohnes Greg. Sie wollte die Attentäter verstehen: Was trieb sie an? Wer waren sie? Warum hassen sie uns? Sie war auf der Suche nach einem Sinn im Grauen. Aicha El-Wafi sah das Foto im Fernsehen. Sie erkannte ihren Sohn Zacarias, kniete sich auf den Boden und schlug den Kopf auf die Fliesen ihres Hauses in Narbonne, Südfrankreich. »Das kann nicht sein«, schrie sie in Richtung des Bildschirms. Auf gewisse Weise haben Rodriguez und El-Wafi am 11. September beide ihre Söhne verloren. Sie müssten sich eigentlich hassen: Aicha El-Wafi, die Mutter des Terroristen, und Phyllis Rodriguez, die Mutter von Greg Rodriguez, der am 11. September im Alter von 31 Jahren im Nordturm des World Trade Centers starb.

Greg arbeitete seit kurzem bei der Finanzfirma Cantor Fitzgerald – er hatte sein Leben gerade in Ordnung gebracht. Ein großer Mann mit dunklen lockigen Haaren, die ihm in die Stirn hingen. Lange hatte er gegen alle Konventionen und gegen seine Eltern rebelliert, nun hatte er geheiratet und war in der Firma zum Vizechef für E-Mail-Sicherheit aufgestiegen. Ein paar Jahre früher wäre ein solcher Job für ihn nicht infragegekommen. Eine Woche vor seinem Tod hatte er seinen Sohn aus erster Ehe an der Westküste besucht. Er erzählte seiner Mutter Phyllis, dass sie sich jetzt öfter sehen wollten. Das war am 9. September 2001.

Zacarias Moussaoui war bereits im August 2001 in den USA verhaftet worden: Er war einem Fluglehrer aufgefallen, weil er trotz geringer Erfahrung lernen wollte, eine Boeing 747 zu fliegen. Nach dem 11. September war er der Einzige, der im Zusammenhang mit den Anschlägen in den USA vor Gericht gestellt wurde. Im Mai vergangenen Jahres wurde er zu lebenslanger Einzelhaft verurteilt, ohne Aussicht auf vorzeitige Entlassung. Phyllis' Sohn war tot, Aichas Sohn verschwand in einer Zelle. Seit jenen Tagen im Mai 2006 ist die Freundschaft der Mütter öffentlich. Sie ist wie ein Symbol, ein Ausrufezeichen – die Verbindung einer französischen Muslimin marokkanischer Herkunft und einer jüdischen Amerikanerin. »Wir stehen an zwei entgegengesetzten Enden der Ereignisse«, sagt Phyllis. Es ist die Geschichte einer Freundschaft, die eigentlich nicht wahr sein kann. Phyllis Rodriguez sagt über Aicha El-Wafi: »Sie ist eine Heldin, hat große Schwierigkeiten überstanden und dabei ihre Fähigkeit bewahrt, zu lieben und zu lachen. Ich fühle mich ihr sehr nah als Mutter und als Frau. Auch wenn ich nie verstehen werde, wie ihr Leben wirklich war.« Aicha El-Wafi sagt über Phyllis Rodriguez: »Phyllis ist ein sehr offener Mensch. Sie und ihr Mann waren sehr großzügig, ganz anders als die Menschen, die vor dem Gerichtssaal demonstriert haben und schrien, sie wollten Rache und mein Sohn habe es nicht verdient zu leben. Ich bewundere Phyllis, sie ist einzigartig.« Aicha hat sich schön gemacht, goldene Ohrringe angelegt, ihre grüne Hose endet kurz über den Knöcheln, und sie hat versucht, ihre schwarzen kurzen Locken in Form zu bringen. Sie ist gut gelaunt und ein wenig unruhig. An diesem Wintertag soll Phyllis ankommen. Sie haben sich seit dem Sommer nicht mehr gesehen. Es ist der zweite Besuch von Phyllis bei Aicha in Narbonne, die beiden Frauen wollen der *ZEIT* von ihrer Freundschaft erzählen.

Aicha eilt durch die Straßen von Narbonne. Sie ist auf dem Weg zum Bahnhof. Die Menschen kennen sie, manche bleiben stehen, umarmen, küssen sie. Die, die sie nicht mögen, halten sich fern. El-Wafi ist ein Star in der Stadt. Ihr Buch ist gerade erschienen. *Mon fils perdu* heißt es, Mein verlorener Sohn. Sie gibt Interviews, tritt in Talkshows auf. Ihren Sohn Zacarias kennen viele von früher und jetzt aus dem Fernsehen. Auf dem Bahnsteig von Narbonne wartet Phyllis. Sie trägt einen langen blauen Mantel, ihre graublonden Haare reichen bis zur Schulter. Aicha läuft auf sie zu. Die beiden umarmen sich, sie sind gleich groß. Aicha schenkt Phyllis einen Strauß Rosen. Hand in Hand verlassen sie den Bahnhof. Draußen steigen sie in Aichas kleinen silberfarbenen Renault. Sie fahren zehn Minuten bis zu Aichas Haus in einem Vorort von Narbonne. Stille Straßen, hohe Mauern, Swimmingpools. Von Aichas Terrasse aus sieht man das Mittelmeer. Die Journalisten fragten immer nach dem Problemviertel, in dem Zacarias aufgewachsen sein muss. Hier ist es nicht. Phyllis setzt sich auf das Sofa im Wohnzimmer. Aicha hat es in eine grüne Schondecke gehüllt. Aus Tonvasen ragen gelbe und rosafarbene Kunstblumen. Auf dem Tisch steht ein Foto von Zacarias, über dem Kamin hängt eins und über dem Durchgang zur Küche. Auf jedem Bild lächelt er. Am Kühlschrank kleben Artikel über ihn, im Wohnzimmerregal sammelt Aicha Videokassetten mit TV-Beiträgen zu seinem Fall. Ihr Sohn beherrscht dieses Haus wie ein Gespenst und hat langsam Aichas andere drei Kinder von den Wänden und Anrichten verdrängt. Es ist lange her, dass er hier gelebt, gegessen, aus dem Fenster geblickt hat. Im Leben seiner Mutter ist er allgegenwärtig, real und unwirklich zugleich. Phyllis bewegt sich vorsichtig durch die Räume. Zacarias zu sehen bedeutet immer auch Erinnerung an Greg. Aicha kocht in der Küche Tee, Phyllis geht ihr helfen. Ab und an hört man sie kichern.

Sie sind fast gleich alt: Phyllis 64 und Aicha 60. Phyllis hat wegen Aicha angefangen, Französisch zu lernen, erst mit Kassetten, dann hat sie einen Sprachkurs besucht. Sie reden nun eine Mischung aus Französisch, Spanisch und Englisch. Aicha: »Uns haben ganz bestimmte Umstände zusammengebracht. Wir sind keine Freundinnen, weil wir gemeinsam Karten, Tennis oder Bridge spielen, sondern weil wir sehr tiefe Gefühle teilen.« Phyllis: »Wir mögen es, zusammenzusein. Es ist eine einzigartige Verbindung, auch wenn wir nur ab und zu telefonieren.« Aicha erzählt Phyllis von ihrem Urlaub in Marokko. Sie ist gerade erst zurückgekehrt. Am Flughafen in Marokko habe der Zöllner sie herausgewinkt: Ob sie die Mutter von Zacarias Moussaoui sei, habe er gefragt. Ob sie schon etwas gegessen habe? Nein? Dann lud er sie ein. »Alle in Marokko wünschen sich eine Mutter wie Sie«, habe er zu ihr gesagt. »Sie haben Ihren Sohn immer unterstützt und nie vor den Kameras geweint. Wir stehen hinter Ihnen.« In Teilen der arabischen Welt wird Zacarias Moussaoui wie ein Held verehrt. Phyllis hört zu, lächelt. Wie muss es ihr dabei gehen?

Es ist eine von vielen Geschichten, die Aicha in den nächsten Tagen erzählen wird. Sie verteidigt sich, ohne angegriffen worden zu sein. Am Ende steht stumm die Botschaft: Ich bin eine gute Mutter. Die beiden lachen wieder. Es klingt immer ein wenig zu laut, zu fröhlich, als wünschten sie, alles Schwierige, Komplizierte damit zu übertönen. Manchmal irritiert dieses Lachen auch, zu krass ist der Gegensatz zu ihren Geschichten. Lange haben sie ihre Freundschaft geheimgehalten. Es ging nicht anders. Wenn sie sich auf dem Gerichtsflur in Alexandria, Virginia, begegneten, senkten sie die Augen, vermieden Blicke. Phyllis' Mann sagte für Zacarias' Verteidigung aus, gegen die Todesstrafe. Phyllis besuchte Aicha damals heimlich im Hotel, saß mit ihr vor dem Fernseher, kaufte für sie ein, kümmerte sich. Aicha lag im Bett, unfähig, das Zimmer zu verlassen. Es ging um ihren Sohn, die Todesstrafe drohte. Im Gerichtssaal beschimpfte Zacarias Moussaoui Juden und Amerikaner. Phyllis ist beides. »Ich habe das nicht persönlich genommen«, sagt sie. Sie versuchte, sich in seine Lage hineinzufühlen. Zacarias erklärte sich schuldig, verteidigte sich selbst und wirkte oft nicht ganz bei sich. Ein Arzt hielt ihn für schizophren. Es ist sicher, dass er Islamist ist, Al-Qaida-Mitglied. Er war in Tschetschenien, Afghanistan und Pakistan, und vor Gericht gab er an, er hätte bei einer späteren zweiten Attentatsserie ein Flugzeug ins Weiße Haus steuern sollen. Ob er wirklich als zwanzigster Entführer vorgesehen und in die Anschläge des 11. September verwickelt war, konnte nie wirklich bewiesen werden.

Am Abend gehen Phyllis und Aicha in ein indisches Restaurant. Phyllis trägt eine silberne Kette, die Aicha ihr geschenkt hat. Sie ist ein Erbstück von Aichas Mutter. Aicha sagt, sie habe ihr etwas Wichtiges, etwas von ihrer Familie geben wollen. »Phyllis hätte zu Hause sitzen bleiben können, aber sie hat mir beim Prozess beigestanden.« Die beiden setzen sich an einen Tisch in der Ecke, sie halten sich an den Händen. Aicha erzählt, dass ihre Geschichte, ihr Buch verfilmt werden soll. Sie verhandelt mit einer französischen Filmfirma. Aicha und Phyllis überlegen, wer wen spielen könnte. »Catherine Deneuve«, schlägt Phyllis für Aicha vor. Aicha zieht mit den Händen ihre Gesichtshaut glatt. »Zu viele Gesichtsliftings«, sagt sie. Phyllis soll auch im Film vorkommen. Aicha denkt an Meryl Streep. Phyllis: »Ach, die spielt doch immer gleich.« Die Rolle von Zacarias besetzen sie nicht. Das ist die Grenze. Zu real. »Verkauft sich dein Buch?«, fragt Phyllis. Aicha sagt: »Sehr gut in den ersten Tagen.« Phyllis: »Wow!« Es geht die ganze Zeit um Aicha, wie schwer es ihr gefallen ist, das Buch zu schreiben, die vielen Erinnerungen, und um Zacarias. Greg wird selten erwähnt. Phyllis sitzt Aicha gegenüber. Sie sieht aus wie ein Mensch, der sich manchmal sehr zusammennehmen muss, um die fröhliche Fassade aufrechtzuerhalten. »Ich höre ihr zu«, sagt sie später einmal. Wenn sie zuhört, muss sie selbst nicht sprechen. Phyllis Rodriguez kann seit dem 11. September kein Fernsehen mehr schauen. Sie fürchtet, dass sie etwas an die Anschläge erinnern könnte. Sie will nicht, dass sich ihre

Stimmung verändert, ihre Gefühle außer Kontrolle geraten. Ihr Mann ruft während ihres Besuchs in Narbonne jeden Tag an. Sie fliegen nirgendwo mehr gemeinsam hin. Damit ihre Tochter nicht auch noch die Eltern verliert, falls etwas passiert. Für Phyllis ist es besser, lustig zu sein. Meist redet nur eine, und meist ist es Aicha. Es ist ein harmonischer Abend. Sie sagen, sie seien sich ähnlich. Aber es gibt wenig Dialog zwischen Aicha und Phyllis. Entweder lachen sie zusammen, oder sie schweigen, jede in sich versunken. Sie sind sich entweder extrem nah oder extrem fern. Dazwischen ist nichts. Sie haben keine Vergangenheit, Erinnerungen oder Alltagsgeschichten, die sie vereinen und über die sie sprechen könnten. Vielleicht liegt es auch an der fehlenden gemeinsamen Sprache.

Am nächsten Morgen sitzt Phyllis auf dem Bett ihres Hotelzimmers, ihre Beine hängen herab. Erst in ein paar Tagen, so haben sie es besprochen, wird sie bei Aicha wohnen. Zu viel Nähe halten beide nicht aus, zu intensiv, zu anstrengend. Sie bedeutet Erinnerung an den Verlust.

Phyllis Rodriguez kehrte am Morgen des 11. September gegen neun Uhr von einem Spaziergang nach Hause zurück. Auf ihrem Anrufbeantworter hörte sie die Stimme ihres Sohnes Greg: »Es gab einen furchtbaren Unfall im World Trade Center. Mit mir ist alles in Ordnung. Ruf Elizabeth an.« Er klang ruhig, nicht aufgeregt oder besorgt. Greg arbeitete im 103. Stock. Elizabeth war seine Frau. »Wir dachten alle, er ist okay. Wer ruft schon aus einem brennenden Haus an«, sagt Phyllis. Sie glaubte, Greg sei bereits draußen auf der Straße, in Sicherheit. Sie bemühte sich, ihn zu erreichen, aber sie kam nicht durch. Als sie um zwei Uhr nachmittags immer noch nichts von ihm gehört hatte, wuchs Phyllis Sorge. Am Abend des nächsten Tages wurde daraus Gewissheit. Greg war tot. Und in Phyllis' Kopf begannen die Fragen zu lärmen: Warum war sie nicht früher nach Hause gekommen? Zehn Minuten oder zwei Sekunden eher? Dann hätte sie am Telefon noch mit ihm sprechen können. Phyllis sagt: »Jetzt verstehe ich, wie furchtbar es ist, ein Kind zu verlieren, und ich möchte nicht, dass das irgendjemandem auf der Welt passiert.« Kurz darauf schrieben sie und ihr Mann einen offenen Brief an die amerikanische Regierung, in dem sie gegen den Krieg in Afghanistan protestierten. Niemand sollte im Namen ihres Sohnes leiden müssen. Sie lenkte ihre Wut auf die eigene Regierung. Damals mied Phyllis fremde Menschen. Sie fürchtete ihren eigenen Zorn, wenn sie wieder jemand mit den Worten trösten wollte: »Wir werden diese Terroristen fertigmachen, sie bombardieren.«

Nicht immer hatte Phyllis eine einfache Beziehung zu ihrem Sohn. Als Teenager färbte Greg seine Haare pink, frisierte sie zu einem Irokesen, brach die Schule ab. Das war seine Rebellion gegen die Eltern. Beide stammen aus Arbeiterfamilien, sie haben sich mühsam emporgearbeitet: Phyllis' Mann ist mit 13 Jahren aus Kuba eingewandert und hat es zum Universitätsprofessor für Soziologie gebracht. Phyllis stammt aus der Bronx, ihre Eltern waren Sozialisten. Zu Hause spielte sie mit russischen Matroschkas und las sowjetische Kinderbücher. Am Abendbrottisch ging es um soziale Gerechtigkeit und Bürgerrechte. Während der McCarthy-Ära erzählten Phyllis' Eltern das Gegenteil von dem, was ihr in der Schule erklärt wurde. Sie musste aufpassen, was sie wo sagte, immer auf der Hut sein. In der Highschool demonstrierte sie gegen Rassendiskriminierung. Heute arbeitet sie als Lehrerin mit schwierigen Jugendlichen und als Malerin. Phyllis ist damit aufgewachsen, an das Gute im Menschen zu glauben. Ihr Sohn Greg gab sich lange große Mühe, die Erwartungen seiner Eltern nicht zu erfüllen. Er rauchte Haschisch, wollte mit 16 durch die USA trampen und kam nach drei Wochen wieder zurück. Es folgten Gelegenheitsjobs an Tankstellen, in Restaurants, als Taxifahrer. Er heiratete früh und wurde mit Anfang 20 Vater eines Sohnes. Kurz darauf ließ er sich scheiden. Nach Jahren mit weiteren Kurzanstellungen begann Greg, sein Interesse für Computer neu zu entdecken. Das änderte alles. Am Ende hatte er seinen festen Job in Manhattan, trug Anzug, flog auf Geschäftsreisen nach Südamerika, heiratete seine zweite Frau Elizabeth und zog in die Nähe seiner Eltern nach White Plains. »Heute fühle ich mich schlecht, dass ich Greg in seiner Jugend nicht besser verstanden habe«, sagt Phyllis. Am Ende war ihre Beziehung wieder gut. »Zum Glück«, sagt Phyllis. Ihr Enkelsohn ist jetzt 15, sie hat ihn seit Gregs Tod nicht mehr gesehen. Ab und zu schreibt sie ihm, er antwortet nicht. Das Verhältnis zu Gregs erster Frau war nie besonders gut. Ihre Schwiegertochter Elizabeth hat inzwischen wieder geheiratet. Phyllis und ihr Mann sind nicht zur Hochzeit gegangen. Sie freuten sich, aber es erinnerte sie zu sehr an das, was sie nicht mehr hatten. Phyllis holt ein lilafarbenes Album aus ihrem Koffer. Es ist mit Fotos gefüllt. Auf einem Bild steht ihr Sohn Greg auf einer Aussichtsplattform in den Bergen New Hampshires. Berge mochte er. Greg hat ein rotes Stirnband um seine Locken gebunden, trägt Shorts und lächelt unsicher in die Kamera. Es ist eines der letzten Fotos von ihm. Phyllis sagt, sie träume ab und zu von Greg. Es sind keine schönen Träume. Sie sieht ihn in der Ferne. Er bleibt unerreichbar. Phyllis bittet um eine Pause, schweigt, schält eine Mandarine. Aicha wird bald vorbeischauen. »Es hätte auch umgekehrt kommen können«, sagt Phyllis in die Stille. Was? »Ich kann mir vorstellen, dass sich auch mein Sohn zu einer politisch radikalen Bewegung hätte hingezogen fühlen können. Wir haben keine Kontrolle darüber, was unsere Kinder machen.« Sie sagt, sie habe manchmal »diese irrationalen Schuldgefühle«. In diesen Augenblicken denkt sie, wenn sie Greg anders erzogen hätte, hätte er vielleicht nicht bei Cantor Fitzgerald angefangen und wäre noch am Leben. Das Ringen mit den Konjunktiven wird nie ganz aufhören. Phyllis weiß das, es verbindet sie mit Aicha. Als sie das erste Mal ein Foto von Aicha in der Zeitung sah, erkannte sie in dem Bild auch etwas von sich selbst. Ein Gefühl der Einsamkeit. »Ich dachte, in was für einer schwierigen Situation Aicha ist. Ich fühlte mit ihr als Mutter, die damit rechnen muss, dass ihr Sohn stirbt.« Phyllis dachte darüber nach, Kontakt zu Aicha aufzunehmen. Die kam ihr zuvor.

Es war ein Sonnabendnachmittag im November 2002. El-Wafi und Rodriguez hatten beide die Nacht zuvor kaum geschlafen, sie fürchteten einander. Die Universität von Phyllis' Mann hatte einen Raum in New York zur Verfügung gestellt. Beide beschreiben das erste Treffen: Phyllis: »Ich hörte sie kommen und bin ihr entgegengegangen. Sie schaute so unsicher. Ich habe dann den ersten Schritt auf sie zu gemacht. Wir haben uns umarmt und geweint.« Aicha: »Meine Augen trafen die von Phyllis. Ich war gekommen, um zu sagen, wie leid es mir tut, was ihnen passiert ist.« Phyllis: »Es war meine erste Erfahrung mit einer Art Großzügigkeit und Vergebung, die ich vorher noch nie so erfahren hatte.« Manchmal klingt es etwas pathetisch, wenn sie über einander und ihre Freundschaft reden. Ihre Worte geraten zu bedeutend, als ginge es darum, die Beziehung zwischen zwei Staaten zu erklären, als sei ihre Freundschaft ein abstraktes Gebilde, größer als sie selbst. Nach ihrem ersten Treffen haben sie sich drei Jahre lang nicht gesehen, telefonierten nur ab und zu oder schrieben sich Postkarten. Erst zu Beginn des Prozesses von Zacarias wurde ihre Beziehung enger. Phyllis konnte nichts tun, um ihren Sohn zu retten. Nun will sie Aicha unterstützen, ihren Sohn zu schützen. »Aicha zu helfen gibt mir ein gutes Gefühl.«

Am Nachmittag besucht Aicha Phyllis im Hotel. Sie liegen zusammen auf dem Bett, flüstern. Ein kanadischer Journalist möchte sie interviewen. Phyllis schlägt vor, ihm abzusagen. Aicha will es durchziehen. Sie sieht müde aus. Sie gehen unterschiedlich mit ihrem Schmerz um. Phyllis versucht, ihn zu kontrollieren, betrachtet und durchdringt ihn von allen Seiten, hält ihn in sich verschlossen. Aichas Schmerz ist laut, bricht immer wieder hervor. Für sie ist es nicht vorbei, ihr Sohn lebt noch. Auch wenn es manchmal fast scheint, als sei er tot. Aicha filmt oder fotografiert Beiträge vom Bildschirm ab, die das Fernsehen über Zacarias zeigt. Zacarias, das Medienwesen. Das ist im Augenblick ihre einzige Verbindung.

Am Abend ist Phyllis bei Aicha eingeladen. Aicha hat den ganzen Tag gekocht: Kuskus mit Gemüse und Huhn. Ihre Augen sind klein, sie wirkt traurig und genervt, redet nicht viel. Ihre Laune kann schnell umschlagen: eben noch lächelnd und liebenswert, im nächsten Moment schweigsam und düster. Ein Wort zu viel oder zum falschen Zeitpunkt kann die Atmosphäre für Stunden vergiften. Manchmal beobachtet Phyllis ihre Freundin vorsichtig von der Seite, als wolle sie ergründen, in welcher Stimmung die sich gerade befindet. Aicha verteilt Kuskus, ihr Blick fällt auf eines der Bilder von Zacarias an der Wand, sie scherzt etwas von Kuskus und Ungläubigen, denen sie es serviert. »Ich sag's ihm nicht«, sagt Phyllis. Sie lachen. Die Situation entspannt sich ein wenig.

Während des Essens legt Aicha plötzlich ein Fotoalbum auf den Tisch, schlägt eine Seite mit Schwarzweißbildern auf. »Das sind die Monster meines Lebens«, sagt sie. Sie deutet auf ihren ältesten Bruder, ihre Schwester, ihren Exmann. Das Leben der Aicha El-Wafi ist eine Abfolge von Katastrophen. Nach ihrer Geburt in Azrou im marokkanischen Atlasgebirge gaben die Eltern sie zu ihrem Onkel, weil der keine Kinder bekommen konnte. Als Aicha zwölf war, starb ihr Vater. Ihr Bruder wurde Familienoberhaupt und holte sie zurück. Ein Trauma. Sie meldete sich selbst in der Schule an. »Mein Bruder schleifte mich an den Haaren zurück nach Hause.« Und dann gab es da diesen Nachbarn: Omar Moussaoui, 27 Jahre alt. Mit 14 wurde Aicha gegen ihren Willen mit ihm verheiratet. Über dem Fernseher hängt ein Gemälde von Aicha als Braut. Darauf schaut sie zur Seite, Trauer im Blick. Ihre ersten zwei Kinder sind gestorben. Noch in Marokko brachte sie später ihre beiden Töchter zur Welt, ihre beiden Söhne dann in Frankreich. Ihr Mann hatte dort einen Job als Bauarbeiter gefunden. Aicha war 18. Er schlug sie, erzählt Aicha heute, brachte sie fast um. 1971 ließ sie sich von ihm scheiden. »Er war ein Sadist«, sagt Aicha. Es ist kein gutes Thema für ein Abendessengespräch. Aicha will erzählen, dann wieder nicht, bricht ab, beginnt von Neuem. Phyllis erinnert sich, dass Nadia, Aichas älteste Tochter, im Prozess gegen Zacarias auf die Frage »Hat Ihre Mutter Sie geliebt?« antwortete: »Ich bin das Produkt einer Vergewaltigung.« Ein paar Fotos fehlen im Album. »Ich mochte sie nicht mehr«, sagt Aicha. Es gibt viele Menschen, mit denen sie nicht mehr redet oder gerade nicht oder erst seit kurzem wieder. Ihre Mutter hat Aicha seit drei Jahren nicht mehr gesehen. Ihr Sohn Abd Samad schrieb ein Buch über seinen Bruder Zacarias. Darin schildert er eine Kindheit ohne Zuneigung und gibt seiner Mutter die Schuld an Zacarias' Entwicklung. Seitdem herrscht Stille zwischen Aicha und ihm. Ihre beiden Töchter sind psychisch krank. Zu Nadia, der Älteren, hat sie den Kontakt abgebrochen, als die in einem TV-Beitrag etwas Kritisches über ihre Mutter erzählte. Aicha wartet auf eine Entschuldigung. Auch ihr Verhältnis zu Zacarias war nicht einfach. Es ist die Geschichte einer zerstörten Familie, deren Kämpfe nun öffentlich ausgetragen werden. »Es war ein Fehler, nach Narbonne zu ziehen«, sagt Aicha. »Zu viele Rassisten.« »Das konntest du doch nicht wissen«, beruhigt Phyllis. Phyllis sagt nicht viel an diesem Abend. Sie beginnt, in der Küche abzuwaschen. Aicha protestiert.

Am nächsten Morgen ist Aicha düsterer Stimmung. Alles ist ihr zu viel, die Fragen, das Reden, das Erinnern. Es tut weh. Vielleicht liegt es auch daran, dass Phyllis an diesem Tag nicht mitgekommen ist. Sie kann Aicha besänftigen, manchmal. Aicha sitzt an ihrem Küchentisch, ihre Handflächen liegen auf der gelben Wachstuchdecke, ab und zu hebt sie den Kopf, aber nur flüchtig, um dann gleich wieder nach unten zu blicken. Sie hatte vor kurzem diesen Traum: Zacarias entfernte sich noch mehr von ihr. Das war der Tag, als er nach dem Prozess aus dem Gefängnis in Virginia in eine Hochsicherheitsanstalt in Colorado überführt wurde. Aicha hat nichts von ihm gehört, seit einem halben Jahr. Die ersten sechs bis zwölf Monate gelten als Eingewöhnungszeit im Gefängnis, Kontakte zur Außenwelt sind verboten. Im Januar will Aicha an den Gefängnisdirektor schreiben und einen Brief an Zacarias beilegen. »Sie haben ihn lebendig begraben.« Aicha weint. Nach der Trennung von ihrem Mann zog Aicha allein mit ihren vier Kindern nach Mulhouse im Elsass. Dort gab sie die Kinder für ein Jahr in ein Heim. Sie hatte keine Arbeit und keine Wohnung, konnte sie nicht ernähren. Später bekam Aicha einen Job als Putzfrau bei France Télécom, lernte auf der Abendschule Lesen und Schreiben, holte ihre Kinder wieder nach Hause. Jahre darauf stieg sie zur Beamtin auf. Für Aicha war Frankreich auch eine Befreiung. Sie sagt, sie habe versucht, mit ihren Söhnen Arabisch zu reden, die hätten immer auf Französisch geantwortet. »Zacarias liebte amerikanische Filme und Kleidung.« Er war ein stilles Kind. Es habe nie Ärger mit ihm in der Schule gegeben. Der Bruder erzählt in seinem Buch, sie seien als »dreckige Araber« und »Neger« beschimpft worden. Aicha beschreibt eine Szene, als Zacarias 16 war. Gemeinsam warteten sie vor dem Lehrerzimmer. Es ging um die Entscheidung: Abitur oder nicht? Von drinnen hörten sie den Lehrer sagen: »Die wollen immer mehr.« Die Einwanderer. Zacarias musste auf eine Berufsfachschule. Das Abitur holte er nach. Er führte politische Diskussionen mit seiner Mutter. Er fragte: »Wo soll ich mich integrieren? Ich bin hier geboren. Ich bin Franzose.« Der Vater seiner französischen Freundin sagte: »Du wirst nie die Füße unter meinen Tisch stecken.« Aicha hat ihre Söhne nicht religiös erzogen, nicht mit ihnen gebetet, sie sind nie in die Moschee gegangen. Sie feierten Weihnachten. »Wir leben in einem säkularen Land.« Aicha hat sich bemüht, sich und ihre Kinder perfekt zu integrieren. Sie steht auf, holt Zacarias' Plakate aus dem Keller und rollt sie auf dem Küchentisch aus. Das Gesicht von Bob Marley erscheint und ein Poster, auf dem ein Soldat mit einem Gewehr in der Hand fällt. »Why?« steht darüber. Die Klebestreifen haften noch an den Bildern, als hätten die eben noch an der Wand gehangen. Aicha hat die Hälfte des Hauses, in der früher die Kinder wohnten, vermietet. Eine Betonwand zerteilt den Flur. Als Zacarias 22 war, warf Aicha ihn hinaus. Sie fand, er und sein Bruder könnten zum Haushalt beitragen, aber sie produzierten nur hohe Stromrechnungen und feierten Partys. Zacarias ging 1992 nach London, um Englisch zu lernen und zu studieren. Von seiner Mutter hatte er sich nicht verabschiedet, sie hatten kaum noch Kontakt. 1997 kam er sie einmal besuchen. Aicha fand ihn verändert, er hatte sich die Haare abrasiert, trug einen Bart, betete und fiel vor seiner Mutter auf die Knie, bat sie um Vergebung. Sie freute sich, aber vergeben hat sie ihm damals nicht. Das müsse man sich verdienen, sagte sie ihm. Danach haben sie ein paar Mal telefoniert. Immer rief er an, sie hatte keine Nummer von ihm. Einmal kam ein Brief aus Pakistan. Aicha wusste nichts von ihrem Sohn, von dem Leben, das er führte. Hat sie sich nie gefragt, was er macht? Aicha reagiert abweisend, ihre Stimme hebt sich. Manchmal habe sie mit seinem Foto geredet. »Er war 22, als er gegangen ist, alt genug, um seine eigenen Entscheidungen zu treffen.« Niemand aus der Familie hat Zacarias in all den Jahren in London besucht. Nach der Festnahme ihres Sohnes fuhr Aicha einmal zu Abu Hamza, dem Hassprediger, nach London. Zacarias war sein Schüler gewesen. Aicha wollte verstehen. Hamza sagte, er könne sich nicht an Zacarias erinnern. »Die Islamisten haben mir meinen Sohn genommen. Dabei sind im Islam die Eltern heilig.« Aicha glaubt, Zacarias habe die Vaterfigur gefehlt. »Er war ein Islamist, aber mit dem 11. September hatte er nichts zu tun.« Das hat er ihr in einem Brief aus dem Gefängnis geschrieben, kurz nach seiner Verhaftung. Während des Prozesses kam es Aicha so vor, als stünde Zacarias unter Drogen. Sie beugt ihren Oberkörper über den Tisch, schreit und weint zugleich: »Die amerikanische Regierung ist eine Regierung von Barbaren, von Extremisten.« Eine halbe Stunde später zeigt sie wieder ein Fotoalbum, lacht und schwingt ihre Hüften, um ihre Tochter zu imitieren, die Model werden wollte. Am Abend sind Phyllis und Aicha bei Freunden von Aicha eingeladen. Früher trafen die sich einmal die Woche zu einem philosophischen Zirkel. Nach »der Sache mit Zacarias« sehen sie sich seltener und versuchen nun, nicht über ihn zu reden. Aicha teilt die Zeit in »vor und nach Zacarias« ein, Phyllis in »vor und nach dem 11. September«.

Aichas Freunde haben sich viel Mühe gemacht. Es gibt gefüllte Artischocken, Zucchini, Fleisch, Käse, Kuchen, Wein. Zu Beginn ist Aicha noch gut gelaunt, erzählt von ihren Ferien in Marokko. Irgendwann verstummt sie, senkt den Blick auf ihren Teller. Die anderen am Tisch versuchen, sich aufs Essen zu konzentrieren, fragen die Gastgeberin nach den Rezepten und meiden es, in Aichas Richtung zu blicken. Phyllis sitzt neben ihr und lobt Aichas Kuskus, bemüht sich, Französisch zu sprechen, zu retten. Die meisten Gäste verabschieden sich früh. Nach dem Abend ist Phyllis ein wenig verstört. Sie hat Aicha noch nie so erlebt. Es scheint viel um sie zu gehen und wenig um Phyllis. Ihr Sohn Greg und ihre Trauer scheinen hinter Aicha und ihrem Kampf um Zacarias zu verschwinden. Eine ungleiche Freundschaft? Phyllis sagt, so denke sie nicht. Am nächsten Tag zieht Phyllis zu Aicha. Die Stimmung ist angespannt. Aicha telefoniert lange. Phyllis wartet. Dann sitzen sie sich gegenüber am Küchentisch. Phyllis will gute Laune machen, zeigt Fotos von ihrer Familie und liest einen Brief vor, den Aichas Enkelin an sie geschickt hat: »Danke für alles, was du für meine Oma getan hast.« Aicha nickt kurz. Sie wollen an diesem Tag nur über ihre Freundschaft erzählen. Phyllis' Hoffnung ist, dass aus all dem Furchtbaren etwas Gutes entsteht. Sie hat eine politische Mission. Phyllis: »Wir wollen beide der Welt etwas zeigen. Die große Gefahr, die von Konflikten ausgeht, ist, dass wir den Gegner dämonisieren. Es ist wichtig, den anderen auch als Menschen zu sehen.« Aicha: »Es ist einfacher, aus Wut böse zu sein, als etwas Gutes zu tun.« Phyllis: »Oh, zu Beginn war ich sehr wütend. Ich habe nicht sofort an Vergebung und Versöhnung gedacht. Aber Gewalt macht die Dinge nicht besser.« Aicha: »Darf ich dich etwas fragen? Es muss furchtbar gewesen sein, als du vom Tod deines Sohnes erfahren hast. Ich kann es mir gar nicht vorstellen!« Phyllis: »Ja, es war schlimm.« Sie schweigen. Sehr oft sprechen sie nicht über diese Dinge. Sie trinken Kaffee aus Tassen, auf denen die Skyline von New York abgebildet ist. Phyllis hat sie Aicha geschenkt. Phyllis sagt: »Selbst wenn Zacarias an den Anschlägen beteiligt gewesen wäre, würde ich immer noch deine Freundin sein wollen.« Aicha ist gerührt, bedankt sich. Es ist, als müssten sie in Gesellschaft immer wieder bekunden, wie sehr sie sich mögen. Negative Gefühle und Meinungsverschiedenheiten vermeiden sie. Manchmal wirkt ihre Freundschaft wie eine Aufgabe, die sie erfüllen wollen: der Welt ein Beispiel sein. »Meine Situation ist schlimmer als die von Phyllis. Wenn sie Zacarias umgebracht hätten, könnte ich wenigstens an seinem Grab weinen«, sagt Aicha. Phyllis stimmt ihr zu. Weiß Zacarias von ihrer Freundschaft? Aicha glaubt, die Anwälte haben es ihm erzählt. »Die wissen, er mag Juden nicht, und Phyllis ist Jüdin. Ich hoffe, eines Tages wird er mit Phyllis sprechen können.« Phyllis nimmt Aichas Hand. »Das hoffe ich auch.« In diesem Augenblick klingelt das Telefon. Aicha unterhält sich eine halbe Stunde. Danach legt sie ein Video ein. Es ist ein Fernsehbericht von Zacarias' Überführung ins Hochsicherheitsgefängnis in Colorado. Zacarias sitzt in einem kleinen Flugzeug, umgeben von Uniformierten mit Maschinengewehren. Er sieht verwirrt aus, sein Körper wirkt aufgebläht, das Gesicht aufgedunsen, seine Haare sind länger geworden, sein Bart auch. Er hat mit dem Jungen auf den Fotos in Aichas Wohnzimmer kaum noch etwas gemein. Aicha schimpft auf den Fernseher ein: »Sie behandeln ihn wie ein Tier.« Sie ist außer sich. Phyllis weiß nicht, was sie sagen soll. Aicha wütet: In den USA gehe es nur ums Geld, damit würden sie auch den nächsten Präsidenten kaufen. »Das stimmt nicht. So einfach ist es nicht«, sagt Phyllis. Bevor ein Streit ausbricht, beendet sie das Thema: »Ich bin müde. Ich will nicht über Politik reden.«

Dieser Abend wird der erste sein, den Aicha und Phyllis allein miteinander verbringen. Sie werden auf dem Sofa in Aichas Wohnzimmer sitzen, Wein trinken, und keiner wird ihnen zuschauen. Phyllis wird dann in ein paar Tagen abreisen. Manchmal ist es gut, dass ein Ozean zwischen ihnen liegt.

Wie es weiterging: Vor drei Jahren haben Phyllis Rodriguez und Aicha El-Wafi aufgehört, gemeinsam aufzutreten. Ihre Freundschaft ist vorbei. El-Wafi engagiert sich in einem Verein gegen frühe Zwangsverheiratungen muslimischer Mädchen. Über Phyllis Rodriguez, ihren Mann und ihren Kampf für Versöhnung wird derzeit ein Dokumentarfilm gedreht: »In our son's name«.

HERR KRÄUTER IN CHINA

Wie ein Deutscher in den siebziger Jahren nach China flieht und zum Kapitalisten wird

Uwe Kräuter schaut aus dem Seitenfenster seines Mercedes. Es ist zehn Uhr morgens, er sucht nach dem richtigen Weg. Die Abfahrt vor ihm ist neu, er hat sie noch nie gesehen. Peking wandelt sein Gesicht von Tag zu Tag. Die Bewohner versuchen, Schritt zu halten, und verirren sich in ihrer Stadt. Hochhäuser recken ihre Häupter in den blassbläulichen Himmel, mehrspurige Autobahnen wachsen ineinander, kreieren bizarre Gebilde. Dunst liegt über der Stadt, hüllt Menschen und Gebäude in ein graues Gewand.

Die Wagen drängen in Richtung Zentrum. Es ist, als würden sie hyperventilieren. Nur keine Pause zulassen, keine Verzögerung. Uwe Kräuter harrt in seinem Mercedes 500 aus, die Sitzheizung ist eingeschaltet. Er trägt ein schwarzes Sakko, eine Sonnenbrille, in kurzen Abständen streicht er die grauen Locken aus dem Gesicht. Er redet wenig, und wenn doch, legen die Worte einen langen Weg zurück, bevor sie seine Lippen verlassen. Zwischendurch herrscht immer wieder Stille. Es scheint, als hätten ihn die Jahre in gesellschaftlicher Beschleunigung im Gegenzug immer langsamer werden lassen. Nichts ist eindeutig in dieser Stadt, in diesem Land. Und Kräuter hat gelernt, sich zurückzuhalten. Es ist zu viel passiert. Kräuter wohnt seit mehr als 30 Jahren in Peking, er hat die Kulturrevolution miterlebt, die vorsichtige Öffnung danach, die Isolation 1989 nach der Niederschlagung der Demokratiebewegung und jetzt den Aufstieg zu einer neuen Weltmacht. Einst kam er, um den Kommunismus aufzubauen. Nun schaut er bei dessen Abbau zu.

Eine halbe Stunde später betritt Kräuter die Lobby des Crowne Plaza, eines Fünf-Sterne-Hotels, eingeklemmt in einem Dreieck von Hauptstraßen. Sein erster Termin an diesem Morgen. Kräuter vertreibt deutsche Filme in China, dreht selbst, unterstützt Fernseh- und Kinoproduktionen. Er vermittelt Kontakte. »Meine Reputation wird bezahlt«, sagt er. Ilja Pöpper, der Hotel-Manager, begrüßt ihn. Er ist Deutscher, 33, und redet fast ohne Atem zu holen. Sein mächtiger Körper vibriert. Die beiden setzen sich in den Frühstückssaal, künstliche Hügel umgeben sie, Wasser plätschert leise. Pöpper ist stets bemüht, sein Hotel ins Langzeitgedächtnis der Gäste zu brennen. Er dachte an eine kleine Galerie, Kunst, an etwas, das dem Diktat von Effizienz und Leistung entgegenwirkt. Und Kräuter kennt einen Maler, den er Pöpper vorstellen will.

In Deutschland hätte Pöpper »anstehen müssen«, wie er sagt. Gefangen in der Karrierewarteschlange. Die Chinesen haben ihn direkt aus dem Berliner Estrel-Hotel abgeworben. Kräuter beobachtet Pöpper still von der Seite, hält sich zurück. Pöpper bricht ein Stück Brot entzwei. »Ich möchte China nicht demokratisch erleben«, sagt er. Ein Satz, der in den nächsten Tagen öfter fallen wird. »Das wäre totales Chaos«, fügt er hinzu. Ohne die Kommunistische Partei würde das Land auseinanderbrechen. Kräuter neigt den Kopf, nickt. Pöpper beißt in sein Brot, kurze Stille. »Die Partei ist gut für die Karriere«, sagt er. Sie bedeutet »Guanxi«, Beziehungen. Guanxi können in China über alles entscheiden, über Arbeit, Wohnung, Informationen.

Kräuter drängt zum Aufbruch, gemeinsam verlassen sie den Saal. Der Künstler Aniwar empfängt sie in seinem Atelier im Zentrum eines Neubaugebiets. Er trägt eine Lederjacke, Sonnenbrille, die Haare reichen ihm bis über die Schulter. An den Wänden hängen abstrakte Gemälde. Ilja Pöpper geht von Bild zu Bild, sein Körper federt auf und ab. Er sucht etwas Helles in Orange oder Gelb. Düstere Töne wirken betrüblich. Hotels sollen Orte der Leichtigkeit sein. Uwe Kräuter wartet in der Mitte des Ateliers, lauscht den Worten des Künstlers. Aniwar beginnt, ihn zu preisen: »Der Uwe mag Kunst, der ist ruhig.«

Kräuter legt einen Finger an die Wange, lächelt an den richtigen Stellen. Er bewegt sich wie auf einer Bühne, Kräuter ist ein Guanxi-Meister. Über die Jahre hat er feine Netzwerke gesponnen, in alle Ebenen der politischen, kulturellen und wirtschaftlichen Elite hinein. Kräuter kennt hohe Parteifunktionäre, einige schon seit Jahrzehnten, das hilft ihm heute. Er ist mit einer bekannten chinesischen Schauspielerin verheiratet, Freunde nennen sie die Uschi Glas Chinas.

Aniwar erzählt, dass fast nur Westler seine Kunst kaufen. Die Chinesen sind mit Aufholen beschäftigt. Momentan befinden sie sich in der Phase des hemmungslosen Konsumierens, für Kunst bleibt wenig Muße. Kräuter verabschiedet sich von Aniwar, berührt ihn kurz am Arm, sagt etwas Charmantes. Er nennt das »Gesicht geben«. Kräuter muss zum nächsten Treffen. Wibke Bruhns' Buch *Meines Vaters Land* soll im chinesischen Volksverlag erscheinen.

Es ist Mittag. Wieder Stau. Kräuter wird nicht laut, nicht unruhig. Er nimmt es hin. Es riecht nach einem Gemisch aus Abgasen, Gummi und verbrannter Kohle. Eine Stadt, ein Röcheln. Bis zu den Olympischen Spielen im Jahr 2008 soll Pekings Luft sauber sein, plant die Regierung. Ganze Fabriken müssen deshalb geschlossen, modernisiert oder verlegt werden. Eine halbe Stunde später hält Kräuter am Straßenrand. Sein Partner Shi Yansheng steigt in den Wagen. Mit ihm betreibt er die Firma Asia World Network. Shi ist 64 und trägt eine große Brille.

Shi hat Kräuter an seinem ersten Tag in Peking vom Flughafen abgeholt.

Es war der 19. Juli 1974. Mao lebte noch, die Kulturrevolution war noch nicht vorüber. Kräuter floh vor einem Gerichtsprozess aus Deutschland, ihm drohte eine Gefängnisstrafe. Vielen westdeutschen Linken erschien China damals als das Land, in dem ihre Träume bereits Wirklichkeit geworden waren. Wonach sie mühsam strebten, hatten die Chinesen bereits erreicht. Kräuters Geschichte ist auch eine Geschichte über die 68er – und wie sie die Revolution schließlich aus den Augen verlieren.

Uwe Kräuter wurde 1945 in Hitzacker an der Elbe geboren. Seinen Vater hat er nie gesehen, er kennt ihn nur von Fotos und von Briefen, die er seiner Mutter von der Front schrieb. Aus dem Krieg kehrte der Vater nicht zurück. Wenn Kräuter das erzählt, klingt er nicht besonders traurig. Es ist damals vielen so gegangen. Ein paar Jahre später lernte seine Mutter einen neuen Mann kennen, sie zogen nach Mannheim. Eine behütete Kindheit.

Kurz vor seinem Studium reiste Kräuter zum ersten Mal in die Dritte Welt, nach Marokko. Er sah Menschen mit offenen Wunden auf den Straßen, die bettelten, die vor sich hin vegetierten. Als er nach Deutschland zurückkam, war die Welt für ihn nicht mehr die gleiche. Kräuter begann, in Heidelberg Soziologie zu studieren. An seinem ersten Unitag wartete vor dem Tor ein junger Mann mit einer Vietcong-Flagge in der Hand. Er rief auf zu einer Demonstration gegen die »amerikanischen Imperialisten«. Es war das Jahr 1968. In Kräuters Hirn vereinten sich die Bilder aus Marokko mit den Bildern aus dem Vietnamkrieg: dem Massaker von My Lai, öffentlichen Hinrichtungen. Für eine politische Richtung hatte er sich noch nicht entschieden. Er war gegen den Krieg, mochte nicht abseits stehen. Jeder Tag brachte neue Fotos, neue Ungerechtigkeiten. Die Fragen erschienen ihm immer drängender. Wieso unterstützt Deutschland diesen Krieg? Warum gibt es verschiedene soziale Klassen?

Am Abendbrottisch stritt Kräuter mit seinen Eltern. Einmal sagte sein Stiefvater: »Geh doch rüber!« Kräuter trat in den Sozialistischen Deutschen Studentenbund (SDS) ein, las Marx und Mao. Jeder Tag eine Demonstration. Die Situation erforderte radikale Aktionen. Seine Freunde und er fühlten sich auf der richtigen Seite der Geschichte. Und dann brach er an, der 19. Juni 1970. Der Tag, der Kräuters Leben für immer verändern und ihn am Ende nach China führen sollte.

Mehr als 35 Jahre später stehen Kräuter und sein Partner Shi vor dem Volksverlag in Peking, einem morschen Gebäude mit grauer Fassade, rostige Klimaanlagen hängen unter den Fenstern.

Drinnen schimmern die Wände gelblich. In Glaskästen ruhen Bücher und Auszeichnungen für das Kollektiv. Sie wirken wie kleine Grabmale. Es riecht nach Klo. Kräuter blickt sich um, ein wenig erstaunt. In einer Stadt, in der die Vergangenheit gerade abgeschafft wird, wirkt der Verlag wie aus einem untergegangenen Jahrhundert. Kräuter und Shi gelangen schließlich in einen Konferenzraum am Ende eines Ganges: lilafarbene Auslegware, rote Vorhänge, rote Flaggen auf dem Tisch.

Fünf junge Frauen empfangen die beiden. Sie kichern. Auf dem Tisch liegen ihre Handys nebeneinander und die Korrekturfahnen von Wibke Bruhns' Bestseller aus Deutschland. Eine der Frauen, Lu Li Yun, die zuständige Lektorin, schiebt sie zu Kräuter hinüber, sie sind fast zehn Zentimeter hoch. Kräuter blättert darin, er kann nicht besonders gut Chinesisch lesen. Er hat bei der Vermittlung geholfen. Lu ist 33 Jahre alt, die Haare fallen ihr ins Gesicht, sie hat eine kurze Rede vorbereitet, die Worte liest sie von einem Zettel ab: »Zunächst möchte ich mich bei Uwe Kräuter bedanken, dass er uns dieses schöne Buch vorgestellt hat.« Kräuter würde sagen, sie gibt ihm Gesicht.

Lu erzählt, die chinesischen Leser seien sehr daran interessiert, wie die Deutschen mit dem Zweiten Weltkrieg umgingen. Welche deutschen Autoren werden sonst in China gelesen? Hegel, Goethe, Schiller. Und Marx natürlich. Die Verlagsdamen kichern wieder, dessen Werke stehen hinter Kräuter im Glasschrank. Bruhns erscheint in einer Auflage von 10 000 Exemplaren. Lu sagt, heute würden in China Bücher nach marktwirtschaftlichen Gesichtspunkten verlegt. Am besten verkaufen sich *Harry Potter* und Ratgeber aus Korea, Japan und den USA. Sie handeln davon, wie man möglichst schnell möglichst viel Geld verdient.

Nachher bricht Kräuter auf zu seinem Büro. Es liegt in Soho Jianwai, einem neuen Geschäftsviertel. Die Häuser leuchten weiß, die Wände, die Türen, die Fahrstühle. Am Fuß der Hochhäuser dreht sich ein leeres Karussell. Geisterhaft. Wer in Jianwai ein Büro hat, gehört zur Klasse der Erfolgreichen. Banken, Internet- und Modefirmen haben hier ihre Repräsentanzen.

Kräuter fährt seinen Mercedes in die Tiefgarage. Oben im Gebäude Nummer vier, elfter Stock, hat Kräuter einen guten Blick über die Stadt. Das Büro ist aufgeräumt. Nichts liegt herum, kein Papier, keine Zeitungen. Kräuter ist erst vergangenes Jahr hier eingezogen, früher saß seine Firma im »Landmark«, einem älteren Büroturm. »Das war zu behäbig, nicht mehr zeitgemäß.«

In den Regalen stehen Videokassetten vom ZDF, von der Bavaria: Filme, Serien, die Kräuter nach China verkauft hat. *Derrick* zum Beispiel war 1988 die erste deutsche Serie im chinesischen Fernsehen. Ein großer Erfolg. Die Chinesen mochten den freundlichen Horst Tappert. Inzwischen sind deutsche Serien nicht mehr gefragt, die Chinesen schauen lieber asiatische Seifenopern aus Korea, Taiwan, Indien. Sie lägen ihnen kulturell näher, meint Kräuter. Das neue asiatische Selbstbewusstsein. Der Westen erscheint nicht mehr als Ort der Sehnsucht.

Kräuter setzt sich aufs Sofa ans Fenster. Draußen wird es dunkel. Die untergehende Sonne spiegelt sich in den hellen Fassaden, taucht Jianwai ins Zwielicht. Es ist nicht ganz leicht als TV- und Filmhändler in China. Die Medien werden von der Partei genau beobachtet. Nicht immer ahnt Kräuter sogleich, was gerade tabu ist. Es gibt nur Orientierungspunkte: keine Pornografie, kein Inzest, keine Drogen und möglichst keine Kriminalität. Seit anderthalb Jahren sind Krimis nicht mehr erwünscht. Die Gewalt nimmt zu, auf den Bildschirmen soll alles friedlich bleiben.

Es gibt viele Missverständnisse zwischen Deutschen und Chinesen. Uwe Kräuter versucht dann, beide Seiten zu beruhigen, zu vermitteln. In besonders schwierigen Fällen bemüht er sich, die deutschen Partner nach China zu locken. Diese Besuche verlaufen nach dem immergleichen Muster. Kräuter lädt den jeweiligen deutschen Produzenten nach Shanghai ein. Er holt ihn vom Flughafen ab, sie fahren mit dem Transrapid ins Zentrum. Beim Geschäftstreffen später wird der Deutsche sehr schnell sehr laut. Der chinesische Partner lehnt sich zurück, sagt: »Wir müssen nicht kooperieren.« Der Deutsche wird unruhig. Kräuter sagt: »Er denkt, er muss bewundert werden. Er ist doch Deutscher, Abgesandter einer großen Wirtschaftsmacht.« Wenn die Bewunderung ausbleibt, folgt die Unsicherheit. Kräuter begleitet ihn dann ins Grand Hyatt, das höchste Hotel der Welt. Vom Restaurant im 56. Stock blickt der deutsche Gast hinunter auf die grell blinkende Skyline der Großstadt. Das ist der Zeitpunkt, an dem Kräuter gewonnen hat. Zweifel regen sich. Der deutsche Produzent verliert sein Weltbild.

Kräuter hebt eine bunte Zeitschrift von seinem Bürotisch, sein Gesicht schmunzelt vom Titelblatt. Er ist einer der bekanntesten Ausländer Chinas. Oft lächelt er gemeinsam mit seiner Frau in die Kameras. Sie treten in Talkshows auf, reden über ihre Ehe, wie sie sich kennenlernten. Sie führen eine Art öffentliche Beziehung – jahrelang durften sie sich nur im Verborgenen lieben. Wenn sie heute ein Restaurant besuchen, kann es passieren, dass die Kellner ihre Kindererziehung kommentieren. Kräuters Frau ist 45, jünger als er. Sein Alter mag er nicht verraten, er kokettiert. »60«, sagt er schließlich.

Uwe Kräuter fliegt häufig nach Deutschland, meist wundert er sich über seine alte Heimat. Vor ein paar Jahren starb der Mann, der damals vor der Universität die Vietcong-Flagge trug. Zur Beerdigung kamen die alten Genossen zusammen. Sie redeten über die Vergangenheit, von ihren früheren Heldentaten. Kräuter fand, dass sie alt aussahen. Graugesichtig. Manche hatte er seit jenen Tagen 1970 nicht mehr gesehen.

Am 19. Juni 1970 tagte in Heidelberg eine internationale Konferenz zur Entwicklungshilfe unter der Leitung von Robert McNamara, des damaligen US-Verteidigungsministers und späteren Chefs der Weltbank. McNamara, der Feind aller Linken, stand für alles, was sie bekämpften: Neokolonialismus, Unterdrückung der Dritten Welt, Krieg. Der SDS hatte zu einer großen Demonstration aufgerufen. Das Tagungshotel war von der Polizei abgeriegelt worden, es gab Straßenblockaden. Was genau Kräuter bei dieser Demonstration gemacht hat, dazu sagt er nicht viel. Er wägt jedes Wort ab. Kräuter ist ein

Mann, der die Worte fürchtet. In seinem Leben haben sie eine übermächtige Bedeutung erlangt. Eine Zeit lang konnte jede unbedachte Äußerung über seine Zukunft, seinen Wohnort, seine Ehe entscheiden.

Bei jener Demonstration gab es wohl Handgemenge, Steine flogen. Die erste Reihe der Demonstranten wurde dabei gefilmt, wie sie die Polizeikette durchbrach. Uwe Kräuter marschierte mittendrin. Kurz darauf wurde der SDS Heidelberg verboten. »Das war eine große Sache damals«, sagt Kräuter. Es gab Debatten darüber, ob man in den Untergrund gehen sollte. RAF-Repräsentanten schauten vorbei. Für Kräuter war das keine Option. Unter den Genossen hatte er kaum Freunde. Seine bürgerlichen Vorlieben für guten Wein, schicke Kleidung und Urlaube an der Côte d'Azur erschienen vielen verdächtig.

Kräuter nannte sich damals Marxist. China war für ihn das Land, das Vietnam unterstützte gegen die »US-Aggressoren«, das auf der Seite der Armen kämpfte. Regelmäßig las er die *Peking-Rundschau,* studierte Maos Werke. Sein Professor hatte gute Kontakte nach Peking, zwei seiner Studenten arbeiteten dort beim Verlag für fremdsprachige Literatur. Sie sollten bald zurückkehren. Und Kräuter hatte vor, in seiner Doktorarbeit China und Indien miteinander zu vergleichen.

Unterdessen wirkte die Demonstration nach, 1972 begann der Cabora-Bassa-Prozess, benannt nach einem Staudamm in Mosambik, gegen dessen Bau sie protestiert hatten. Kräuter und sechs weitere Demonstranten waren angeklagt wegen Widerstands gegen die Staatsgewalt und Landfriedensbruchs. Ihr Anwalt hieß Otto Schily. Er kann sich an Kräuter in dieser Zeit erinnern, undeutlich. Jahre später meldete Kräuter sich bei Schily wieder. Heute sehen sie sich, wenn Kräuter Berlin oder wenn Schily Peking besucht. »Er hat eine erstaunliche Biografie, das imponiert mir«, sagt Schily. Zu seinen früheren Ansichten halte Kräuter inzwischen ironische Distanz. Damals verlor Schily den Prozess. In der ersten Instanz wurden Kräuter und die anderen zu Bewährungsstrafen verurteilt. Die nächste Instanz wartete Kräuter nicht ab. Er verschwand nach China.

Sein letzter Tag in Heidelberg blieb ihm im Gedächtnis: Er stand an der Hauptstraße, die Sonne schien. »Die Welt sah schön aus, und ich fragte mich: Warum musst du von hier fort?« In seiner Abwesenheit entschied das Gericht: acht Monate ohne Bewährung für Kräuter. Seine Mitstreiter mussten ins Gefängnis.

Drei Jahrzehnte später fährt Uwe Kräuter in seinem Mercedes an einem Golfplatz vorbei, Kopien römischer Skulpturen säumen den Weg. Die Straße endet an einer Schranke, Sicherheitsmänner grüßen, dahinter stehen vierstöckige Neubauten. Im ersten Haus, dritter Stock rechts, wohnt Kräuter mit seiner Frau und den beiden Töchtern. Im Wohnzimmer hängt ein riesiges Foto des Ehepaares. Es wirkt wie die Trophäe einer vergangenen Schlacht. Im Rahmen daneben klebt eine Einladung zu Otto Schilys 70. Geburtstag. Wenn Kräuter aus dem Fenster sieht, schaut er auf eine Mauer und eine Wiese mit gelblichem Gras. Er setzt sich in seinen Sessel, die Haushälterin gießt heißes Wasser auf den grünen Tee. Sie ist sehr jung, 18 erst, kommt vom Land. Eine ganze Nacht ist sie in der vergangenen Woche fort geblieben. Ein Regelverstoß. »Sie hat einen 24-Stunden-Vertrag«, sagt Kräuter. Nun wird er sie wohl entlassen. Die Haushälterinnen-Agentur schickt in den nächsten Tagen neue Kandidatinnen.

Hinter Kräuters Schreibtisch stehen acht weiße Kartons, darin ruht seine Vergangenheit. Die Papiere seines Lebens: Briefe, die er mit Blaupapier schrieb, alte Faxe, Telegramme. Eigentlich wollte Kräuter nur zwei Jahre in Peking bleiben, der Verlag für fremdsprachige Literatur hatte ihn als »ausländischen Experten« eingeladen. An seinem ersten Tag in Peking wurde er von einem Fahrer mit Limousine abgeholt. Er brachte Kräuter zum Friendship Hotel, einem riesigen Bau am Stadtrand. Dahinter begann das Ackerland. Der Fahrer begleitete ihn in die Kantine, ohne den Wagen abzuschließen, die Kellnerin nannte ihn »Genosse«. Kräuter wähnte sich im kommunistischen Paradies. Uwe Kräuter und die anderen ausländischen Experten lebten im Hotel wie auf einer Insel mit eigenem Klub, eigenen

Geschäften, eigener Währung. Mao war Anfang der Siebziger noch allgegenwärtig, winkte von Plakaten und Hauswänden. Im Verlag redigierte Kräuter dessen Reden, Parteitagsbeschlüsse, Artikel. Die chinesischen Kollegen hatten sie vorher ins Deutsche gebracht. Worte mussten sehr behutsam behandelt werden, jede kleinste Bedeutungsverschiedenheit konnte eine neue Kampagne bewirken, einen neuen Klassenfeind entlarven.

Damals ahnte Kräuter noch nicht, dass alle Chinesen, mit denen er Kontakt hatte, Berichte über ihn schreiben mussten. Er kam aus der westdeutschen Debattenkultur: »Ich war dieser deutsche Rebell, wichtigtuerisch, der alles direkt ansprach.« Erst allmählich bemerkte er, dass seine chinesischen Begleiter sich zurückhielten. Eine Szene prägte sich in sein Gedächtnis ein: Im Hotel regte er sich einmal furchtbar darüber auf, dass kein Taxi kam. Er brüllte. Immer mehr Angestellte umringten ihn, nickten ihm freundlich zu. Bis Kräuter klar wurde, dass sie einem Ausländer dabei zuschauten, wie er die Kontrolle verlor. Es sollte ihm nicht wieder passieren. Manchmal, wenn Kräuter ins Hotel zurückkehrte, kam es ihm vor, als stünden seine Bücher anders als vorher. Kollegen deuteten an, dass sie über ihn berichten müssten. Er fühlte sich trotzdem auf der richtigen Seite, verfasste euphorische Artikel über Mao und chinesische Arbeiter in der *Kommunistischen Volkszeitung:* »Sie spornen uns an, unseren Kampf ebenfalls unentwegt und unnachgiebig zu führen bis zum Sieg.« Jeden Tag konnte der Imperialismus angreifen. Es hieß immer: wachsam sein. Kampfbereit.

Seinen Eltern schrieb Kräuter, er habe an Maos Geburtstag Nudeln gegessen. Nudeln als Symbol für ein langes Leben. Kurz darauf starb Mao, das Regime der Viererbande wurde niedergeschlagen. Die Freudendemonstrationen, die Erleichterung der Chinesen verstörten Kräuter und die anderen ausländischen Experten. Zuvor hatte er Texte der Viererbande redigiert, ihre Äußerungen als revolutionäre theoretische Offenbarungen aufgenommen. Nun wurden sie von der eigenen Partei verurteilt, als Verbrecher gebrandmarkt.

Kräuter beruhigte sich, er sei nur Gast, nicht würdig, die

große Partei zu kritisieren. »Ich orientierte mich an Chinas offizieller Propaganda. Wir jungen westlichen Rebellen glaubten im Großen und Ganzen dem, was die chinesische Partei sagte. Auch alle Chinesen, mit denen ich zusammenkam, glaubten das.« Er begann, Kontakt zu Intellektuellen zu suchen, Schauspielern, Schriftstellern, Malern, die am meisten unter dem Terror der Kulturrevolution gelitten hatten. Sie erzählten ihm furchtbare Geschichten über Lager, Verbannung, äußerten sogar vorsichtig Kritik an Mao. Kräuter war geschockt. Das System an sich stellten sie nicht infrage.

Im Westen sorgt gerade eine neue Biografie über Mao für Aufsehen, die Autoren Jung Chang und Jon Halliday beschreiben ihn darin als Massenmörder. Kräuter hat das Buch noch nicht gelesen. Er sagt: »Als Mao starb, ging es China ökonomisch besser als 1949.« Bis jetzt werde Mao von vielen Chinesen verehrt als derjenige, der das Land vereint und die Japaner vertrieben habe. Kritik ist nicht erwünscht. Mao, der Identitätsstifter – was, wenn er plötzlich fällt? Alles würde infrage stehen. Mao könnte die Partei mit sich in den Abgrund ziehen.

Unter Deng Xiaoping fing China in den siebziger Jahren an, sich allmählich zu öffnen. Uwe Kräuter war in der Zwischenzeit Mitglied des Kommunistischen Bundes Westdeutschlands (KBW) geworden. Durch seine Verbindungen kamen mehrere deutsche Genossen 1978 nach Peking. Die deutsche Delegation führte endlose Diskussionen in der Hotelkantine. Es ging immer darum, wer ist Revolutionär, wer Revisionist? Es sah nicht gut aus für Kräuter. Eines Tages überreichte ihm einer aus der Gruppe einen Zettel. »Punkte zur Kritik an Uwe« steht darauf. Der Zettel hat die Zeit in einem der Kartons hinter Kräuters Schreibtisch überdauert. Fünf Punkte sind untereinander aufgelistet, unter anderem: »Du achtest das Kollektiv gering und Einzelpersonen hoch (auch dich selbst).« Der Text endet mit den Worten, eine ehrliche Selbstkritik sei wirklich überfällig. Damals bemühte er sich, zweimal übte er Selbstkritik. Es reichte nicht, er wurde aus dem KBW ausgeschlossen.

In China sollte sein Vertrag beim Verlag nicht verlängert

werden, in Deutschland drohte die Verhaftung. Jedes Jahr schaute die Polizei bei seiner Mutter vorbei, um nach ihm zu fragen. Bis heute weiß Kräuter nicht, warum ihn der Verlag loswerden wollte. Vielleicht hatte er sich zu weit vorgewagt. Seine Künstlerfreunde besuchte er ohne vorherige Absprachen.

Diese Auseinandersetzungen haben Kräuter geformt. Sein Freund Burkhart Braunbehrens, der ihn seit der Zeit im SDS in Heidelberg kennt, sagt, der Aufenthalt in China habe Kräuter geprägt. »Früher war er ein richtiger Hitzkopf. Heute ist er sehr diplomatisch.« Wenn Kräuter jetzt in Deutschland in größerer Runde sitzt, erkennt ihn sein Freund manchmal kaum wieder, er halte sich dann sehr zurück, höre aufmerksam zu. Braunbehrens erklärt das so: »In einer Gesellschaft oder Szene, wo jeder einmal in Verdacht gerät, auf der falschen Seite zu stehen, muss man sehr genau überlegen, was man sagt.« Jedes Wort birgt Gefahr, kann den Ausschluss aus der Gemeinschaft bedeuten. Sowohl in China als auch in der linken Bewegung in Deutschland konnten sich die Fronten täglich verschieben.

Damals kämpfte Kräuter darum, in China bleiben zu können, schrieb Telegramme an die Partei, an Staatschef Deng Xiaoping. Am Ende wurde der Vertrag verlängert. Ein Sieg. Kurz darauf, 1980, erfuhr Kräuter durch die deutsche Botschaft, dass seine Gefängnisstrafe verjährt sei. Das erste Mal nach sechs Jahren flog er wieder nach Deutschland. In Begleitung von 80 Chinesen. Kräuter reiste als Simultandolmetscher des Pekinger Volkskunsttheaters mit dem Stück *Das Teehaus*. Viel war geschehen in der Zwischenzeit: der Deutsche Herbst, Stammheim-Prozess, Tod von Baader und Meinhof. Kräuter fuhr durch sein altes Heimatland, alles erschien ihm so klein, so sauber, so langweilig. Bis in die Nächte erzählte er seinen Freunden von China, sie hörten zu, aber es schien weit weg. China wiederum war fast ohne Verbindung zum Ausland. Kräuter hatte seine Bestimmung gefunden: als Vermittler.

Draußen ist es dunkel geworden, die Lichter der Stadt leuchten aus der Ferne in Kräuters Arbeitszimmer. Seine Frau Shen Danping betritt den Raum, ihre Mundwinkel hängen tief, sie redet auf Kräuter ein, regt sich über die Haushälterin auf. Kräuter nickt, schweigt. Shen Danping trägt Jogginghosen, ihr Haar ist noch kurz vom letzten Dreh. Als Schauspielerin verdient sie zwischen 50 000 bis zu einer Million Yuan pro Film, umgerechnet zwischen 5000 und 100 000 Euro. Sie lächelt, sagt, ihre kleine Tochter wünsche nun auch, Schauspielerin zu werden. Dann wendet sie sich wieder Kräuter zu, schimpft mit hoher Stimme, dabei streicht sie ihm durch die Haare. Ihre Liebe hätte sie beide beinahe aus dem Land getrieben.

Am Abend ist ein Tisch in einem Mao-Restaurant bestellt. Es gibt nicht mehr viele davon in Peking. An den Wänden hängen Fotos von Mao und seiner Familie. Neonlicht brennt, runde Tische mit gelben Decken drängen sich in einem kleinen Raum. Serviert werden schwere, ölige Speisen aus Maos Heimat Hunan. Kräuters Partner Shi ist mit seiner Frau und einem Freund gekommen. Auch Shi musste früher, als sie noch im Verlag arbeiteten, Berichte über Kräuter für das Außenministerium schreiben. Er habe dann immer betont, was für ein großer Freund Chinas Kräuter sei, sagt Shi und lächelt Kräuter zu, der lächelt zurück. Für Shi war es damals eine Ehre, mit einem ausländischen Experten zusammenzuarbeiten. Einer mit seiner Herkunft. Shis Vater hatte als General auf der Seite Chiang Kai-sheks gekämpft, des Feindes der Kommunisten. Während der Kulturrevolution wurde er von den Roten Garden verfolgt, sie verwüsteten die Familienwohnung. Vorsorglich hatte der Vater all seine Bücher verbrannt. Es half nichts, er wurde aufs Land verbannt. Shi blieb als Einziger aus seiner Familie in Peking zurück. »Ich hatte Glück«, sagt er. Bauern aus der Heimat seiner Eltern hatten sich für ihn eingesetzt. Shi erzählt diese Dinge mit einem Lächeln, fast ein wenig belustigt. Es soll zeigen, dass sie ihn nicht mehr berühren. Kräuter wusste lange nichts von dieser Geschichte, Shi erzählte sie ihm erst Jahre nach der Kulturrevolution.

Heute betreibt Shi neben der Firma mit Kräuter noch ein eigenes Unternehmen, handelt mit Maschinen und Industrieanlagen zwischen Deutschland und China. In letzter Zeit wundert Shi sich immer öfter über die Deutschen. Es kann sein, dass er auf ein Angebot Wochen warten muss oder dass ein Vertrag nicht zustandekommt, weil die deutschen Partner am 1. August kollektiv in den Urlaub fahren. Shi erklärt sich das so: Den Deutschen sei das Geschäft egal, weil sie trotzdem genug verdienten. In den vergangenen Jahren hat Shi den Wandel seines Landes beobachtet. »Was wir machen, ist völlig kapitalistisch.« Nur die Partei trage noch das kommunistische Banner. Sie herrscht über das Land wie ein Aufsichtsrat über ein Staatsunternehmen. Der Konsum hat die Ideologie besiegt. Es ist die Zeit des totalen Wachstums, China hatte im vergangenen Jahr 2005 den höchsten Anteil am Weltproduktionswachstum. Das kollektive Streben richtet sich auf den Erwerb einer Waschmaschine, eines Kühlschranks und eines Autos. Gleichzeitig wächst aber auch die Unzufriedenheit bei denjenigen, die sich all das nicht leisten können. Etwa 200 Millionen Chinesen sind ohne Arbeit. Viele Ältere haben der Partei ihr Leben verschrieben und müssen nun ohne soziale Absicherung und medizinische Versorgung auskommen.

Über allem liegt ein Gefühl von Aufbruch und Abschied zugleich. Im Westen wird viel über Menschenrechte und Demokratie in China diskutiert. Kräuter nennt diese Themen auch »die Ausländerfragen«. Die Chinesen scheinen kaum darüber zu reden, es bleibt keine Zeit zum Nachdenken. Für eine Demokratie sei es noch zu früh, meint Shi. Es liegt noch nicht lange genug zurück, dass jeder eines jeden Feind sein konnte. Kräuter schweigt. Shi lächelt und erzählt, dass er manchmal von anderen über Kräuter und seine berühmte Schauspielerin ausgefragt werde.

Kräuter lernte seine Frau 1983 über einen Freund kennen. Ihm gefiel, dass sie immer so traurig schaute, kaum zu sprechen wagte. Er fand das geheimnisvoll. Sie mochte seine Zurückhaltung. Eine Beziehung schien unmöglich. Ausländer waren als Gäste willkommen, man traute ihnen aber nicht, sie galten als potenzielle Spione. Auf der Straße musste Shen Danping zehn Meter hinter ihm laufen. Niemand durfte sie zusammen sehen, ihr drohte Verbannung, Schande. Als sie ihre geheime Liebe schließlich ihren Eltern offenbarte, sagte die Mutter, der Ausländer werde sie entführen und im Ausland verkaufen.

Die Ehe zwischen einem Ausländer und einer Chinesin war nicht verboten – sie war undenkbar. Dennoch verkündeten Kräuter und Shen Danping am 7. Juni 1984 auf den Arbeitsstellen ihren Heiratswunsch. Einen Monat später wurden sie tatsächlich getraut, es war eine der ersten Ehen in China zwischen einem Ausländer und einer Chinesin nach der Machtübernahme der Kommunisten. Die Heirat sollte ihnen vorerst kein Glück bringen. Regisseure wollten Rollen nicht mehr mit Shen Danping besetzen. Kräuters Vertrag beim Verlag wurde nicht mehr verlängert. Kurz überlegten sie sogar, nach Deutschland zu ziehen. All das, was Kräuter geschrieben hatte, kam ihm nun sinnlos vor. Er beschloss, die Seiten zu wechseln.

Dank einflussreicher Freunde bekam Kräuter auch wieder ein Visum. Er verließ den Verlag und zog nach zwölf Jahren Hotel in eine 39-Quadratmeter-Wohnung. Er war jetzt Filmemacher. Uwe Kräuter wusste inzwischen, wie weit man gehen, mit wem man reden konnte. Bis heute bewegt er sich wie ein Diplomat durch die chinesische Gesellschaft, immer bereit, »Gesicht zu geben«. Er ist Teil des Systems und Außenseiter zugleich.

Am nächsten Morgen empfängt er in seinem Arbeitszimmer. Die Haushälterin läuft vorsichtig durch die Wohnung. Vielleicht kann sie doch bleiben. Kräuter hält die Beine übereinandergeschlagen, Papiere liegen vor ihm ausgebreitet. Es geht um 1989. Ein sehr sensibles Thema, immer noch, die Funktionäre passen auf. Jedes Wort muss stimmen, jeder Satz durchdacht sein. Kräuter hat die Ereignisse nicht vorhergesehen. Er lebte gut damals, hatte gerade einen Mercedes aus Deutschland importiert. Kräuter weiß, wie das klingt. Er sagt, er wollte mit dem Mercedes zeigen, dass auch er sich weiterentwickelt habe, nicht im Vergangenen verharre. »Die Achtziger waren Jahre idealistischen Träumens von westlicher Demokratie. Was Demokratie konkret war, was solch ein System für China bedeuten würde, war den damaligen Rebellen nicht klar.« Und die Chinesen sahen dabei zu, wie eine kleine Minderheit immer mehr Reichtum anhäufte. Korruption, Inflation, Wirtschaftskrise.

Am Abend des 3. Juni 1989 hatten Kräuter und seine Frau Freunde zum Essen eingeladen. In den Wochen zuvor hatte Kräuter beobachtet, wie sich der Platz des Himmlischen Friedens mit immer mehr Demonstranten füllte. Gegen 22 Uhr machten sie sich an jenem Abend auf den Weg dorthin. Zum Gucken. An einer Brücke wurden sie von Demonstranten gestoppt. Der Mercedes galt als das Symbol für Korruption. Die Demonstranten begannen, den Wagen zu schaukeln. Dann erkannten sie Kräuters Frau, forderten sie auf auszusteigen, ein Lied zu singen. Sie blieb im Inneren des Wagens. Schließlich setzte sich ein Student für sie ein, und sie konnten umkehren. Später in der Nacht kam der Anruf eines Freundes: Es wird geschossen. Von einem Tag auf den anderen schien alles anders. Ohne Hoffnung. Wie hat Kräuter diese Zeit erlebt? Schweigen. Kräuter mustert sein Gegenüber. Monatelang habe er keine Musik hören können, sagt er schließlich. Er lässt seinen Arm auf die Sessellehne sinken. Chinas Mächtige hatten sich brutal gegen die eigene Bevölkerung gewandt. Kräuter zog sich ins Private zurück.

China blieb nach 1989 nicht lange isoliert. Zuerst kehrten die Geschäftsleute aus Hongkong und Taiwan wieder, es folgten Japaner und Amerikaner. Im Jahr 1992 unternahm Staatschef Deng Xiaoping eine Reise in die Sonderwirtschaftzone Shenzhen, die seine Gegner als Enklave des Kapitalismus kritisierten. Ein Signal. Uwe Kräuter spielte kurz darauf die Rolle des Italieners Mario in einer Seifenoper. Er hatte es nun bis in die chinesischen Wohnzimmer geschafft. Und der Staatschef verkündete: »Reich werden ist glorreich.«

Shen Danping eilt durch die Wohnung, führt ihrem Mann verschiedene Kleider vor. Sie sagt, ihre Freunde hätten sich in den letzten Jahren verändert, man habe sich nicht mehr viel zu sagen. Alle seien mit Geldverdienen beschäftigt. Eine Freundin hat ihr gerade eine Versicherung aufgedrängt. Nun ist das

Geld weg. »Es scheint, als ob wir uns unter sozialistischen Vorzeichen dem Kapitalismus nähern«, sagt Shen Danping und verschwindet.

Die Neunziger nennt Kräuter »die Jahre der Normalisierung«. Es geht nicht mehr um politische Ideale, es geht um Projekte, ums Fortkommen. Kräuter dreht Filme, holt *Forsthaus Falkenau* nach China und zwei weitere Staffeln von *Derrick*. Er kauft diese Wohnung, gründet seine eigene Firma. Alles geht so schnell, die Jahre verschwimmen. Kräuter trägt jetzt eine Sonnenbrille von Ray Ban, seine Uhr ist von Omega. Früher hat er gegen Karriere, Statussymbole rebelliert. Dann kam die Familie, die Verantwortung. Der Triumph der Wirklichkeit.

Aus der Ferne beobachtet Kräuter nun seine alte Heimat. Sie erscheint ihm ein wenig erschöpft. Er hat das Gefühl, er sollte helfen. Mit einer Münchner Firma plant er die Sendung *Schaufenster Deutschland* im chinesischen Fernsehen, eine Charmeoffensive. Und sonst? Seine Generation, die der 68er, hat gerade die Macht verloren. Die ehemaligen Feinde regieren jetzt mit in Berlin. Ist der Traum von einer besseren Gesellschaft gescheitert, haben sie sich geirrt? Kräuter dreht sich fort. Nein! »Es war ein Traum, der nicht realisierbar war.« Eigentlich denkt Kräuter nicht viel über die Wirrungen von damals nach. In China herrscht Zukunft, sie drängt alles andere in den Hintergrund. Nur die deutschen Freunde erinnern Kräuter immerzu an die Vergangenheit. Wenn er sie in Deutschland besucht, reden sie von längst vergessenen politischen Schlachten. Auch die Rente ist ein großes Thema. Uwe Kräuter sitzt dann neben ihnen und langweilt sich. Die Revolution ist vorbei.

Wie es weiterging: Uwe Kräuter und seine Frau Shen Danping führen nach wie vor eine öffentliche Beziehung. Bei einer Talkshow am 24. März 2014 von Zhejiang Satellite Television gab es für das Paar eine nachträgliche Hochzeitsfeier. Über sein Leben in China hat Kräuter 2012 ein Buch geschrieben: »So ist die Revolution, mein Freund – Wie ich vom deutschen Maoisten zum Liebling der Chinesen wurde«. Er leitet weiterhin die Joint-Venture-Firma Asia World Network.

IM SUMPF

Wie Mandy Kopp, die mit 16 zur Prostitution gezwungen wird, Jahre später ihre Freier erkennt

Mandy Kopp kennt alle Fluchtwege in ihrem Haus. Sie weiß, wie lange es dauert, aus dem Fenster hinaus auf das Dach zu klettern und von dort in den Hof zu springen, sie weiß, wie schnell sie beim Hinterausgang und von dort beim Auto ist. Neben jeder Tür liegt ein Holzknüppel. Wenn sie in ihren Keller hinuntergehen will, kollabiert sie.

Kopp ist 35, sehr schmal, sie trägt ihr Haar kurz und so blond gefärbt, dass es fast weiß schimmert. Sie sitzt an dem großen Holztisch in ihrer Küche, raucht, trinkt Rotwein. Durch das Fenster sieht sie die Sonne untergehen. Eine idyllische Landschaft, Hügel, ein kleines Dorf nicht weit von Koblenz, nahe der Mosel, an den Uferhängen wächst Wein. Alles wirkt friedlich. Von außen betrachtet deutet nichts auf eine Bedrohung.

Die landschaftliche Harmonie steht im Gegensatz zum Inneren von Kopps Wohnhaus. Es ist eine ehemalige Gastwirtschaft, zum Teil sind noch die alten Kneipenmöbel darin. Kein Fenster ist so groß wie das andere, keine Tür gleicht der nächsten, alte und neue Tapeten kleben neben- und übereinander, Bodenbeläge und Wandfarben sind verschieden. Nichts passt zusammen. Kopp lebt in Scheidung und ist erst vor kurzem mit ihrem Freund hier eingezogen. Sie schlafen auf der Bühne des ehemaligen Festsaales. Die alten Tische und Stühle erinnern an längst vergangene Abendgesellschaften. An den Wänden hängen Bilder, die Kopp gemalt hat, eine Straße mit Gründerzeithäusern in Leipzig; ein Mädchengesicht, blass, traurig, durchscheinend; eine Frau, deren Körper mit vielen kleinen Strichen bedeckt ist, die wie Schnittwunden aussehen.

Und vier Männerköpfe, über denen in großen Buchstaben das Wort »Täter« geschrieben wurde.

In der Ecke des Saales steht ein Computer. Mandy Kopp hat begonnen, ihre Autobiografie zu schreiben. Die beginnt mit den Sätzen: »Es war ein Tag wie jeder andere. Also der ganz normale Wahnsinn.« Das klingt wie der Anfang einer lustigen Abenteuergeschichte. Mandy Kopp hat fast 20 Jahre gebraucht, um ihre Geschichte erzählen zu können. Es ist das erste Mal, dass sie ihren richtigen Namen öffentlich nennt. Ein Befreiungsschlag. »Ich habe mich lange genug versteckt und geschämt. Ich habe nicht vor, mein Leben lang Opfer zu bleiben«, sagt sie.

Ihre Erlebnisse in jenen Wochen Anfang der neunziger Jahre verfolgen sie noch immer, die Akten darüber füllen ihre Schränke, verstopfen die Festplatte ihres Computers, überfordern jeden Datenstick. Mandy Kopp wurde mit 16 zur Prostitution gezwungen, in einem Leipziger Kinderbordell mit dem Namen Jasmin. Viele Jahre sind seitdem vergangen, sie hat geheiratet, drei Kinder geboren und mehrere Hundert Kilometer zwischen sich und ihre alte Heimat gelegt, und doch ist es noch immer nicht vorbei, im Gegenteil: Gerade geht es wieder los.

Vor fünf Jahren gibt es bundesweit Skandalmeldungen über ein ominöses kriminelles Netzwerk aus Leipziger Immobilienmanagern, Justizbeamten und Polizisten. Auslöser ist eine Datensammlung des sächsischen Verfassungsschutzes, die an die Öffentlichkeit gelangt. Der Komplex, unter dem Namen »Sachsensumpf« bekannt, ist bis heute nicht ganz aufgeklärt, und manche bezweifeln sogar seine Existenz. Es geht um fragwürdige Gerichtsurteile, zweifelhafte Immobiliengeschäfte, die von der Justiz gedeckt worden sein sollen, und auch um mögliche Sexgeschichten von Staatsbediensteten mit Minderjährigen. Der Name Jasmin taucht in diesem Zusammenhang immer wieder auf: das Kinderbordell, das 1993 von der Polizei dichtgemacht wurde. Die Staatsanwaltschaft ermittelt. Mandy Kopp und die anderen Frauen, die damals im Jasmin arbeiten mussten, werden 2008 noch einmal als Zeugen vernommen. Ihnen werden Fotos gezeigt. Dabei meinen Mandy Kopp und eine weitere Zeugin, Trixi (Name geändert), zwei hochrangige Juristen – den ehemaligen Vizepräsidenten des Leipziger Landgerichts und den jetzigen Präsidenten des Landgerichts Chemnitz – als frühere Freier des Bordells wiederzuerkennen. Die beiden Männer bestreiten dies. Die Frauen stehen nun wegen Verleumdung vor Gericht. Einer der Männer wird sie später in einem Gespräch mit dem *ZEITmagazin* »Prostituierte« nennen, als wären die Mädchen freiwillig im Jasmin gewesen. Auch die Anklage spricht von Prostituierten, als spiele es keine Rolle, dass die Frauen damals fast noch Kinder waren, dass sie gezwungen wurden. Aus den Opfern von einst sind innerhalb weniger Monate Täterinnen geworden, Verdächtige.

Der »Sachsensumpf« ist mittlerweile ein fast undurchdringliches Dickicht aus gegenseitigen Anschuldigungen, Anzeigen und Anklagen. Jeder, der sich bemüht, einen Weg durch das Dickicht zu bahnen, scheint darin zu versinken: Opfer, Polizisten, Journalisten. Die Gerichtsprozesse sind auch ein Versuch, alle Zweifel, Ungereimtheiten und Erinnerungslücken juristisch zu klären. Aber es gibt Geschichten, die sind so furchtbar, dass sie jeden zu zerstören drohen, der mit ihnen in Berührung kommt. Wie eine böse Krankheit nisten sie sich in die Leben derjenigen ein, die damit zu tun bekommen, und zersetzen sie allmählich von innen. Wenige haben die Kraft, sich davon zu erholen. Manche finden diese Kraft nie.

Mandy Kopp hält die nächste Zigarette in den schmalen Fingern. Sie kann gut erzählen, detailreich, sarkastisch, manchmal schweigt sie minutenlang, sie erscheint dann wie entrückt, unerreichbar. Oft wirkt sie stark und angeschlagen zugleich. Wenn man sie fragt, wie sie in ein Kinderbordell gelangen konnte, erzählt sie von ihrem Vater. Sie hat ihn sehr geliebt, aber er starb viel zu früh, 1989, im Jahr des Mauerfalls. Die Auflösung von Kopps Familie ging einher mit der Auflösung ihres Landes. Der Zerfall eines Staates, die Anarchie in den ersten Jahren danach ermöglichten ein System, in dem minderjährige ostdeutsche Mädchen zur Prostitution gezwungen wurden und sich Zuhälter und Freier in Sicherheit wähnen konnten.

Kopp ist in einem Dorf nahe Leipzig aufgewachsen. Ihre Mutter lernt kurz nach dem Tod des Vaters einen neuen Mann kennen, sie ziehen in die Stadt. Mandy rebelliert gegen den Stiefvater, es gibt Streit, auch Schläge. Die Mutter ist überfordert. Die Tochter verliebt sich in einen 15 Jahre älteren Mann. Immer öfter bleibt sie immer länger von zu Hause weg. Ihrer Familie entgleitet sie immer mehr. Mit ihrer Freundin Sabine (Name geändert) haut sie schließlich ab. Sie landen in dem Wohnwagen eines Bekannten, in dem Männer sitzen, die von einem Martin Kugler (Name geändert) erzählen, der eine Art Mädchen-WG betreibe, da lebten Mädchen zusammen, die weggelaufen seien, sagen sie. »Für uns hat sich das ganz normal angehört«, sagt Kopp heute. Sie habe nichts geahnt. Am Abend brechen sie auf in die Merseburger Straße 115. Es ist die Straße, die Mandy Kopp Jahre später in ihrem Festsaal malen wird.

In Kopps Erinnerung fährt Martin Kugler in einem Mercedes vor und trägt Goldkettchen. Mandy hält das für einen coolen Auftritt. Einem Zuhälter ist sie noch nie begegnet, unter Prostitution kann sie sich nichts vorstellen. Kugler, ein ehemaliger Boxer, nimmt die beiden mit in die Wohnung, dort warten schon drei andere Mädchen. Er zeigt sich sehr interessiert, fragt sie aus, dann bietet er Mandy und Sabine Cola an. »Und danach verlor ich das Bewusstsein«, sagt Kopp heute. Am nächsten Vormittag seien sie aufgewacht, nackt auf dem Sofa, sagt Kopp. Ihre Kleider sind verschwunden. Sie will die Wohnung verlassen. Martin Kugler kehrt zurück, packt sie am Nacken und prügelt auf sie ein. Sabine kotzt ins Wohnzimmer. »An diesem Tag hat mich Kugler das erste Mal vergewaltigt«, sagt Kopp.

Mandy war damals 16, Sabine 13.

Die beiden sagen in den ersten Polizeivernehmungen 1993 ähnlich aus. Im Nachhinein lässt sich nicht mehr genau rekonstruieren, ob sie mehrere Wochen oder zehn Tage im Jasmin waren. Kopp sagt, sie müsse vor Weihnachten 1992 dort angekommen sein. Im Kassenbuch, das die Polizei später im Jasmin findet, wird Kopp das erste Mal am 18. Januar 1993 erwähnt. Sie sagt selbst, sie habe damals jedes Zeitgefühl verloren. Manchmal scheint sich ihre Zeit im Jasmin endlos auszudehnen, manchmal scheint sie sich auf wenige Augenblicke zu verkürzen.

Sie sind in jenen Tagen fünf Mädchen im Bordell, keines ist älter als 18. Sie sind zu verschiedenen Zeitpunkten und auf verschiedenen Wegen dorthin gelangt. Eines von ihnen wurde, wie sich später herausstellte, sogar durch einen Polizeibeamten dorthin gebracht. Die jungen Frauen leben in einer Gemeinschaft, und doch bleibt jede für sich, jede versucht, auf ihre Weise zu überleben. Sie sollen Kugler 1000 Mark die Woche zahlen, 150 Mark verdienen sie für einmal Geschlechtsverkehr, das Wochensoll schafft – außer manchmal Trixi – keine von ihnen. Mandy weiß nicht mehr, wie viele Freier sie bedienen musste. »Ich war in einem Trancezustand, nicht wirklich dabei.« Kugler habe sie und ihre Familie mit dem Tod bedroht, er werde sie erschießen, wenn sie abhaue. Wer nicht mit ihm schlafen wollte, sei mit einer Peitsche oder einem Gürtel geschlagen worden. Die Wochen im Jasmin sind ein fortwährendes Martyrium: »eine immer wiederkehrende Vergewaltigung«, wie Mandy sagt. Die Erinnerungen daran bestimmen ihr Leben bis heute.

Draußen, in der Idylle, ist es dunkel geworden. Kopps fünfjähriger Sohn geistert im Treppenhaus herum, er kann nicht einschlafen. Es ist, als lasse die Geschichte seiner Mutter auch ihm keine Ruhe. Kopps neuer Freund Pierre sitzt neben ihr und hält ihre Hand. Seit zwei Jahren sind sie zusammen, sie malen beide und geben Kunstkurse. Mandy hat sich bemüht, ihre Erlebnisse zu vergessen, 1994 hat sie einen 20 Jahre älteren Mann geheiratet, Kinder bekommen, sich mit Arbeit abgelenkt. Aber bis heute hat sie Flashbacks: Sie durchlebt Szenen aus der Vergangenheit immer wieder, als wären sie real. In der Nacht schreckt sie mehrmals schreiend aus dem Schlaf. Sie macht eine Psychotherapie. Vor ein paar Jahren hatte sie auch noch Unterleibskrebs, und im vergangenen Jahr wurde bei ihr Epilepsie diagnostiziert. »Wir schaffen das schon«, sagt Pierre und nimmt ihre Hand. Er spricht oft im Plural. Er hat sich völlig mit Mandys Schicksal identifiziert. Vielleicht geht es nicht anders. Kopp sagt, sie habe es durch seine Zuneigung auf 59 Kilo geschafft. So viel hat sie in den vergangenen 20 Jahren nie gewogen. Sie hatte alles versucht, Fresskuren, zum Mittag ein Viertelpfund Fleisch verzehrt. Es half nichts, 2004 war sie einmal so abgemagert, dass sie in die Klinik musste, um ihre Essstörung behandeln zu lassen. Sie wurde immer leichter, als wolle sie verschwinden. Vielleicht hat sie mit Pierre an ihrer Seite zum ersten Mal das Gefühl, sie habe Gewicht. Wenigstens im Privaten. Seit sie den neuen Gerichtstermin kennt, hat sie abermals vier Kilo verloren.

Immer wieder musste Mandy Kopp in den vergangenen 20 Jahren ihre Erlebnisse erzählen: 1993 kurz nach ihrer Befreiung aus dem Jasmin, 2000, als die Leipziger Polizei den Fall noch einmal aufrollte, 2008 bei der Dresdner Staatsanwaltschaft im Ermittlungsverfahren gegen die Juristen, die sie als ihre Freier erkannt haben wollte, und 2009 vor dem sächsischen Untersuchungsausschuss. An ihrem Leid besteht kein Zweifel. Nun geht es um die Details, darum, wie genau Erinnerungen sein können.

In der Anklageschrift wegen Verleumdung nennen die Staatsanwälte Mandy Kopp und Trixi »Prostituierte«. Kopp ist darüber verzweifelt, empfindet es als Herabwürdigung. Es klingt, als sei sie selbst schuld an ihrem Schmerz. Dabei sagte sie schon 1993 in einer Polizeivernehmung: »Wenn mich der Kugler niemals geschlagen und eingeschüchtert hätte, so wäre ich niemals der Prostitution nachgegangen.«

Einmal versucht Kopp damals, gemeinsam mit Sabine und einem anderen Mädchen zu fliehen, sie scheitern. Kugler findet sie und bringt sie zurück ins Jasmin. Jetzt kann Mandy Kopp auch darüber sprechen, was danach geschah. Zur Strafe sei sie in eine zweite Wohnung gebracht worden, erzählt Kopp. Dort habe Kugler ihr die Augen verbunden und sie nackt mehreren Männern überlassen. Sie hatte Todesangst. Mehr mag sie dazu nicht sagen. Wie lässt sich so etwas Jahre später beweisen? Wie soll man die Peiniger finden? Es ist aussichtslos. Kopp weiß das. Die schlimmste Drohung von Kugler sei damals die »Schweinemastanlage« gewesen. Kopp erzählt, sie habe dort mitansehen müssen, wie eine andere Frau halb totgequält worden sei. Die Erinnerung an die »Schweinemastanlage« ist der Grund, warum Kopp bis heute nicht ihren Keller betreten kann. Die gelblich gekachelten Wände des Kühlraums im Untergeschoss erinnern sie an die Szene von damals.

Mandy Kopp muss mit den Bildern in ihrem Kopf leben, Tag für Tag, Jahr für Jahr. Sie höhlen das Selbstwertgefühl aus, zersetzen jede Selbstgewissheit. Kopp kann heute nicht mit Sicherheit sagen, ob die Tür des Jasmin wirklich immer abgeschlossen war. Zum Einkaufen verließen die Mädchen das Haus. »Man findet sich mit seinem Schicksal ab, stumpft ab«, sagt sie. Im Nachhinein klingt das unglaublich und macht sie angreifbar.

»Man kann sich nicht mehr vorstellen, dass man befreit wird, man ist auch mental im System des Täters gefangen«, erklärt Christian Pross, Professor für Psychotraumatologie an der Berliner Charité.

Am 28. Januar 1993 stürmt die Polizei die Wohnung in der Merseburger Straße. Die Mädchen werden befreit und vernommen, sie erzählen damals unterschiedliche Geschichten über Martin Kugler und über die Härte ihres Alltags im Jasmin. Dafür gibt es Gründe: Ein Mädchen, Trixi, ist in dieser Zeit mit Martin Kugler zusammen, eine andere erwartet ein Kind von ihm. Mandys Freundin Sabine, die der Polizei berichtet, Kugler habe sie zu »sexuellen Handlungen« gezwungen, und wer nicht mit ihm schlafen wollte, sei mit einer Peitsche oder mit einem Gürtel geschlagen worden – diese Sabine wird ihn später heiraten und mit ihm ein Kind zeugen. Heute schweigt sie. Diese Geschichte ist auch eine Geschichte über die menschliche Seele und darüber, wozu sie in der Lage ist. Wenn man seinen Peiniger nicht besiegen kann, muss man sich mit ihm verbünden. »In der Situation des Ausgeliefertseins entwickelt man als Überlebensstrategie eine menschliche Beziehung zum Täter«, sagt auch Christian Pross. Doch die Staatsanwaltschaft glaubt den beiden Frauen heute nicht. In ihren Augen macht auch die Detailtreue der Aussagen sie nun verdächtig. Wie kann es sein, dass einer Zeugin fast 20 Jahre später immer noch neue Einzelheiten einfallen? »Bei Traumatisierten gibt es eine Mischung aus Amnesie und fast fotografisch exaktem Gedächtnis. Der Verlust des Zeitgefühls ist geradezu typisch«, sagt Pross. Doch eine Stimme wie seine mag anscheinend kein Richter, kein Staatsanwalt hören – in keinem Verfahren wurden bisher Psychologen oder Sachverständige hinzugezogen.

Kann es sein, dass Mandy Kopp sich täuscht, nicht mehr Herrin ihrer Erinnerungen ist? Ist es denkbar, dass eine schwer Traumatisierte das, was sie erlebt hat, in Menschen hineinprojiziert, die ihr begegnen? Es wäre möglich, aber sie ist mit ihren Aussagen nicht allein.

Wie es bei Opfern von Verbrechen häufiger der Fall ist, verhalten sich Mandy Kopp und die anderen Mädchen nach ihrer Befreiung widersprüchlich. Sie gehen nicht nach Hause, sondern kehren an den Ort ihres Leids zurück, in die Merseburger Straße 115. Sie sitzen auf dem Sofa, räumen die Wohnung auf, geben Interviews. Kopp sagt heute, sie habe sich wie eine Aussätzige gefühlt, keiner Familie mehr zugehörig. Ihre Wirklichkeit hatte sich zu weit von der Normalität entfernt. »Du kannst nicht einfach wieder in dein altes Leben zurück.« Zu den Freiern werden die Mädchen damals weder von der Polizei noch später vor Gericht befragt. Sie kennen auch meist keine Namen, nur Pseudonyme. Fotos von möglichen Freiern werden ihnen erst Jahre später vorgelegt.

Kopps Sohn geistert noch immer im Haus umher, sie bringt ihn ins Bett. Im riesigen früheren Festsaal hängen neben ihren Bildern (viel Grün und Gelb, Spachteltechnik) die Gemälde von Pierre, düstere Werke, von monstergleichen Gestalten bevölkert. Der Alltag der beiden ist schwer vorstellbar. Es gibt Tage, an denen Kopp nicht mit ihrem Freund spricht. »Dann sind alle Männer für sie Schweine«, sagt Pierre. Er ist ein Mann, der das still akzeptiert. Als Kopp zurückkehrt, holt sie einen Fotostreifen, wie man ihn am Passbildautomaten bekommt, aus der Schreibtisch-Schublade. Darauf ist sie mit einem der Mädchen aus dem Jasmin zu sehen, sie lächeln – es ist der Augenblick, an dem sie die Flucht aus dem Jasmin gewagt hatten, bevor Kugler sie wiederfand. Kopp hat bis heute keinen Kontakt zu den anderen Frauen aus dem Jasmin. Sie haben alle Verbindungen abgebrochen. Sich zu sehen bedeutet, sich erinnern zu müssen.

Nur Trixi, die zweite Zeugin, hat vor ein paar Monaten diese Regel gebrochen. Über Facebook meldete sie sich bei Kopp. Sie telefonieren jetzt öfter miteinander. Beide sind sie nun Beschuldigte in einem Gerichtsprozess, beide wollen dieselben Männer als Freier erkannt haben, das verbindet. In der Vergangenheit mochten Mandy und Trixi sich nicht besonders. Trixi war die Freundin des Zuhälters Kugler, das Vorzeigemädchen, das »alles machte«, wie Kopp meint.

Trixi ist 35 und wohnt heute in der Nähe von Berlin in einer Plattenbausiedlung. Trixi nannte sie sich damals im Jasmin, ihren echten Namen und ihr Bild will sie nicht in der Zeitung sehen. Sie hat zwei Kinder. In Trixis Wohnzimmer herrscht die Farbe Orange vor: Gardinen, Tischdecke, Wände. Demonstrative Fröhlichkeit. Der Fernseher läuft, ein Musikkanal mit Hits aus den Achtzigern, Trixis Freund und ihr dreijähriger Sohn schauen zu. Trixi sitzt auf dem Sofa, raucht, wie Mandy Kopp ist auch sie sehr schmal. Über ihrem linken Ohr ist eine kahle Stelle. Seit sie den Gerichtstermin kennt, fallen ihr die Haare aus.

Wie sie damals ins Jasmin gelangt ist, lässt sich schwer rekonstruieren. Der Polizei hat sie unterschiedliche Geschichten erzählt. Heute sagt sie, sie sei von ihrem damaligen Freund an Kugler verkauft worden. Das hatte sie auch früher schon einmal angedeutet, und Martin Kugler hat es in einer Polizeivernehmung bestätigt. Sicher ist, dass sie schon da war, als Mandy Kopp kam. Nach zwei Wochen im Jasmin habe sie sich mit ihrem Schicksal abgefunden und sei mit Kugler zusammengekommen, sagt sie. »Um bestimmte Freiheiten zu haben, um bestimmten Dingen aus dem Weg zu gehen.« Trixi redet oft von sich in der dritten Person, vermeidet Konkretes. Sie war damals 16. Sie hat versucht, sich zu arrangieren. Dass ihre Vergangenheit bis heute eine größere Rolle spielt, als sie eingestehen mag, zeigt die Stelle über ihrem Ohr. »Es gibt Dinge, die habe ich von Anfang an für mich behalten, damit ich sie nicht noch mal durchleben muss.« Sie spricht das Wort »Schweinemastanlage« aus und verstummt.

Trixi ist mit ihrer Vergangenheit anders umgegangen als Kopp. »Ich bin nie bei einem Psychologen gewesen.« Es klingt, als sei sie darauf stolz. Trixi ist stets bemüht, die Kontrolle zu behalten. Ihr Freund sagt, sie habe schon ein paarmal bereut, nicht »die Schnauze gehalten« zu haben, wie die anderen Frauen. Die anderen fünf haben den Staatsanwälten hauptsächlich erzählt, dass sie nichts mehr wissen.

Trixi kann sich noch gut an den Freier erinnern, den sie damals Ingo nannten. Seinetwegen hätten Mandy und sie sich gestritten. Er sei zuerst ihr, Trixis, Stammkunde gewesen, doch als sie einmal gemeinsam mit Kugler weggefahren sei, sei er zu Mandy gegangen und danach bei ihr geblieben. Auch Kopp erzählt von einem Streit mit Trixi wegen Ingo.

In der Erinnerung der beiden Frauen war Ingo ein besonderer Freier, er zahlte gut: 400 bis 500 Mark, das halbe Wochensoll. Kopp fand ihn im Vergleich zu den anderen Freiern sogar »nett«, und er wurde vorher angekündigt, geschlossene Gesellschaft. Der 16-jährigen Mandy Kopp erscheint Ingo damals alt, Mitte 40, mittelblonde Haare, rahmenlose Brille. Er sei an einem Abend mehrmals mit ihr im Schlafzimmer gewesen. Sie habe dabei von 1 bis 17 gezählt, die Zahl der Streben des Fächers, der über dem Bett hing. Kopp sagt, einmal sei Ingo mit drei anderen Männern gekommen, und einer sei mit einem Mädchen verschwunden, das später heulend zurückgekehrt sei, es könne nicht machen, was der verlange. Auch Trixi erinnert sich an diesen Mann, ordnet ihn aber einer anderen Frau als Freier zu. Dieser Mann soll Norbert Röger sein, der damals Staatsanwalt in Leipzig war und heute Präsident des Chemnitzer Landgerichts ist. Und beide Frauen sind sich sicher: »Ingo« sei der ehemalige Vizepräsident des Leipziger Landgerichts, Jürgen Niemeyer. In den Vernehmungen 2008 überrascht Mandy Kopp die Staatsanwälte damit, dass sie – 14 Jahre nachdem das Verfahren gegen den Zuhälter Kugler abgeschlossen wurde – Ingo als den Richter identifiziert, der 1994 das Verfahren gegen ihren Peiniger, den Zuhälter Martin Kugler, führte. Niemeyer soll in diesem Fall also Richter und Täter zugleich sein, das wäre eine fast biblische Konstellation.

Martin Kugler wird 1994 wegen Menschenhandels in Tateinheit mit Zuhälterei, Förderung der Prostitution und sexuellem Missbrauch von Kindern zu vier Jahren und zwei Monaten verurteilt. Es ist ein Urteil, das vielen Beobachtern schon damals sehr milde erscheint. Mandy Kopp und Trixi sagen vor Gericht aus. Beide fühlen sich bedroht. Trixi geht nach der Schließung des Jasmin freiwillig in ein Kinderheim – zum einen, weil sie sich wegen der Presseberichte über das Jasmin schämt und ihre Familie nicht damit belasten will, zum anderen, um sich vor Kuglers Handlangern abzuschirmen. Sie sagt, Kuglers Gehilfen seien ihr sogar bis ins Heim gefolgt und hätten ihr 2000 Mark bezahlt, damit sie schweigt. Mandy Kopp verlässt Leipzig, taucht unter. Sie fühlt sich verfolgt, einmal sei sogar auf sie geschossen worden, sagt sie der Polizei. Sicher ist, die beiden Frauen sind verängstigt, eingeschüchtert.

Die große Frage bleibt: Warum haben sie damals im Prozess den Richter Jürgen Niemeyer nicht als ihren ehemaligen Freier erkannt und enttarnt?

Trixi sagt, sie habe während der Verhandlung 1994 nur einen Punkt im Saal fixiert und es vermieden, jemanden anzuschauen. »Ich weiß, das glaubt mir heute keiner, aber so war's.« Mandy Kopp sagt, sie sei erschrocken gewesen. Sie habe nur gedacht: »Jetzt sitzt er dort vorn, und vor kurzem war er noch Freier bei dir.« Andererseits sei sie auch nicht verwundert gewesen. Kugler habe immer behauptet, dass er beste Verbindungen zu Polizei und Justiz habe, es war ein Teil seiner Drohkulisse. Wenn alles um einen herum aus den Fugen geraten ist, vielleicht erscheint einem dann das Ungeheuerliche als durchaus möglich.

Immerhin ist Martin Kugler verurteilt worden. Warum ist der Fall Jasmin bis heute nicht abgeschlossen? Um den ganzen Komplex in allen seinen Verwicklungen zu verstehen, muss man zum Ausgangspunkt der Ermittlungen zurückkehren.

Im Jahr 1994 wurde in Leipzig der damalige Chefjurist der Leipziger Wohnungsbaugesellschaft angeschossen. Die Täter bekamen dafür lebenslänglich. Georg Wehling, der Leiter des Leipziger Kommissariats K26 gegen Organisierte Kriminalität, bemerkte, dass jedoch gegen die Hintermänner des Attentats nicht richtig ermittelt worden war. Er ließ die Täter im Gefängnis noch einmal befragen, und diese erzählten plötzlich, das Opfer, der Jurist, sei früher Kunde im Jasmin gewesen, was dieser bis heute bestreitet. Wehling gab seinen Beamten daraufhin die Anweisung, sich die alten Akten zum Fall Jasmin anzuschauen. Dabei stellten sie fest, dass niemals nach den Freiern gefragt worden war. Sie beschlossen, die Frauen noch einmal zu vernehmen. Das war im Jahr 2000.

Mandy Kopp traf sich mit zwei Polizisten in der Nähe von Leipzig an einem See, sie unterhielten sich im Auto. In ihre Heimatstadt traute sie sich damals nur mit Perücke und Sonnenbrille. Die Polizisten legten ihr Lichtbildmappen vor. Kopp sagt, sie habe schon damals »Ingo« auf einem Bild wiedererkannt. Die Polizisten bestreiten das. Zu diesen Fotomappen gibt es im Nachhinein viele Unklarheiten. Inzwischen haben die Polizisten eingeräumt, dass sie noch weitere Fotos, Zeitungsausschnitte, vorgelegt haben, die nicht offizielle Bestandteile der Mappen waren. Das ist ein Dienstvergehen, diese Ermittlungsergebnisse können auch nicht vor Gericht verwendet werden. Wer auf diesen Bildern identifiziert wird, gegen den kann nicht einfach ermittelt werden. Einer der Beamten mag nun auch nicht mehr ausschließen, dass ein Bild von dem Richter Jürgen Niemeyer dabei war. Die Polizisten wollen öffentlich heute dazu nichts mehr sagen. »Das Problem können nur noch die Mädels lösen«, sagt einer aus ihrem Umfeld.

Die Staatsanwaltschaft ermittelte damals auch gegen Jürgen Niemeyer wegen Strafvereitelung. Die Beamten hatten zuvor noch einmal Martin Kugler aufgesucht, und der behauptete, es habe im Jasmin-Prozess einen Deal zwischen seiner Anwältin und dem Gericht gegeben: milde Strafe, wenn Kugler keine »schmutzige Wäsche« wasche, also nicht zu den Freiern aussage. Diese Behauptung hat Kugler jedoch später widerrufen. Die Ermittlungen gegen den Richter Niemeyer wurden eingestellt. Die ermittelnden Beamten wurden versetzt, das Kommissariat K26 wurde durchsucht und später aufgelöst. Gegen Georg Wehling wurden seitdem mehrere Verfahren eingeleitet. Er ist noch immer oder schon wieder vom Dienst beurlaubt. Dieser Fall hat die Karrieren der Polizisten zerstört.

Bis 2007 kehrte in der Öffentlichkeit Stille ein, dann gelangten die Akten des sächsischen Verfassungsschutzes zum »Sachsensumpf« an die Presse. Darin tauchten auch die Namen Niemeyer und Röger als mögliche Kunden des Kinderbordells auf. Wieder begann die Staatsanwaltschaft Dresden zu ermitteln, sie vernahm noch einmal alle Frauen, die damals im Jasmin zur Prostitution gezwungen worden waren. Die meisten von ihnen sagten gar nichts. Auch der ehemalige Zuhälter Martin Kugler wurde noch einmal befragt. Der lebte da schon längst wieder in Freiheit. Er soll eine Zeit lang in einer Leipziger Kneipe gearbeitet haben und nun auf dem Bau beschäftigt sein. Kopp hat 2010 versucht, ihn wegen Vergewaltigung vor Gericht zu bringen. Es hat nicht geklappt. Die Begründung: Jemand kann nicht zweimal wegen desselben Verbrechens angeklagt werden. Martin Kugler muss keine Strafe mehr fürchten.

Mandy Kopp fühlte sich bei den Zeugenvernehmungen unter Druck gesetzt, ihrer Ansicht nach glichen sie eher einer Anklage. »Ich dachte, ich bin im falschen Film.« Die Staatsanwälte hätten sich mehr für die Recherchen zweier Leipziger Journalisten zum Thema interessiert als für ihre Geschichte. Tatsächlich beginnen die Zeugenvernehmungen bei vielen Frauen mit Fragen nach den Reportern. Die Journalisten Arndt Ginzel und Thomas Datt wurden für ihre Berichterstattung im *Spiegel* und auf *ZEIT ONLINE* wegen Verleumdung und übler Nachrede angeklagt. Ihnen wurde unter anderem vorgeworfen, ehrverletzende Behauptungen gegenüber Niemeyer und Röger aufgestellt zu haben. In einem Fall verurteilte sie das Gericht zu einer Geldstrafe. Sie sind inzwischen in Berufung gegangen. Datt und Ginzel kennen jeden Aktenvermerk zum Jasmin-Komplex, aber sie können unter diesen Umständen nicht mehr unabhängig darüber berichten.

Die Staatsanwaltschaft hielt Mandy Kopps und Trixis Aussagen über Röger und Niemeyer für unglaubwürdig. Sie stellte 2008 das Verfahren gegen sie ein, beide bekamen Schmerzensgeld vom Freistaat Sachsen. Nun hätte Ruhe einkehren können.

Stattdessen werden die beiden Zeuginnen 2008 zu Beschuldigten. Die zuständigen Staatsanwälte wollen sich nicht zum Fall äußern. »Den Frauen wird vorgeworfen, in ihren Zeugenvernehmungen vorsätzlich falsche Angaben gemacht zu haben«, sagt Lorenz Haase, der Sprecher der Staatsanwaltschaft Dresden. Sie könnten mit bis zu fünf Jahren Haft bestraft werden.

Schon bald werden Mandy Kopp und Trixi vor Gericht den beiden Männern begegnen, die sie als ihre Freier identifiziert haben. Eine Begegnung, die viel Kraft kosten wird. Was sagen Norbert Röger und Jürgen Niemeyer zu dem Vorwurf, der zu den denkbar schärfsten gehört: Sex mit Minderjährigen? Norbert Röger, der Präsident des Landgerichts Chemnitz, will nicht reden. Für ihn sei diese Geschichte abgehakt, sagt er am Telefon. Jürgen Niemeyer, den die beiden Frauen als »Ingo« erkannt haben wollen und der damals Martin Kugler verurteilt hat, ist zu einem Gespräch bereit. Er sieht sich als Opfer einer Kampagne. Niemeyer ist 72, hat kurze graue Haare und ist inzwischen im Ruhestand, arbeitet aber weiterhin als Anwalt in der Kanzlei seiner Lebensgefährtin in München. Ein schönes Büro, Parkettböden, antike Möbel, die Bücherregale reichen bis zur Decke. Auf dem Tisch in Niemeyers Zimmer türmen sich gelbe Aktenordner, »Rufmord« steht darauf. Er redet laut, eindringlich. Es fällt ihm schwer, die Fassung zu wahren.

Im Juni 1992 zog er von Stuttgart nach Leipzig, um beim Aufbau des Justizsystems im Osten zu helfen. Er kam allein, denn er hatte sich gerade von seiner Frau getrennt, und übernahm den Vorsitz einer Jugendkammer. Niemeyer sagt, er könne sich an die Verhandlung gegen den Bordellbetreiber Martin Kugler erinnern. Der Prozess sei allerdings nichts Besonderes gewesen. Eines Tages hätte sich Kuglers Verteidigerin an das Gericht gewandt mit der Frage, ob sie eine Absprache treffen könnten: Aussage gegen Strafnachlass. »Es ging zu wie auf einem Basar«, gibt Niemeyer zu. Am Ende hätten sie sich auf vier Jahre geeinigt. Eine Absprache hat den Vorteil, dass der Richter kein langes Urteil schreiben, keine Revision befürchten, keine weiteren Zeugen vernehmen muss. Im Nachhinein sagt Niemeyer: »Das Urteil war ein großes Entgegenkommen, aber gerade noch vertretbar.«

Er habe damals während des Verfahrens nicht das Gefühl gehabt, dass die Frauen von Kugler im Jasmin drangsaliert worden seien. Mehrere »Prostituierte« seien während des Prozesses im Saal gewesen und hätten den Zuhälter mit Cola umsorgt. Kugler sei ihm nicht unsympathisch gewesen. Das klingt erstaunlich. Die Polizeivernehmungen der Frauen über ihr Martyrium im Jasmin waren damals Teil der Gerichtsakten. Im nächsten Augenblick fügt er hinzu: »Natürlich hat Kugler sie nicht gut behandelt. Das ist das Milieu, da wird mal geschlagen.« Niemeyer meint, dass die Frauen gar nicht zur Prostitution gezwungen wurden, deshalb nennt er sie auch konsequent »Prostituierte«. Sie hätten jederzeit das Jasmin verlassen können. Vielleicht trifft das auf einzelne von ihnen zu. Aber selbst wenn Niemeyer recht hätte und er das Opfer einer Täuschung ist, wirken seine Sätze in Anbetracht des Alters der Frauen damals – eine war noch nicht einmal 14 – fast brutal. Es scheint ihm unmöglich zu sein, das Leid der Frauen zumindest anzuerkennen. Niemeyer wird lauter, seine Stimme füllt den Raum. »Ich werde als Kinderficker diffamiert. Das kriegen Sie nicht mehr weg!« Er sei nur ein einziges Mal in einem Bordell, im Stuttgarter Drei-Farben-Haus, gewesen, um sich auf einen Prozess gegen einen Zuhälter vorzubereiten.

Wie erklärt er sich, dass zwei Frauen ihn unabhängig voneinander als Freier »Ingo« erkannt haben wollen?

Niemeyer schweigt, sagt dann: »Ich weiß nicht, wie die Prostituierten darauf kommen. Sie lügen.« Er glaubt, die beiden Frauen seien zu ihren Aussagen gebracht worden. Von wem? Namen mag er keine nennen. »Wir waren in Leipzig die Repräsentanten der Westjustiz, haben manche Polizisten nicht gut behandelt.« Er könne »Ingo« auch schon deshalb nicht sein, weil die Beschreibungen von Mandy Kopp und Trixi nicht auf ihn zuträfen und er selbst eher als geizig bekannt sei. »Aber wie sollen Sie sich zur Wehr setzen, wenn zwei Frauen das sagen? Solange die beiden das behaupten, wird immer etwas hängen bleiben.«

Auch in Jürgen Niemeyers Leben ist nichts mehr, wie es einmal war. Er fühlt sich unter Beobachtung, verunsichert, jeder könne im Internet über ihn nachlesen. Nach Leipzig, an seinen alten Arbeitsplatz, das Gericht, traut er sich nicht zurück. Beim Mittagessen denkt er darüber nach, was die Mitarbeiter seiner Kanzlei über ihn denken könnten. Es geht um seinen Ruf: »Ich will nicht sagen, dass ein Bordell etwas Schlimmes ist, aber es ist gegen meine Moralvorstellungen, Frauen zu kaufen.«

Absolute Gewissheit wird es in diesem Fall wohl niemals geben. Es existieren keine Beweisfotos, keine Filme, keine DNA-Spuren – nur zwei Frauen, die sich erinnern. In manchen Augenblicken weiß das auch Mandy Kopp. Es gibt keinen Ausgleich für ihren Schmerz.

Am Morgen nach dem Gespräch über die Vergangenheit sitzt sie in ihrer Küche. Draußen schneidet ein Nachbar die Hecke. Es ist ein kleines Dorf, niemand weiß von Kopps Vergangenheit. Kurz nach der Schließung des Jasmin findet das Jugendamt eine Pflegefamilie für Kopp in Westdeutschland, sie besucht unter anderem Namen ein katholisches Internat und macht den Realschulabschluss. »Erst als ich aus Leipzig weg bin, habe ich richtig realisiert, was mir passiert war.« Die Pflegeeltern müssen den Notarzt rufen, wenn sie ihre »Anfälle« bekommt, wie sie es nennt – Druck auf der Brust, Herzrasen, unkontrollierbares Weinen und Zittern. Panik. »In Extremsituationen funktioniere ich wunderbar, das Problem ist das Danach.«

Mandy Kopp versucht, ein bürgerliches Leben zu führen. Sie heiratet mit 18, bekommt mit 19 ihren ersten Sohn. Sie arbeitet als Büroassistentin und Arzthelferin und nimmt die Tochter ihrer Schwester in Pflege, ihre eigene Tochter verliert sie 2005 nach der Geburt. Ein Jahr später kommt ihr zweiter Sohn zur Welt.

Vergangenes Jahr ist sie gemeinsam mit ihrem Freund nach Leipzig gefahren, in die Merseburger Straße. Sie hatten sich das Haus vorher bei Google Earth angeschaut, um sich vorzubereiten. Kopp wollte den Ort aus ihrem Gedächtnis vertreiben. »Es war wie eine Zeitreise«, sagt sie. Mit ihrer alten Heimatstadt verbindet sie nichts mehr und doch so viel. »Ich versuche, der Vergangenheit nicht mehr diesen Einfluss auf mein Leben zu lassen.« Sie putzt nicht mehr zweimal täglich das ganze Haus. Ihr Freund sagt, die epileptischen Anfälle seien seltener geworden. Die Flashbacks kommen aber nach wie vor unerwartet. Sie kann nachts nicht allein bleiben, lebt in Scheidung und hat einen Prozess vor sich. »Ich werde alles daransetzen, dass ich Recht bekomme«, sagt sie. »Wir waren keine Prostituierten.« Mehr noch als um die Schrecken der Vergangenheit, die Frage, wer ihre Freier waren, geht es um ihre Würde, ihre Zukunft.

Noch immer traut sie den Männern von damals alles zu. Als Mandy Kopp 2009 vor dem sächsischen Untersuchungsausschuss aussagte, wurde sie von Sicherheitsmännern beschützt. Ihr jetziges Haus ist groß, es macht alle möglichen Geräusche. Ganz wird die Angst wohl nie vergehen.

Wie es weiterging: Der Prozess gegen Mandy Kopp und Trixi wird 2012 vor dem Amtsgericht Dresden eröffnet. Als die Frauen vor Gericht auf den ehemaligen Bordellbesitzer treffen, brechen beide zusammen. Gutachter diagnostizieren eine Retraumatisierung. Eine Amtsärztin erklärt die Frauen für verhandlungsunfähig. Daraufhin wird das Verfahren im Oktober 2013 eingestellt - gegen den Willen Kopps, die auf einen Freispruch gehofft hat. Inzwischen veröffentlichte Mandy Kopp ein Buch: »Die Zeit des Schweigens ist vorbei«.

DIE FRAU, DIE AUS DER KÄLTE KAM

Wie die Eisschnellläuferin Claudia Pechstein gegen ihr Dopingurteil kämpft und mit 41 Jahren noch einmal siegen will

Gegen zehn an einem Freitagabend im Dezember setzt sich Guido, der Friseur, im Robinson Club Mallorca zu Claudia Pechstein. Die Wild-Wild-West-Party beginnt gerade, die ersten Gäste singen mit. Pechstein hat sich in eine Ecke der Bar zurückgezogen, ihr ist kalt, sie zieht ihre Daunenweste bis oben zu. Sie friert andauernd, bemerkenswert für eine Eisschnellläuferin. Guido fragt sie: »Wie geht's dir?« – »Gut!«, sagt Pechstein und richtet sich auf, ihre Stimme hebt sich. Sie wirkt, als hätten ihr diese Frage in den vergangenen Jahren nicht viele gestellt. Guido hat Pechstein am Nachmittag drei Stunden lang geschminkt und frisiert. Für die Fotos. Pechstein vertraut ihm, und sie vertraut nicht vielen. Seit Jahren kommt sie nach Mallorca zum Training, heute Vormittag ist sie schon ein paar Stunden Rad gefahren, immer den Berg hinauf in Vorbereitung auf die Olympischen Spiele in Sotschi. Früher trainierte auch das Team der Telekom im Robinson Club, feierte legendäre Partys, so lange, bis Jan Ullrich des Dopings überführt wurde. Die Party endete jäh.

Claudia Pechstein erzählt Guido, dass sie immer die Erste sein muss, jede Verkehrsampel ist für sie eine Herausforderung. Sie will siegen, siegen, siegen. »Du hast eine angenehme Stimme«, sagt Guido. Pechstein lächelt, ihr Oberkörper gibt ein wenig nach. Entspannung. Sie muss sich nicht verteidigen, nichts erklären, Guido findet sie einfach nur gut. Guido sagt, er sei ein Verfechter der These, alles sei Kopfsache. Auch die Blutanomalie, von der Pechstein sagt, dass sie sie habe, bestimme sie selbst mit. Pechstein weiß nicht so recht. Spätestens nach zehn Minuten geht es in jedem Gespräch mit Pechstein um ihr Blut. Um die Frage: Hat sie es manipuliert oder nicht? Sie kennt ihre Werte auswendig, Hämatokrit, Hämoglobin, Retikulozyten. Sie ist Expertin für ihren Körper. Guido fragt, ob sie meditiere. »Nein!« Pechstein sagt, sie schaffe es, jede Runde in der Eishalle in fast derselben Zeit zurückzulegen, nur mit wenigen Hundertstelsekunden Abweichung. Guido: »Du bist ein Uhrwerk!« Das ist das Bild von Claudia Pechstein, das die Öffentlichkeit beherrscht – effizient, diszipliniert, kontrolliert. Fünf Olympiasiege, unzählige Weltmeisterschafts- und Weltcupmedaillen, die erfolgreichste deutsche Wintersportlerin. Eine Eislaufmaschine. Wäre die Nacht vom 7. auf den 8. Februar 2009 im norwegischen Hamar nicht gewesen, wäre diese Geschichte nun zu Ende. Seit dieser Nacht spricht Pechstein über sich wie über einen Fall.

Bei einer Blutprobe wurden damals erhöhte Retikulozyten gemessen. Daraufhin wurde Pechstein für zwei Jahre wegen Dopings gesperrt. In ihrem Blut oder in ihrem Urin waren keine verbotenen Substanzen gefunden worden. Claudia Pechstein war die erste Sportlerin, die aufgrund eines indirekten Beweises gesperrt wurde, aufgrund eines erhöhten Blutwertes, von dem zunächst niemand wusste, was er eigentlich genau bedeutete.

Der Fall Pechstein entwickelte sich daraufhin zu einer Art modernem Glaubenskrieg. Er entzweit Anwälte, Journalisten, Ärzte, Experten. Bis jetzt. Wer heute in diesem Fall recherchiert, wird stets gefragt, zu welchem Lager er gehöre, welche Tendenz er vertrete. Nach ein paar Wochen im Universum Pechstein fühlt man sich angeschlagen, als kämpfe man selbst in einer Schlacht. Claudia Pechstein polarisiert. Sie weiß das. »Wem das nicht passt, der kann mir aus dem Weg gehen.« Sie hat sich stets mit Konkurrentinnen angelegt, mit Trainern, mit Funktionären, und seit vier Jahren liegt sie im fortwährenden Kampf mit der Internationalen Eislaufunion (ISU). Seit dem Ende der Sperre 2011 läuft Pechstein wieder für den Verband, der sie damals gesperrt und den sie gerade vor dem

Landgericht München auf vier Millionen Euro Schadensersatz und Schmerzensgeld verklagt hat. In jeder Eishalle hängt die ISU-Fahne, die Funktionäre des Verbandes müssen ihr gratulieren, wenn sie siegt. Und Pechstein siegt wieder. Sie gilt als eine der wenigen Medaillenhoffnungen für die Olympischen Spiele in Sotschi. Mit 41 Jahren.

Ein Freitagnachmittag in Berlin-Hohenschönhausen, Weltcup im Eisschnelllauf. In der Halle laufen die Maskottchen der Basket- und der Handballmannschaft, »Albatros« und »Fuchsi«, auf dem Eis. Es sind nur wenige Zuschauer gekommen, Eisschnelllauf bleibt eine Randsportart. Pechstein ist auf dem Weg in die Umkleidekabine, ihr Gesicht ist gerötet, die blonden Haare hat sie zu einem Zopf gebunden. Sie wirkt angespannt, das tut sie oft. Wie es Claudia Pechstein geht, zeigt ihre Stirn: Wenn eine tiefe horizontale Falte erscheint, steht sie unter Druck. Ist die Stirn glatt, ist Pechstein entspannt. Eine »Sympathieträgerin«, wie es so schön heißt, war sie nie. Sie ist nicht geschmeidig, nicht nett, nicht bescheiden. Ihr Trainer André Unterdörfel, der seit ihrer Sperre bei ihr ist, sagt, sie ziehe Kraft aus negativen Emotionen. Wut treibt sie voran.

An diesem Ort ist Pechstein großgeworden, hier stand sie 1976 mit dreieinhalb das erste Mal auf dem Eis. Ein hyperaktives Kind. Ihre Mutter Monika Pechstein sagt, sie habe nie schlafen wollen, das letzte Mittel war der Sport. Alle vier Kinder waren einmal Eisläufer, durchgehalten hat nur Claudia. Nun wird die Mutter oft gefragt: »Wie geht's deiner Tochter?« So als gäbe es die anderen Kinder gar nicht. Als sie klein war, musste Claudia Pechstein viele Jahre die S-Bahn um 6.12 Uhr in der Früh schaffen und war oft abends erst um 20 Uhr zu Hause. Dann war »Claudi« endlich kaputt. »Ich habe nichts vermisst in meiner Kindheit«, sagt sie. Ihre Discobesuche kann sie an zwei Händen abzählen. Sie hatte nie Zeit für andere Leidenschaften. Sie war seit zehn Jahren nicht mehr im Kino, sie liest nicht gern. Selbst am Tag nach dem Mauerfall ging sie zum Training. »Ich kann doch nicht alles stehen und liegen lassen.« Entweder sie trainiert, sie schläft, oder sie tritt bei einem Wettkampf an.

Ihre Mutter erinnert sich, Claudia habe als Kind geweint, wenn sie nicht auf dem Treppchen stand. Pechstein wollte stets die Erste sein. Es gab nie etwas anderes als das Eis.

Man ahnt, was dieser Dopingvorwurf für sie bedeutet. Es geht nicht nur um ihren Ruf. Es ist, als sei ihr gesamtes Leben infrage gestellt worden. Sie selbst sagt, sie trage das Wort »Doping« nun wie einen Stempel auf ihrer Stirn. Ein Schandmal. Solange es nicht ausgemerzt ist, wird sie keine Ruhe geben.

In Hohenschönhausen macht Pechstein sich warm, ein Fotograf hält jede Bewegung fest. Aus dem Lautsprecher dröhnt: »Ich träume von deinem Uh, ich träum von deinem Ah!« Pechsteins Lebenspartner Matthias Große läuft hinter der Bande hin und her. Er hat eine Glatze, ein breites Kreuz, früher war er Meister der UdSSR im Kraftsport, heute führt er ein Immobilienunternehmen. Die niederländische Rivalin läuft. »Die stirbt gerade!«, zischt Große. Er meint, sie wird gegen Pechstein verlieren. Claudia Pechstein startet als Letzte über 3000 Meter gegen die Tschechin Martina Sáblíková, ihre große Konkurrentin, die im Augenblick fast alles gewinnt. Am Vortag wurde Pechstein wieder getestet. Es war der 508. Dopingtest, ihr Manager zählt mit. Sie ist sicher einer der meistgetesteten Sportler in der Geschichte. Der Verband und Pechstein haben sich ineinander verbissen und können nun nicht mehr voneinander lassen.

Auf der Eisbahn geht Pechstein in Führung, aber in der letzten Runde zieht Sáblíková knapp an ihr vorbei. Pechstein beißt die Zähne aufeinander. Ein Zeichen, dass es schmerzt. Pechsteins Trainer sagt: »Eisschnelllauf ist eine Sportart, die eigentlich immer wehtut.« Die Oberschenkel brennen, der Rücken zieht, die Bronchien keuchen. Wie ist das, einen Sport zu betreiben, der stets schmerzt? Wenn man Pechstein danach fragt, schaut sie, als sei man nicht bei Trost. Sie merkt es nicht mehr, sie ist es gewohnt, sich zu quälen. Am Ende wird Pechstein Zweite mit einer sehr guten Zeit: 4:02:96. Schneller war sie in Berlin noch nie. Sie lächelt, winkt, umarmt ihren Freund. Für einen Augenblick wirkt sie gelöst. Kurz darauf teilt sie wieder aus, in der *Bild am Sonntag* greift sie die deutschen Trainer

(»Bei manchen habe ich das Gefühl, dass sie ihre Tage bis zur Rente zählen«) und ihre Teamkolleginnen an (»Bei den meisten fehlt es an der grundsätzlichen Einstellung, sich quälen zu wollen«). Claudia Pechstein kann ziemlich nerven.

Vor der Eishalle in Hohenschönhausen parkt ein weißer Hummer, darauf steht in goldenen Buchstaben »Mission Sotchi 2014«. Er gehört Pechstein und ihrem Freund. Sie haben ihn sich vor kurzem gekauft. Nichts symbolisiert Pechsteins vergangene Jahre besser als dieser Wagen. Ein Auto wie ein Kriegsgerät. Schutzschild gegen eine feindliche Außenwelt und Kampfansage zugleich.

Claudia Pechstein bedient alle Klischees: Kindheit im Plattenbau, Training an der Kinder- und Jugendsportschule und im Sportforum Hohenschönhausen, ein Ort, von dem der Dopingexperte Werner Franke sagt: »Dort ist jeder Pflasterstein gedopt.« Alles scheint bei ihr zusammenzupassen: ihre Herkunft, ihre verbissene Art zu trainieren und dass sie trotz ihres hohen Alters so schnell ist.

An jenen Tagen in Hamar 2009 startete Pechstein nicht. Der Verband hatte es ihr nahegelegt, der Vorwurf lautete Blutmanipulation. »Ich habe geheult und gezittert. Aber anfangs trotzdem geglaubt, dass sich alles schnell aufklären wird. Ich wusste ja, ich habe nicht gedopt«, sagt sie. Um den Dopingvorwurf geheimzuhalten, reiste sie ab. »Ich hatte noch nie von Retikulozyten gehört. Es reicht heutzutage doch, dass ein Verdacht veröffentlicht wird, dann hat man sofort den Stempel Doping auf der Stirn.« Die offizielle Version hieß, sie sei krank. Pechstein schwieg sogar gegenüber ihrem Manager und gegenüber ihren Eltern, die mitgereist waren. Nicht einmal vor ihnen mochte sie den Verdacht aussprechen. Sie dachte, durch Stille würde er vergehen. Pechstein zog es allein durch und log. Das bereut sie heute, nun würde sie sofort an die Öffentlichkeit gehen.

Vier Wochen später lag die Anklage der ISU in der Post. Darin stand, sie solle fast zehn Jahre gedopt haben. »Ich dachte, der einzige Ausweg ist es, von der Brücke zu springen«, sagt Pechstein – mit ihrem damaligen Mann. Pechstein schrieb ihrem Manager Ralf Grengel eine Abschieds-SMS: »Wir sind gleich unterwegs und suchen uns eine Brücke.«

Grengel rief zurück und brüllte sie an. Das hat gewirkt. Grengel war früher Sportjournalist, nun ist er Experte im Fall Pechstein. Seit 2001 vertritt er sie und ist auch privat eng mit ihr verbunden, seine Frau ist die Tochter von Pechsteins langjährigem Trainer Joachim Franke. Einst hat er den »Zickenkrieg« zwischen Anni Friesinger und Claudia Pechstein orchestriert, der für beide Sportlerinnen sehr erfreulich verlief. Am Ende konnten sie sich absprechen, wie viele Werbeflächen auf ihrem Körper sie verkaufen. Nie wieder schauten so viele Menschen Eisschnelllauf wie bei ihrem Duell in Salt Lake City 2002. Für Grengel ist Pechsteins Kampf längst ein Krieg. Er hat auch Pechsteins Biografie geschrieben, 478 Seiten: *Von Gold und Blut. Mein Leben zwischen Olymp und Hölle.* Es geht immer um alles oder nichts. Schwarz oder weiß. Vielleicht wird Pechstein deshalb in der Öffentlichkeit oft misstrauisch beäugt. Weil das Leben selten so eindeutig verläuft.

Pechstein ist von mehreren Männern umgeben, die für sie kämpfen: ihrem Freund, ihrem Manager, ihrem Anwalt. In ihrer Trainingsgruppe sind nur Männer, auf Mallorca sitzt sie stets als einzige Frau an den langen Speisetafeln. »Keine Mädchen, keine Grabenkämpfe«, sagt ihr Trainer Unterdörfel. Sie fährt im Jahr 4000 Kilometer Rad, läuft 4000 Kilometer auf dem Eis und 2000 Kilometer auf Inlineskates. Die anderen Frauen sind einfach zu langsam für sie.

Damals in Hamar hatte die Internationale Dopingbehörde (Wada) einen neuen Code eingeführt, seit dem 1. Januar 2009 war er in Kraft. Danach war es möglich, ein Dopingverfahren auch ohne eine positive Dopingprobe einzuleiten. Allerdings waren die genauen Richtlinien dafür noch nicht fertig. Nun reichte es, einen Sportler aufgrund eines auffälligen Blutwertes, aufgrund eines Verdachts, zu sperren. Claudia Pechstein war der erste Fall. IOC-Präsident Jacques Rogge sagte später, das Dopingverfahren gegen Pechstein sei ein »Lackmustest« für die indirekte Beweisführung im Anti-Doping-Kampf. Nicht der Verband musste beweisen, dass sie gedopt hatte, sondern Pechstein, dass sie nicht gedopt hatte. Für beide Seiten geht es um alles.

Besuch bei Pechsteins Anwalt Simon Bergmann am Kurfürstendamm in Berlin: In seinem Büro nimmt der Fall Pechstein eine ganze Aktenwand ein, er habe vielleicht 1000 Stunden damit verbracht, sagt er. Alle, die einmal damit in Berührung kommen, scheinen darin zu versinken.

An Bergmanns Geburtstag im Februar 2009 rief Pechstein ihn an, erzählte von dem Verdacht und fragte, wie sie sich verhalten solle. »Sie dachte am Anfang, das sei in einer Woche erledigt.« Bergmann war sich nicht so sicher. Einmal hat er sie gefragt, ob sie gedopt habe – als ihr Anwalt müsse er das wissen. Pechstein verneinte. Wenn sie, wie sie sagte, also nicht gedopt hatte, was war mit ihrem Blut? Innerhalb sehr kurzer Zeit mussten Bergmann und Pechstein Wissenschaftler suchen, die beweisen konnten, wie diese hohen und schwankenden Retikulozytenwerte zu erklären seien. Sie fanden Hämatologen, die meinten, es könne eine Blutkrankheit, eine Anomalie, sein, sie wussten aber nicht, welche. Vor dem Sportgericht des Verbandes, der Disciplinary Commission der ISU, traten am 30. Juni 2009 die Sachverständigen gegeneinander an. Einer von ihnen sagte dort abschließend, es könne Jahrzehnte dauern, bis feststehe, ob Pechstein an einer solchen Blutkrankheit leide. Das Sportgericht sperrte Pechstein trotzdem für zwei Jahre. Nun galt sie offiziell und öffentlich als gedopt. Die einzige Möglichkeit blieb der CAS in Lausanne, der Internationale Sportgerichtshof.

Weitere Wissenschaftler wurden befragt, neue Gutachten geschrieben. Der Druck stieg. Bergmann erinnert sich, bei der Verhandlung im September 2009 habe das Gericht den Gutachter der Gegenseite gefragt, mit wievielprozentiger Sicherheit er ausschließen könne, dass eine Blutkrankheit die Ursache für die Werte sei. Obwohl der Gutachter angab, die Unterlagen erst auf dem Flug gelesen zu haben, antwortete er: mit 99 Prozent. »Das war die Zahl, auf die der CAS gewartet hatte, um

Pechstein verurteilen zu können. Das war der Genickbruch«, sagt Bergmann. Einen Beweis gab es nicht, nur eine »hinreichende Überzeugung«. Noch während der Verhandlung wurde der neue Wada-Entwurf für den biologischen Pass vorgelegt. Darin wurde festgeschrieben, dass neben den Retikulozytenwerten zukünftig auch neun weitere Blutparameter herangezogen werden sollten, um auf mögliches Doping schließen zu können. Zusätzlich müsse ein dreiköpfiges Expertengremium angehört werden. Am 25. November 2009 fällte der CAS das Urteil gegen Pechstein und bestätigte ihre zweijährige Sperre. Sechs Tage später wurden die neuen Wada-Richtlinien eingeführt. Nach den neuen Richtlinien wäre Claudia Pechstein nicht gesperrt worden.

Eine Stunde nach der Urteilsverkündung kündigte ihr Hauptsponsor, die DKB. Ihr Haus am Scharmützelsee wurde durchsucht, ihr Telefon abgehört. Sie flog bei der Sportförderung des Bundes raus, ihr Arbeitgeber, die Bundespolizei, leitete ein Disziplinarverfahren gegen sie ein, sie durfte nicht mehr trainieren. Von einem Tag auf den anderen war sie nicht mehr die »Gold-Claudi«, sondern eine Betrügerin.

Wenn es um die Karriere, um das Leben eines Menschen geht, reicht da ein Verdacht?

Die Vergangenheit macht skeptisch. Die Radfahrer Jan Ullrich und Lance Armstrong versicherten beide über Jahre ihre Unschuld und gestanden am Ende doch. Im Kopf vergleicht man diese Fälle mit dem von Pechstein. Das wird so bleiben. Bei dem Sprinter Usain Bolt scheint es nur noch darum zu gehen, wann er endlich überführt wird. Der Leistungssport hat jegliche Glaubwürdigkeit verwirkt. Das trifft auch Claudia Pechstein. Der indirekte Beweis ist ein Mittel, um im Kampf gegen das Doping überhaupt noch mithalten zu können. Die Methoden werden immer raffinierter und die Mittel immer schwerer nachweisbar. Wer kann schon völlig ausschließen, dass Claudia Pechstein nicht auch eines Tages mit dem zerknautschten Gesicht der Sünderin vor einer Kamera sitzen wird?

Pechstein durfte zwei Jahre lang nicht offiziell trainieren, keine Wettkämpfe bestreiten, sie nahm Sonderurlaub, bekam kein Gehalt. Gerichtlich hat sie bisher alles verloren. Sie suchte weiter nach einer Ursache für ihre Werte. Im Jahr 2010 glaubten Hämatologen herausgefunden zu haben, dass ihr Vater und sie an einer Kugelzellanomalie litten. Diese Diagnose wurde von anderen Experten angegriffen. Pechstein verlor auch vor dem Schweizer Bundesgericht. Schließlich diagnostizierte der Münchner Kinderarzt und Hämatologe Stefan Eber 2011 eine von ihrem Vater vererbte Blutanomalie, eine milde Form der Xerozytose, einen Membrandefekt, bei dem die roten Blutzellen schneller zerfallen und junge rote Blutkörperchen, die Retikulozyten, vermehrt nachkommen. »Die sportlichen Leistungen beeinflusst die Xerozytose vermutlich nicht«, sagt Stefan Eber.

Im Februar 2011 kehrte Pechstein aufs Eis zurück. Bis heute hat sie schwankende Retikulozytenwerte, und bis heute sind sie manchmal sehr hoch. Sie lässt sich nun auch selbst testen, um die Kontrolle zu behalten. Seit ihrem Neuanfang hat sie sich dreimal selbst angezeigt. Zuletzt in diesem November, da lag ihr Retikulozytenwert wieder über dem Grenzwert der ISU. Darauf gab es keinerlei Reaktion. In Prinzip müsste der Wert besagen, Claudia Pechstein dopt noch immer.

Im Augenblick ist es nicht ganz einfach, die Meinung der Gegenseite zu erfahren. Wenn man bei der ISU in der Schweiz anruft, ist niemand zu sprechen. Wenn man eine Mail mit Fragen schickt, kommt eine Mail zurück mit dem Link zur Homepage des Verbandes, auf der alle Presseerklärungen aufgelistet sind. Die letzte zum Fall Pechstein ist vom Oktober 2013.

Anruf bei Dirk-Reiner Martens, dem Anwalt der ISU, der den Verband im Münchner Schadensersatzprozess vertritt. »Frau Pechstein betreibt eine Medienschlacht«, sagt er. Auch er spricht von zwei feindlichen Lagern. Martens vertritt die Meinung, das Landgericht München sei gar nicht zuständig. Die nächste Sonderbarkeit. Pechstein hat wie die meisten Sportler eine Athletenvereinbarung mit ihrem Verband unterschrieben, dass sie sich dem Sportschiedsgerichtsverfahren unterwirft.

Das heißt, der Weg zu staatlichen Gerichten ist ihr verwehrt. In der Regel muss jeder Sportler, der bei internationalen Wettkämpfen starten will, dieser Schiedsklausel zustimmen. Die Pechstein-Seite sagt, das sei eine Zwangsvereinbarung. Martens sagt: »Pechstein führt einen Feldzug gegen das gesamte System.« Wenn jeder Sportler vor nationale Gerichte ziehen könnte, würden Dopingsünder in jedem Land unterschiedlich behandelt werden. Inhaltlich hat sich Martens noch nicht sehr mit dem Fall beschäftigt. »Diese angebliche Blutanomalie kann sicher nicht die Werte von 2009 in Hamar erklären«, sagt er. Und auch die aktuellen Selbstanzeigen seien wertlos, wenn es um 2009 gehe.

Wenn der Name von Werner Franke fällt, Professor für Zell- und Molekularbiologie am Deutschen Krebsforschungszentrum und Dopingexperte, bekommt man lange Mails von Pechsteins Manager. Vorsorglich widerlegt er Thesen, die dieser vielleicht einmal aufgestellt hat oder noch aufstellen könnte. Franke sagt: »Ich war nie Anti-Pechstein.« Ihre erhöhten Retikulozytenwerte seien kein Grund gewesen, um sie zu sperren, aber auch kein Grund, sie freizusprechen. »Eine bestimmte Veränderung der Retikulozyten kann zum Beispiel auch eine Folge der Einnahme von anabolen Stereoiden sein.« Gefunden hat man bei Pechstein nie etwas. Sie ist entweder extrem clever oder sauber. Gerade in Hohenschönhausen sei in den achtziger Jahren mit Blutdoping experimentiert worden, sagt Franke. Besonders der Eisschnelllauf sei extrem belastet gewesen: Pechsteins langjähriger Trainer Joachim Franke sei schließlich schon 1975 Mitgründer des geheimen Doping-Steuergremiums »Zusätzliche Leistungsreserven« gewesen. Pechstein war 17, als die Mauer fiel. Ihre größten Erfolge feierte sie im Westen. »Sie hätte nicht zu dieser Sperre verurteilt werden dürfen«, sagt Franke. Aber er traut Pechstein auch nicht. Er rät ihr, eine eidesstattliche Erklärung vor einem Notar abzugeben. Und er will Pechsteins DNA-Sequenz sehen, als Beweis für ihre vererbte Blutanomalie. »Das menschliche Genom ist schließlich schon lange bekannt«, sagt Franke.

Wenn Pechstein das hören könnte, würde sie wahrscheinlich ausrasten. Sie steckt fest in einem Beweiskreislauf – sie ist für etwas verurteilt worden, für das sie heute nicht mehr verurteilt werden würde. Aber als unschuldig gilt sie trotzdem nicht.

Im Robinson Club auf Mallorca geht es auf Mitternacht zu, Achtziger-Jahre-Hits laufen, und Pechstein erzählt von ihrem neuen Leben, ihrer neuen Liebe. Ohne ihren Fall hätte sie ihren Freund nicht kennengelernt. Es ist das einzige Mal in der ganzen Zeit mit ihr, dass sie redet, ohne darauf zu achten, was sie sagt. Eine verliebte Frau, die ihre Kontrolle vergisst.

Nach dem CAS-Urteil 2009 schrieb Matthias Große Pechstein eine Mail: »Was diese Herren vom CAS mit Dir gemacht haben, ist Rufmord.« Er bot seine Hilfe an, welcher Art auch immer. Noch am selben Tag rief Pechstein zurück. Große spricht von »Pechstein«, der Marke, und von »Claudi«, der Frau, als seien das zwei verschiedene Wesen. Er ist 46, trägt einen grau schimmernden Anzug mit Weste und sitzt in seinem Büro in Köpenick mit Blick aufs Wasser, Pechstein wohnt jetzt bei ihm. Ein überdimensionales Foto von ihr verdeckt eine Wand. Gleich daneben hängt seine letzte Uniform der NVA. Wenn es einen Superlativ von Klischee gäbe, er träfe auf Große zu. Er war Ende der Achtziger fünf Jahre an der militärpolitischen Hochschule in Minsk, trainierte Kraftsport. Damals musste er unterschreiben, über alles, was er dort sah, zu schweigen. Er fühlt sich noch immer daran gebunden. »Sport war Klassenkampf.« Große war ein Arbeiterkind, das Versprechen hieß, mit 37 solle er General werden. Am 13. Dezember 1989 kam er in ein Land zurück, das für ihn keine Heimat mehr war. Auch sein Leben ist einmal komplett eingestürzt. Er wurde Toilettenmann im Berliner Grandhotel, dann Türsteher in einem Klub, er führte eine Disco und verkaufte Versicherungen, bevor er eine Immobilienfirma gründete. Pechsteins Kampf ist gewissermaßen auch sein Kampf gegen einen scheinbar übermächtigen Gegner aus dem Westen. »Einer Westathletin wäre das nicht passiert«, sagt Große. »Sie hätte mehr Unterstützung bekommen.« Vielleicht hat er sogar recht. Die Vorurteile auf beiden Seiten sind bedrückend. Wenn der Fall Pechstein etwas aussagt über das Verhältnis zwischen Ost und West, dann offenbart er ein Desaster.

Große wurde damals sogleich aktiv, stellte die »Top 100 für Gerechtigkeit im Fall Claudia Pechstein« auf, eine Liste, auf der sich Prominente mit ihr solidarisierten. Er ging mit Claudia essen, einmal dauerte das einen ganzen Tag lang. Pechsteins Mann saß bei öffentlichen Auftritten plötzlich nicht mehr neben ihr. »Dann hat es gefunkt«, sagt Große. Beide trennten sich von ihren bisherigen Partnern. »Sie muss geschützt werden«, sagt er. Für Pechstein ist er Leibwächter und Geliebter, einer, der Sätze sagt wie: »Wir ziehen bis zum Bundesgerichtshof. Es kann nicht sein, dass einem deutschen Sportler der Gang vor ein deutsches Gericht verweigert wird, nur weil sich die Funktionäre ihr eigenes Sportrechtssystem gebaut haben.« Ein Mann wie eine Kampfdrohne, stets um Pechstein kreisend, bei jedem Wettkampf wartet er an der Bande, er kennt den Namen jedes Journalisten, der einmal kritisch über seine Partnerin geschrieben hat, und manchmal ruft er Mitglieder des Sportausschusses im Bundestag an und fragt, ob er gleich einmal vorbeikommen solle, dann könne man sich unter vier Augen unterhalten. »Manche sehen in mir den Bösen, aber das ist mir egal.« Er spielt die Rolle fast zu perfekt. Neben seinem Schreibtisch hängt ein Ölgemälde, darauf grinst J. R. Ewing, der Fiesling aus der Fernsehserie *Dallas.* Großes Mitarbeiter haben es ihm geschenkt. Sie fanden, es passt.

Was wäre, wenn doch einmal herauskäme, dass Claudia Pechstein gedopt hat? Große schaut finster: »Dann würde ich sagen: Pack die Koffer und geh!« Wenn Große seine Freundin beschreiben soll, sagt er: »Sie ist eine Kämpferin.« Aus seinem Mund klingt es wie die höchste Anerkennung. »Der Pechstein-Krieg ist aufreibend, man darf keine Schwäche zeigen.« Nun soll eine Medaille in Sotschi den Rachefeldzug krönen.

Eigentlich könnte in Pechsteins Leben Ruhe einkehren. An einem Nachmittag sitzt sie auf der Terrasse des Robinson Clubs, die Sonne scheint, es ist warm. Zum Reden hat sie eigentlich keine Lust mehr. Sie kennt die Fragen, sie nerven. Das Disziplinarverfahren der Bundespolizei hat sie gewonnen. Sie kann wieder trainieren, und sie siegt wieder. Aufhören ist keine Option. Keine Seite gibt nach. Einen Fall wie ihren wird es in der Form nicht noch einmal geben. Es war der Beginn eines Versuches, Doping wirksamer zu bekämpfen. Er ist missraten. Im Robinson Club sagt Pechstein: »Sport ist mein Leben. Ich gehe aufs Eis, und es ist geil.« Sie rast mit 53 Stundenkilometern um die Kurven. Sie muss wegen möglicher Dopingkontrollen drei Monate im Voraus wissen, wo sie ist und was sie macht. Und sie hat immer Angst vor Krankheiten. Selbst auf Mallorca friert sie ständig. Sie ist an kalten Orten, in kalten Hallen in eisiger Luft. Am Ende sagt Claudia Pechstein leise: »Ich mag die Kälte nicht.«

Wie es weiterging: Das Landgericht München hat in erster Instanz die Schadensersatzklage von Claudia Pechstein zurückgewiesen. Die Richter stellten aber die Unwirksamkeit der Schiedsgerichtsvereinbarung fest. Damit kann Pechstein in Deutschland weiter prozessieren. Ihre Anwälte haben Berufung eingereicht. Bei den Olympischen Spielen in Sotschi 2014 gewann Pechstein keine Medaille, sie wurde Vierte über 3000 Meter.

LA

MEIN ARMES AMERIKA

Wie ich im Winter 2010/11 an meinen Sehnsuchtsort Los Angeles ziehe und mein Traum zerbricht

Das erste, was auffällt an Los Angeles, ist seine Schäbigkeit: Die winzigen, windschiefen Häuser sehen aus wie Datschen, die Farbe der Reklametafeln ist verblichen, Stromkabel hängen wie Urwaldlianen über den Dächern, auf den Straßen zeichnen Risse Muster in den Asphalt. Die Schlaglöcher auf dem Wilshire Boulevard sind so tief, dass man bei der Fahrt ständig Angst vor einem Achsenbruch hat. Es wirkt, als treibe das große, lange angekündigte Erdbeben seit Jahren sein Spiel mit der Stadt und sende mit kleinen Stößen Botschaften, die Furchen in Häusern und Straßen hinterlassen. Der brüchige Untergrund ist ein Sinnbild für die momentane Stimmung in dieser Stadt, in diesem Land.

Los Angeles ist ein Ort, von dem jeder eine Vorstellung hat, und immer ist es eine angenehme. Wir haben L.A. in hunderten Filmen gesehen. Surfer, Skater, Schauspieler – wir glauben die kalifornische Lebenskultur gut zu kennen. Unser Bild von L.A. ist von Hollywood geprägt: Sonne, Stars, Schönheit. Die westliche Welt hat L.A. als Ziel ihrer Sehnsüchte auserwählt. Die Stadt der Hoffnung, die Ruhm und Unsterblichkeit verleihen kann. Vielleicht ist es die amerikanischste aller Städte, weil hier der Amerikanische Traum am intensivsten erstrebt wird. Und jeder hat das Gefühl, er kann mitreden, wenn es um L.A. geht, auch wenn er nie dort gewesen ist. Los Angeles ist die bekannte Unbekannte. Auch ich habe diese Vorstellungen von Luxus und Glamour verinnerlicht und bin mit meinem Mann und meiner Tochter gekommen, um sieben Monate in L.A., in den USA, zu leben, zu schreiben, zu arbeiten.

Am ersten Tag in L.A. regnet es, und zwar so heftig, dass Bäche den Hügel vor unserer Wohnung in Silver Lake hinunterlaufen. Bäume kippen um, Häuser rutschen von den Bergen. Es ist die erste Ahnung, was die Natur hier vermag, eine Demonstration ihrer Macht. Unsere Nachbarn könnten das Ergebnis eines Castings für eine TV-Serie sein: ein junger Schauspieler aus Italien, der auf seinen Durchbruch wartet und seine Brusthaare abrasiert hat, ein Schwarzer, der in Vietnam gekämpft hat, ein älterer Herr, den die anderen seit Jahren nicht mehr gesehen haben. Er sei sehr schüchtern, heißt es. Die einzigen Spuren seiner Existenz sind die Pflanzen auf der Terrasse, die er wahrscheinlich nachts pflegt.

Unten am Haus hängt ein Schild, das anzeigt, dass wir auf einer Chemiehalde leben, für eventuelle gesundheitliche Schäden, die das verursachen könnte, übernimmt der Vermieter keine Haftung. Unsere Nachbarn scheint das nicht zu stören. Wer in einer Stadt lebt, die jeden Tag vernichtet werden könnte durch Erdbeben, Feuersbrunst oder Dürre, die eigene Vergänglichkeit stets vor Augen, schenkt solchen Nebensachen vielleicht keine Beachtung. Noch ist es nur ein vages Gefühl, in den nächsten Monaten wird es zur Gewissheit: In Los Angeles geht es um den Augenblick. Vergangenheit und Zukunft sind Kategorien, um die sich andere sorgen sollen.

Unser Viertel Silver Lake ist eine Mischung aus den Berliner Bezirken Prenzlauer Berg und Kreuzberg, aus Alternativem und schon Etabliertem. In jedem Häuschen sitzt einer, der ein Drehbuch schreibt oder es noch vorhat. Es sind übernächtigte, schwarz gekleidete Gestalten, Leggings sind in Mode für Männer und Frauen. Hier sehe ich auch das erste Mal die Armee der *homeless,* der Obdachlosen, die Herren der Straßen von L.A. Fortwährend in Bewegung, schieben sie ihre Einkaufswagen die Hügel hinauf und hinunter. Sie hoffen, dass wir den Eingang zur Garage offen lassen, damit sie unsere Mülltonnen nach Brauchbarem durchforsten können.

Warum sind wir hier? Herr Schindler ist schuld, mein Geografielehrer an der Dr.-Richard-Sorge-Schule im Ost-Berlin der achtziger Jahre. In der neunten Klasse nahmen wir die USA durch, wir sahen Karten an, auf denen Bodenschätze verzeichnet waren, und dann zeigte Herr Schindler uns Dias von New York. Ich konnte meinen Blick nicht von den Hochhäusern lösen. Ich weiß nicht, ob Herr Schindler vorhatte, uns abzuschrecken und uns Wolkenkratzer als krasse Symbole des Imperialismus vorzuführen. Ich glaube eher, er empfand ähnlich wie ich. Mir stiegen Tränen in die Augen, mein Magen fühlte sich hohl an, der Tag war gelaufen. Ich hatte mich in den Klassenfeind verliebt.

Leider wurde die Liebe erst einmal nicht erhört. New York und die USA lagen auf der falschen Seite der Welt, in dem Teil, der für mich verboten war, in den ich vielleicht als Rentnerin reisen könnte. Und ich wurde aus der Ferne eine naive und völlig ahnungslose Verehrerin der amerikanischen Kultur: der *Sesamstraße,* von Filmen wie *Beat Street* und *Fame,* Büchern wie *Franny und Zooey* und *Tom Sawyer,* von Madonna und Michael Jackson. Das Land erschien mir locker, entspannt, cool. Das Gegenteil von meinem Alltag.

Meine erste große Reise nach dem Mauerfall machte ich 1991 nach New York. Ich war gerade 18. Meine Mutter war nicht begeistert, und ich durfte noch nicht einmal legal Alkohol trinken. Ich wohnte allein auf der Upper West Side in einer Wohnung von Freunden und ging, auch allein, auf ein Konzert im Central Park. New York war der Inbegriff der neuen Welt, der neuen Freiheit, meines neuen Lebens. Ich war im Rausch.

Zwei Jahre darauf fuhr ich mit meinem späteren Mann in einem verrosteten Mitsubishi Colt einmal durch das ganze Land. An der Ostküste war es schwierig, etwas anderes als Hamburger zu bestellen, in Texas lagen Ölklumpen am Strand, in Santa Cruz erlebten wir in unserem Motel eine Schießerei. Es gab Armut, krasse soziale Unterschiede, Kriminalität, aber auch einen unglaublichen Optimismus, eine arglose Zukunftsgläubigkeit. Nie werde ich vergessen, wie wir bei den Eltern einer Freundin in St. Pauls, North Carolina, auf dem Fußboden saßen, im Hintergrund ratterte der Kühlschrank. Der Vater unserer Freundin präsentierte uns die Eiswürfel, die das Gerät fabrizierte, und zeigte uns glitzernde Fischköder aus Plastik, die er gerade gekauft hatte. Das Bild ist in meinem Gedächtnis eingefroren: Eine zufriedene Mittelschicht genießt den Konsum. Auch wenn ich nicht alles schön oder sinnvoll fand, war ich beeindruckt von der Fülle des Warenangebots, vom Wohlstand. Ein Land, das blüht, dachte ich.

Wir waren damals auch in Los Angeles. Wir wohnten in Strandnähe, die Architektur begeisterte mich, ein Haus, das wie ein Fernglas aussah, blieb mir besonders in Erinnerung. Alles erschien so neu, so modern. In mein Tagebuch schrieb ich: »In keiner Stadt fühle ich mich so am Leben wie hier.«

Das ist fast 20 Jahre her. Viel ist geschehen seitdem. Ich war immer wieder in den USA. Der Traum, eine Weile dort zu leben, hat überdauert. Es ist noch immer das westlichste Land der westlichen Welt. Ihr Zentrum. Weiter konnte ich mich nicht vom alten Ost-Berlin entfernen. Was ist aus meinem Traum geworden?

Nach einer Woche in L.A. suchen wir eine neue Wohnung – unsere ist zu klein, zu verdreckt, nichts funktioniert. Unmöglich, ein Apartment zu finden, dessen Möbel nicht aussehen wie vom Sperrmüll. Los Angeles ist eine Stadt der Zugezogenen. Jeder ist irgendwann einmal von irgendwo hierhergekommen, meist auf der Flucht vor irgendetwas: der Familie, der Geliebten, dem Gesetz, der Hoffnungslosigkeit. Das gilt für ganz Amerika, aber L.A. ist die Hauptstadt der Wurzellosen. Wer es nicht schafft, zieht weiter. Mir wird klar: Wohnungen, Häuser oder Möbel, die einem nicht gehören, werden mit Verachtung behandelt. Man pflegt nur das, was man besitzt. Alles andere ist austauschbar, wertlos. L.A. ist die Stadt im Transit. Nichts ist für die Ewigkeit geplant: keines der hölzernen Häuschen, kein Job, keine Beziehung.

Wir finden eine Wohnung in Downtown, unmöbliert. Keiner zieht hierher. Freunde, die wir noch von früher kennen, sehen uns verwundert an: »Da wollt ihr hin?« Aber alle kommen uns besuchen, sie sind neugierig.

Als ich 1993 zum ersten Mal in L.A. war, kam ich nach Downtown auf der Suche nach einem Zentrum. Damals waren die Straßen entvölkert, viele Häuser und Läden waren verwaist, ich war die einzige Weiße. Downtown wurde vom Crack beherrscht, war der Droge vollkommen erlegen.

Seit ein paar Jahren läuft das Projekt der Wiederbelebung der Innenstadt. Die Wohnhäuser, die alten Bankgebäude wurden renoviert und in Lofts umgewandelt. Restaurants, Bars und Clubs machen auf. Downtown erscheint als *the place to be*. Jedenfalls auf den ersten, flüchtigen Blick. Jeden Tag eröffnet ein neues Café, man kann riesige ehemalige Tresorräume mieten. Aber auch hier steht viel leer, die Finanz- und Immobilienkrise hat sich bis ins Mark der Stadt gefressen und den schönen Plänen erst einmal ein Ende bereitet. Der Broadway, die einstige Prachtstraße, zieht sich wie eine erschlagene Schlange durch Downtown, bunt und billig, der alte Glanz erloschen. In die grandiosen Kinos aus der Stummfilmzeit sind mexikanische Ramschläden eingezogen und Kirchen, die Teufelsaustreibungen anbieten.

Wir mieten eine Wohnung im neunten Stock der ehemaligen Bank of America. Am Einzugstag wundere ich mich über eine komplette Wohnungseinrichtung, die im Müllraum steht. In den nächsten Monaten erlebe ich oft, wie meine Nachbarn ihre Möbel heruntertragen. Ich nenne es: Auszug total. Wenn einer geht, wirft er einfach alles weg. *To start all over again,* um irgendwo anders neu anzufangen. Die zurückgelassenen Sofas, Tische und Betten sehen aus wie entsorgte Leben. Was hinter einem liegt, wird vergessen, aussortiert, ausgelöscht. Die Respektlosigkeit vor der eigenen Vergangenheit, dem eigenen Leben, lässt mich frösteln.

Andrea, unsere Verwalterin, fragt immer wieder nach unserer *credit history*. Wir haben Kontoauszüge, Arbeitsverträge und Gehaltszahlungen vorgelegt, aber wir haben keine Schulden und sind deshalb aus amerikanischer Sicht nicht vertrauenswürdig. Nur diejenigen, die beweisen können, dass sie ihre Schulden regelmäßig abbezahlen, sind gute Mieter. Wir sind schlimmer als schlechte Schuldner. Wir sind nichts ohne Kredit, unbeschriebene Blätter. Also müssen wir 100 Dollar mehr Miete im Monat zahlen und die höchstmögliche Kaution hinterlegen. Es ist nicht möglich, die Miete zu überweisen. Bar können wir sie aber auch nicht bezahlen, Andrea darf kein Bargeld annehmen. Also müssen wir jeden Monat eine Woche vor dem Stichtag beginnen, Geld aus dem Automaten zu ziehen, bis wir die Summe beisammenhaben, um das Geld dann im nächstgelegenen *liquor store* in einen *money order* umzutauschen, eine Art Scheck, den wir Andrea schließlich in einem Umschlag überreichen. Ein ähnliches Problem gibt es bei der Telefon- und der Internetrechnung und den Kindergartengebühren meiner Tochter. Die Energierechnung muss ich alle zwei Monate leibhaftig im Gas and Power Building in der Hope Street begleichen. Dort warte ich mit vielen Latinos in einer Reihe und zahle bar. Ich komme mir vor wie in einem längst vergangenen Jahrhundert. Das viel beschriebene US-Dienstleistungsparadies kann ich nicht finden, im Gegenteil, alles dauert unheimlich lange und ist erstaunlich kompliziert.

Ich erinnere mich an die Begeisterung bei meinen ersten USA-Reisen, damals erschienen mir die Vereinigten Staaten als wohlhabend und fortschrittlich, uns Europäern in fast allen Bereichen voraus. Nun erlebe ich ein Bankensystem, das auf umständlichem Zahlungsverkehr durch Schecks aufgebaut ist. Auf denen ich, wenn ich sie einlösen will, meine Fingerabdrücke hinterlassen muss, nachdem ich schon zwei verschiedene Identitätsnachweise vorgezeigt habe. Ich sehe ein System, das einen dazu zwingt, Schulden zu machen, um als vollwertiges Mitglied der Gesellschaft behandelt zu werden. Ich sehe im Haus gegenüber unserer Wohnung Mexikaner von morgens um sieben bis abends um zehn bügeln und nähen. Ich sehe viele Läden mit Schildern im Fenster, auf denen steht: »Wir akzeptieren auch Lebensmittelmarken.« Und bei stärkerem Regen fällt der Strom aus. Vieles erinnert eher an ein Dritte-Welt-Land als an den mächtigsten Staat der Erde.

Wenn ich hinter unserem Haus zum Parkplatz gehe, kann ich kaum atmen, so überwältigend ist der Gestank, die Hunde unserer Nachbarn und die Obdachlosen nutzen die Gasse als Toilette. Ich kann Menschen dabei beobachten, wie sie auf die Straße kacken, halb nackt von Sinnen durch die Gegend tanzen und in verrosteten Rollstühlen umherfahren. Nachts dringen die irren Stimmen bis in den neunten Stock, einmal ruft jemand eine Stunde lang immer wieder: »God, help me!« Dazu kommen die Sirenen und das Rattern der Helikopter. Das menschliche Elend zu sehen trifft mich jeden Tag wie ein Schlag. Meine Tochter nennt jeden älteren Herrn nun »armer alter Mann«.

Zwei Blocks von unserem Haus entfernt beginnt *homeless country,* das Land der Obdachlosen. Hunderte, Tausende Menschen in allen Stadien des Verfalls leben auf der Straße in Zelten. Sie sind krank, verrückt, auf Drogen oder anderweitig nicht mehr in der Lage, ein normales Leben zu führen. Als wir einmal morgens durch das Viertel fahren, können wir beobachten, wie sich eine Stadt buchstäblich aus dem Asphalt erhebt. Manchmal liegen Menschen auch auf dem Bürgersteig, und es ist nicht klar, ob sie überhaupt noch leben. Aber niemand wählt 911.

Ich war oft in den USA und in vielen armen Ländern dieser Erde. Diesmal ist es anders, existenzieller. Immer wenn ich amerikanischen Bekannten erzähle, wie geschockt ich von der Armut in einem der reichsten Länder der Welt bin, in dem es als fast selbstverständlich gilt, dass Familien zwei riesige Autos zu fahren, schauen sie mich an, als erzählte ich etwas Unanständiges. Das Thema ist unangenehm, nicht Small-Talk-geeignet. Oft antworten sie, es liege an unserem Wohnort Downtown. Anderswo würden wir die Obdachlosen nicht so wahrnehmen. Aber das stimmt nicht, sie sind überall, selbst in Beverly Hills und am Strand. Freunde behaupten, dass viele Obdachlose auf der Straße leben wollten, es ihre eigene Entscheidung sei. Für mich klingt das wie ein Angriff auf meine Intelligenz. Zu Beginn habe ich auch die Plakate von Feeding America, der größten nationalen Organisation zur Bekämpfung des Hungers, für eine Kunstaktion oder die Vorankündigung einer historischen

Ausstellung gehalten. Bis mir klar wurde: Das Zwanziger-Jahre-Design soll auf ein sehr gegenwärtiges Problem aufmerksam machen, jeder sechste Amerikaner leidet tatsächlich Hunger.

Im Januar fahre ich nach Tucson in Arizona, um über das Attentat auf die demokratische Kongressabgeordnete Gabrielle Giffords zu berichten. Vieles in Tucson erinnert mich an St. Pauls damals in North Carolina, eine Stadt der Mittelschicht. Nur dass mir meine Gesprächspartner nicht mehr stolz ihre Fischköder präsentieren, sondern darüber reden, was sie alles verloren haben, wie schlecht es ihnen und dem Land geht und wie schlimm es noch werden wird. Schuld sind in ihren Augen die anderen: die Immigranten, die sozial Schwachen, der politische Gegner, die Regierung.

Einer der Gründer der Tucsoner Tea Party hat drei kleine Kinder, die vielen Häuser in Zwangsvollstreckung in seiner Nachbarschaft machen ihm Angst. Die Regierung soll sparen, Sozialleistungen kürzen und sich ansonsten aus allem raushalten, sagt er. Demokraten hält er für verrückt. Sein demokratischer Gegenspieler macht die Tea-Party-Anhänger für das Attentat verantwortlich, für ihn sind sie gefährliche Waffenfanatiker, Sozialdarwinisten. Beide Seiten sind unversöhnlich. Nur vor der Zukunft fürchten sie sich gemeinsam.

Je länger ich in den Vereinigten Staaten, in Los Angeles, bin, desto mehr bekomme ich das Gefühl, dass eine Gemeinschaft, wie ich sie kenne, hier nicht mehr existiert. Die amerikanische Idee basierte immer auf der Freiheit des Einzelnen, nicht auf Gleichheit, nicht auf Solidarität. Das funktioniert, solange es dem Land gut geht. Wenn es in eine Krise gerät, wie jetzt, pervertiert dieses Freiheitsprinzip. Das soziale Gewissen wird ausgelagert, privaten Stiftungen und Wohltätigkeitsvereinen überlassen.

Los Angeles ist eine Ansammlung von Individuen, die nebeneinanderher leben. Das Zentrum des Narzissmus.

Wohin fehlende Solidarität in einer Gesellschaft führt, hat der Kampf um die Schulden gezeigt. Ein paar Radikale haben ein ganzes Land als Geisel genommen. Veteranen, Arbeitslose und Nationalparks werden nicht mehr unterstützt, damit einige wenige Superreiche nicht höhere Steuern zahlen müssen.

Die Bindungslosigkeit reicht bis ins Private. Eine Bekannte erklärte mir die weit verbreitete Dating-Kultur: Man kann jahrelang mit jemandem zusammen sein, aber auch mit anderen Sex haben – bis die Frage kommt: »Are we exclusive?«, wie bei einem Vertrag. Danach ist das Geschäft abgeschlossen, meist folgt die Hochzeit. Meine Tochter wird zu Kindergeburtstagen eingeladen, die von 10 bis 12 oder von 14 bis 16 Uhr gehen, Abendessen dauern von 20 bis 22 Uhr, als seien zwei Stunden das höchsterträgliche Maß menschlicher Zusammenkunft. Länger bleiben, sich betrinken, sich verquatschen geht nicht. Alle müssen mit dem Auto nach Hause und am nächsten Morgen zu einem Casting.

Das Bild von L.A., das wir kennen, sieht anders aus. Reichtum, Glamour, endlose Partys. L.A. verkauft sich gut. Manchmal wirkt der Zauber auch auf mich. Dieses besondere Licht, das einen wie ein Scheinwerfer anstrahlt, als bewege man sich andauernd auf einer Bühne. Es gibt einem das Gefühl, etwas Besonderes zu sein, lullt ein, versetzt in eine Art Trance. Stunden, Tage, Jahre verlieren die Bedeutung. Es herrscht immer die gleiche Jahreszeit, ein nicht enden wollender Frühling. Und manchmal Hitze.

Orson Welles hat einmal gesagt: »Das Furchtbare an L.A. ist, man lässt sich mit 25 nieder, und wenn man wieder aufsteht, ist man 62.« Als sei man in einem Zeitloch gefangen. Niemand, den ich kenne, mag hier alt werden, und die meisten werden es dann doch. Es ist nicht leicht, wieder aus dem Scheinwerferlicht herauszutreten.

Die Bindungslosigkeit hat auch etwas Rauschhaftes. Es ist egal, ob man sich trifft oder nicht. Für nichts ist man verantwortlich, nur für sich selbst. Es ist das Gefühl der totalen Freiheit. Nur scheint es den Amerikanern dabei nicht besonders gut zu gehen. Noch nie habe ich so viele Anzeigen für Antidepressiva gesehen, als versinke eine ganze Stadt in Schwermut. Die Träume in L.A. sind intensiv – wenn sie sich nicht erfüllen, darf man kein Mitleid erwarten.

Eine deutsche Freundin, die vor zwölf Jahren nach L.A. gezogen ist, beschreibt ihr Zuhause als »Bahnstation«, ständig gingen Menschen ein und wieder aus. Mit der Zeit verlieren Freundschaften ihren Wert, man muss sich nicht kümmern, nicht mitfühlen oder sich einmal Erzähltes merken. Geburtstag feiert man nun mit Menschen, die man kurz vorher auf Partys kennengelernt hat. Im nächsten Jahr feiert man eben wieder mit anderen. Man ist sehr frei und sehr allein.

Und man ist ständig unterwegs, damit beschäftigt, von einem Ort zum anderen zu gelangen. Deshalb wird das Auto auch besser gepflegt als die Wohnung. Dein Wagen ist dein Gesicht, damit präsentierst du dich der Stadt. »Los Angeles ist nichts, wenn du kein Auto hast«, schreibt Cees Nooteboom. Die Freeways sind Sehenswürdigkeiten: sechsspurig, voll und tödlich. Und sie sind seltsam still, es hupt kaum jemand. Ich habe den Eindruck, es ist nicht Disziplin, sondern Misstrauen. Wer weiß, wer im Wagen nebenan sitzt. Vielleicht fühlt er sich angegriffen und zieht eine Waffe. Die Verkehrslage bestimmt jede Verabredung, jeden Termin, dominiert den Alltag. Alle sind andauernd in Bewegung. Jeder kann jederzeit die Stadt verlassen, und es macht nichts. Die Spuren verlieren sich.

Morgens, wenn ich aus dem Haus gehe, grüße ich an der Tür Toni aus Puerto Rico und abends, wenn ich zurückkehre, Toni aus El Salvador. Unsere *doormen* stammen aus Lateinamerika, verdienen schlecht und haben mindestens zwei Jobs. Nachts schlafen sie genau sechs Stunden, damit sie alles schaffen. Ihre Tage sind durchgeplant bis in die letzte Minute. Wenn ich über die Straße in die Wäscherei gehe, steht dort Elijah, ein Jude aus Iran, und wenn ich meine Tochter in den Kindergarten bringe, empfangen uns Li aus China, Rumiko aus Japan und Carmen aus Mexiko. Ein multikultureller Traum – bloß fahren sie nach der Arbeit alle zurück in ihre Viertel, nach Chinatown, Little Tokyo, Boyle und Lincoln Heights. Die Geschichte vom

melting pot ist ein Märchen. Es mischt sich nichts. Jede Nation bleibt auf ihrem Gebiet.

In L.A. spielt es eine große Rolle, wo man wohnt. Der Osten ist arm und schwarz, der Westen reich und weiß. Der Wohnort entscheidet über sozialen Status und Kontakte. Downtown gilt als *freaky*, als noch nicht etabliert. Wer glaubt, es geschafft zu haben, wohnt auf der Westside.

Je länger ich da bin, desto häufiger frage ich mich, warum das Bild von der Glamourhochburg immer weiter reproduziert wird. In diesem Licht sieht alles schön aus. Die Sonne scheint ziemlich viel, das stimmt. Aber es gibt kaum Restaurants oder Cafés, wo man draußen sitzen kann. An dem wunderbaren breiten Sandstrand sind kaum Eisdielen oder Beachbars. L.A. ist eine Arbeitsstadt, latent genussfeindlich.

Freunde, die vor Jahren aus Deutschland ausgewandert sind, um hier als Schauspieler zu arbeiten, waren seit ihrem Umzug nie im Urlaub. Immer wenn sie losfahren wollten, kam ein Anruf, der den Durchbruch versprach. Nach L.A. geht man, um es zu schaffen. Wer hier bekannt wird, ist es in der ganzen Welt. Irgendwann vergisst man dann, warum man da ist. Es ist, als sitze eine ganze Stadt im Wartezimmer. Und im Kopf kreist nur ein Gedanke: ICH!!!

Hollywood, das Sehnsuchtsziel. Die erste Frage in vielen Gesprächen ist: »Are you in the industry?« Film ist hier eine Industrie. Meine Tochter malt ihre Bilder im Kindergarten auf den Rückseiten von Drehbuchblättern. Die Eltern sind Autoren, Kostümbildner und Schauspieler und haben nicht viel zu tun. Hollywood ist in der Krise. Die Filmplakate sind riesig, aber die Kinos sind leer. Kinobetreiber und Studiochefs haben gegenüber der *L.A. Times* zugegeben, dass die bisherigen Filme des Jahres nicht gut waren: Animationen, Fortsetzungen, Comicadaptionen. Vieles in 3D. Es geht mehr um Technik als um Inhalt.

Auf der Suche nach dem Glamour mache ich mich auf den Weg nach Hollywood. Der Hollywood Boulevard empfängt mich graugesichtig, am Walk of Fame bieten Ramschläden Levi's-Jeans an, ein paar bemitleidenswerte Gestalten haben sich als Batman und Mickey Mouse verkleidet, an ihnen donnern die Autos vorbei. Das Kodak Theatre, der Oscar-Palast, ist in Wirklichkeit ein Einkaufscenter, in dem viele Läden leer stehen. Es kommt der Augenblick, in dem ich das Gefühl habe, mich in einem einzigartigen Fake, in einer Scheinwelt zu bewegen. Eine riesige Werbe-Medien-Maschine vermarktet seit Jahren etwas, das es so nicht gibt. Die Studios sitzen bis auf eines schon längst nicht mehr in Hollywood. L.A. lebt mit dem glanzvollen Bild von einst und hat beschlossen, nicht mehr in den Spiegel zu blicken.

So wie viele seiner Bewohner: So wie Bernhard aus Österreich, der in einem kleinen WG-Zimmer wohnt und bei Starbucks arbeitet, um irgendwann die große Karriere als Schauspieler zu starten. So wie Maria, die mexikanische Kindergärtnerin von Freunden – sie lebt mit ihrer 30-jährigen Tochter in einer winzigen Wohnung und pflegt am Wochenende zusätzlich die Durchgedrehten, die aus einem der US-Kriege zurückgekehrt sind. Und wie Arturo, der sein Leben, wie seine Großeltern und Eltern vor ihm, mit einer der 1100 Gangs der Stadt und im Gefängnis verbracht hat und dessen bester Freund gerade in einer Bar erschossen wurde. Arturo fragt mich, ob wir in Deutschland Englisch sprächen. Und ist sehr erstaunt, als er hört, dass es eine Sprache namens Deutsch gibt. Seine Verwunderung ist noch größer, als er erfährt, dass Deutschland in Europa liegt.

Arturo und Maria waren noch nie außerhalb der USA, wie die Mehrheit der Bevölkerung. Sie haben keine Ahnung von

der Welt, aber trotzdem das Gefühl eigener Größe. Über die USA sagen sie: »It's the greatest country in the world.« Angesichts ihrer Lebensumstände wirkt dieser Satz grotesk. Als hätten sie ihn seit ihrer Kindheit immer wiederholt und würden ihn nun nicht mehr los. Für viele wäre es schlicht nicht auszuhalten, wenn sich alle ihre Anstrengungen als sinnlos erwiesen. Wenn sich herausstellte, dass der Amerikanische Traum gar nicht so traumhaft ist.

Ich könnte in ein anderes Viertel ziehen. Aber selbst wenn ich mich in den hintersten Winkel dieser Stadt verkriechen würde, blieben noch zwei Grundbedürfnisse, die nicht verschwänden: Essen und Trinken. Und beides ist ein Problem. Das Wasser aus der Leitung ist gechlort und ungenießbar.

Bei einem Interview warnt mich eine deutsche Schauspielerin vor *high fructose corn syrup* in Lebensmitteln. Er hat fast überall in den USA den Zucker ersetzt, weil er billiger ist. Die Schauspielerin sagt, er sei gesundheitsschädlich und mache dick. Zu Hause lese ich im Internet: Es wird vermutet, dass *high fructose corn syrup* Fettleibigkeit, Diabetes, Herz- und Lebererkrankungen fördert. Ich schaue in unseren Kühlschrank, und tatsächlich steht auf fast jeder Packung *high fructose corn syrup*, viele Zutaten sind auch *genetically modified*, genetisch verändert.

Meine anfängliche Sorglosigkeit schlägt um in radikale Vorsicht. Von nun an fahren wir jede Woche eine Stunde hin und eine wieder zurück zum nächstgelegenen Whole Foods Market, wo die Lebensmittel *organic* sind, nicht genetisch verändert, und das Doppelte kosten. Meine Tochter lernt, »schlechtes« von »gutem« Eis, »schlechtes« von »gutem« Ketchup zu unterscheiden. Vielleicht überreagiere ich, vielleicht fördert dieses Land auch einfach Extreme.

Niemand weiß bisher, ob und wie sich genetisch veränderte Lebensmittel auf unsere Gesundheit auswirken. Aber ich nehme nicht gern an Experimenten teil. Ohne Recherche kann ich praktisch nichts mehr essen und trinken. Ein apokalyptischer Zustand.

Wenn es stimmt, dass Entwicklungen aus den Vereinigten Staaten mit ein wenig Zeitverzögerung zu uns nach Europa kommen, kann man sich nur fürchten. Das ist vielleicht die größte Veränderung: Mein einstiges Traumland wirkt nicht mehr modern, uns nicht mehr voraus. Es macht den Eindruck, als befinde es sich nicht im Aufbruch, sondern am Rand des Abgrunds. Eine Gemeinschaft in Auflösung.

Als wir nach sieben Monaten USA im Sommer nach Berlin zurückkehren, wirkt die Stadt im Vergleich zu Los Angeles wie ein Ferienort – die Berliner verbringen endlose entspannte Tage draußen in Straßencafés, genießen genetisch unbedenkliches Essen und viel Wein.

Ein paar Wochen später beginnen in New York die Anti-Wall-Street-Demonstrationen. Im Fernsehen sehe ich nun Amerikaner, die in Schlafsäcken im Zuccotti-Park mitten im Börsenviertel kampieren und gegen die soziale Ungerechtigkeit protestieren. Ein Bild prägt sich mir besonders ein: An einem Zaun hängt ein Plakat, es ist ein wenig zerfleddert und vom Regen durchweicht, »Kapitalismus funktioniert nicht« steht darauf. Die Ratlosigkeit ist niederschmetternd. Ich habe schon einmal miterlebt, wie ein System untergegangen ist, nur was sollte diesmal die Alternative sein?

QUELLENVERZEICHNIS

Das explodierte Ich: ZEITmagazin 03/2013
Einer gegen Rumsfeld: Die ZEIT 46/2006
»Ich bin nicht hier, um anderen zu gefallen«:
Die ZEIT 29/2008
»Spaß ist privat«: ZEITmagazin 39/2013
Der Produzent: ZEITmagazin 45/2011 unter dem Titel
»Der Letzte seiner Art«
Es geschah an einem Montag: ZEITmagazin 25/2013
Die Kanzlerin: ZEIT 38/2009 unter dem Titel
»Die Gesamtdeutsche«
Angriff auf Noam: Die ZEIT 24/2010
Miss World: Die ZEIT 07/2006
Zelle 221: Die ZEIT 17/2009 unter dem Titel »Die Jungs
aus Zelle 221«
Ihr letztes Urteil: ZEITmagazin 47/2010
Eine unmögliche Freundschaft: Die ZEIT 02/2007
Herr Kräuter in China: Die ZEIT 06/2006
Im Sumpf: ZEITmagazin 10/2012
Die Frau, die aus der Kälte kam: ZEITmagazin 03/2014
Mein armes Amerika: ZEITmagazin 44/2011